Susan George

DER LUGANO-REPORT

oder Ist der Kapitalismus noch zu retten?

Deutsch von Ulrike Bischoff

Rowohlt

Die Originalausgabe erschien 1999 unter dem Titel «The Lugano Report: On Preserving Capitalism in the Twenty-first Century. With an Appendix and Afterword by Susan George» im Verlag Pluto Press, London

Redaktion Barbara Hoffmeister
Umschlaggestaltung any.way, Walter Hellmann

1. Auflage Juli 2001

Satz Sabon und Interstate PostScript, PageMaker bei Pinkuin Satz und Datentechnik, Berlin
Druck und Bindung Clausen & Bosse, Leck
Printed in Germany
ISBN 3 498 02489 2

Die Schreibweise entspricht den Regeln der neuen Rechtschreibung.

Inhalt

Von: Den Auftraggebern

An: Die Arbeitsgruppe

15. Oktober 1996

Sehr geehrte Herren,
wir danken Ihnen, dass Sie unseren Auftrag angenommen haben. Wie Sie bereits wissen, dürfte diese Arbeit Sie im kommenden Jahr voll und ganz in Anspruch nehmen und Ihre ungeteilte Aufmerksamkeit erfordern. Wir erwarten die Vorlage Ihres Berichtes bis Ende November 1997.

Da der Bericht ausschließlich für die Augen der Auftraggeber bestimmt ist, sind Sie gehalten, außerhalb der Arbeitsgruppe mit niemandem über seinen Inhalt wie auch über den Auftrag an sich zu sprechen und untereinander die gebotene Sorgfalt in Hinblick auf Vertraulichkeit walten zu lassen.

Ihre Arbeit sollte uns Leitlinien an die Hand geben, wie man die liberale freie Marktwirtschaft und jenen Prozess, der sich am besten unter dem Begriff «Globalisierung» fassen lässt, in ihrer Reichweite behaupten, weiterentwickeln und vertiefen kann. Seien Sie versichert, dass man sich nach Ihren Empfehlungen, die offen und unvoreingenommen sein sollten, richten wird. Ihre Schlussfolgerungen werden wir nach eigenem Ermessen ausgewählten Staatsoberhäuptern und ihren jeweiligen Geheimdiensten sowie führenden Kräften aus Wirtschaft und Finanzwelt mitteilen.

Mr. «Enzian», der bereits mit jedem Einzelnen von Ihnen Kontakt aufgenommen hat, wird auch weiterhin unser Verbindungsmann bleiben. Er kümmert sich um alle praktischen Belange, wird Ihnen genauere Angaben zu Ihren jeweiligen Arbeitsgebieten geben und etwaige Fragen beantworten, soweit sie sich nicht auf unsere Identität beziehen.

Wir sind überzeugt, dass die interdisziplinäre Zusammensetzung

Ihrer Arbeitsgruppe sowie die Sachkenntnis und das persönliche Engagement, das jeder Einzelne von Ihnen in diese wichtige Arbeit einbringt, zu einem Ergebnis von herausragender intellektueller und praktischer Relevanz führen wird.

Wir wünschen viel Erfolg.

Begleitbrief

28. November 1997

An: Die Auftraggeber

Anbei erhalten Sie den Bericht der Arbeitsgruppe, die in Ihrem Auftrag die Zukunft der Weltwirtschaft und der freien Marktwirtschaft begutachten sollte. Unsere Arbeit wurde innerhalb der vorgesehenen Jahresfrist von November 1996 bis November 1997 abgeschlossen.

Auch wenn es uns vielleicht nicht zustehen mag, möchten wir den Auftraggebern unsere Anerkennung aussprechen. Das Jahr unserer Zusammenarbeit war, um es mit Dickens zu sagen, «die beste und die schlimmste Zeit». Während dieser Zeit gab es eine bemerkenswerte wirtschaftliche Expansion und Euphorie am Markt, aber auch Anzeichen von Krisen und kritischen Situationen. Wohl nie zuvor haben so viele so schnell die Vorzüge der Globalisierung erlebt; und nie zuvor lagen ihre Gefahren so klar auf der Hand.

Dennoch entschieden sich unsere Sponsoren, den Blick sowohl über die günstigen Zeichen als auch über die Alarmsignale hinaus zu richten. Sie baten uns, unvoreingenommen an diese Aufgabe heranzugehen, geltende Meinungen zu verwerfen und unsere Ergebnisse ohne Rücksicht auf etwaige Gefühle unparteiisch darzulegen. Eine solche Freiheit ist selten, zugleich aber auch eine Belastung. Wir hoffen, diese Bürde mit Anstand getragen zu haben.

Wie aus den Einzelheiten der Aufgabenstellung hervorgeht, soll dieser Bericht vertraulich bleiben, eine Zusicherung, die es uns ermöglicht hat, mit äußerster Offenheit vorzugehen. Die Mitglieder der Arbeitsgruppe sind persönlich verpflichtet und entschlossen, diese Vertraulichkeit zu wahren. Sollte der Inhalt dieses Berichts oder die Identität seiner Autoren ganz oder teilweise an die Öffentlichkeit dringen, werden wir einzeln und gemeinsam jegliche Verbindung dazu abstreiten und seine Echtheit in Abrede stellen.

Damit wollen wir unsere eigene Arbeit keineswegs desavouieren; im Gegenteil: Bei aller Bescheidenheit sind wir überzeugt, dass keine andere Gruppe, unter welcher Zusammensetzung auch immer, einer nüchternen Feststellung der Realitäten, wie wir uns ihnen heute gegenübersehen, jemals so nahe gekommen ist. Allerdings bezweifeln wir, dass andere Leser als jene, für die dieser Bericht eigens gedacht ist, seinen Inhalt mit der gebotenen Distanz aufnehmen würden, ohne dass ihre Sicht durch stark emotionale Reaktionen gefärbt würde. Wir halten den Inhalt für zu wichtig, um ein solches Risiko einzugehen.

Die Vorlage dieses Berichts erfolgt einstimmig. Diese Einstimmigkeit kam jedoch nicht ohne Schwierigkeiten zustande. Vor allem in den fortgeschrittenen Stadien unserer Arbeit brachten einige Mitglieder der Gruppe Vorbehalte gegen die hier dargelegten Argumentationen und Empfehlungen vor. In dem Maße, wie wir von der Diagnose des gegenwärtigen Weltzustands dazu übergingen, über praktikable Alternativstrategien und Lösungen nachzudenken, kamen wir jedoch zu der Überzeugung, dass unsere Empfehlungen das einzig mögliche Vorgehen darstellen. Sie leiten sich aus Prinzipien und Moralvorstellungen her, an die sich künftige Generationen, wenn schon nicht die unsere, nur halten können.

Was die oben erwähnten Leser angeht, «für die dieser Bericht eigens gedacht ist», so müssen wir einige Bedenken einräumen; wir hätten es vorgezogen, mehr über unsere Auftraggeber und den genauen Status dieses Papiers zu erfahren, auch wenn man uns versichert hat, dass unser Bericht von Menschen ernst genommen wird, die in der Position sind, einige oder sämtliche unserer Empfehlungen umzusetzen. Durch diese Zusicherung ermutigt, haben wir ihn ohne Rücksicht auf die Empfänger nach besten Kräften und zu unserer eigenen Zufriedenheit erstellt.

Unser Bericht ist so kurz und bündig, wie das umfassende Thema es nur zulässt, allerdings haben wir auf die übliche «Zusammenfassung» verzichtet, da wir sie als Beleidigung für eine Leserschaft empfunden hätten, die erhebliche Mittel in die Erarbeitung dieses Papiers investiert hat. Wir gehen davon aus, dass sie sich die Zeit nehmen wird, den Bericht in voller Länge zu lesen.

Mr. «Enzian», unserem Verbindungsmann, der uns während unserer Arbeit im Laufe des vergangenen Jahres mit allen Annehmlichkeiten und jedem Komfort versah, möchten wir für seine bewundernswerte Effizienz danken. Unsere Plenarsitzungen fanden in der angenehmen Umgebung von Lugano in der Schweiz statt; aus diesem Grund trägt dieser Bericht für uns den Namen *Der Lugano-Report*. Der förmlichere Titel lautet: *Über die Erhaltung des Kapitalismus im 21. Jahrhundert*.

Gemäß den Vorsichtsmaßnahmen, die wir während der Arbeit an diesem Bericht eingehalten haben, unterzeichnen wir auch diesen Begleitbrief mit unseren Arbeits-Pseudonymen, die uns offen gestanden recht lieb geworden sind:

Gezeichnet: *Narzisse, Klette, Fingerkraut, Dill, Edelweiß, Fingerhut, Habichtskraut, Ackertäschelkraut, Schneeglöckchen*

Teil 1

1.1 Gefahren

Unseres Wissens war noch keine Arbeitsgruppe mit einer derart umfassenden und zugleich erschreckenden Aufgabenstellung konfrontiert. Wir wurden gebeten:

- die Bedrohungen für das kapitalistische System der freien Marktwirtschaft und die Hindernisse für seine allgemeine Verbreitung und Erhaltung zu Beginn des neuen Millenniums zu kennzeichnen;
- den gegenwärtigen Kurs der Weltwirtschaft im Licht dieser Bedrohungen und Hindernisse zu untersuchen;
- Strategien, konkrete Maßnahmen und Kursänderungen zu empfehlen, um die Wahrscheinlichkeit zu maximieren, dass das globalisierte kapitalistische System der freien Marktwirtschaft erhalten bleibt.[1]

Im ersten Teil dieses Berichts befassen wir uns mit den Bedrohungen und Gefahren, im zweiten mit Vorschlägen und Empfehlungen.

Die Arbeitsgruppe teilt uneingeschränkt die von den Auftraggebern aufgestellte Prämisse: dass ein liberales, marktorientiertes, globalisiertes Weltsystem im 21. Jahrhundert nicht nur die Norm bleiben, sondern auch den Sieg davontragen sollte. Wir sehen ein Wirtschaftssystem, das auf individueller Freiheit und Risikobereitschaft aufbaut, als Garant anderer Freiheiten und Werte.

Darüber hinaus nehmen wir die Herausforderung unserer Auftraggeber an, in der Erarbeitung dieses Berichts soweit wie möglich von Gefühlen, Vorurteilen und vorgefassten Ansichten abzusehen. Wir hoffen und vertrauen darauf, dass unser akademischer und kultureller Hintergrund uns dabei zugute kommt.

Bedrohungen und Hindernisse

Die liberale Vision sieht sich von allen Seiten Bedrohungen und Hindernissen ausgesetzt; das System ist wesentlich stärker gefährdet, als gemeinhin angenommen wird. Es im kommenden Jahrhundert und darüber hinaus zu bewahren ist wesentlich leichter gesagt als getan!

Um Missverständnissen vorzubeugen, sei gesagt, dass wir keineswegs die Renaissance eines wie auch immer gearteten neosowjetischen Imperiums vorhersehen; wir bezweifeln ernstlich, dass es ein alternatives politisch-ökonomisches Weltsystem in den nächsten Jahrzehnten theoretisch oder praktisch mit der globalen Marktwirtschaft aufzunehmen vermag. Mit einem wiederauferstehenden glaubwürdigen Marxismus oder sonst einem Alternativsystem ist nicht zu rechnen. Wir glauben auch nicht, dass ein religiöses Dogma signifikante politische oder wirtschaftliche Bedeutung erlangen wird, sosehr es auch zu peripheren Störungen führen mag.

Das System wird durch subtilere Bedrohungen gefährdet, als von Politik, Ideologie oder Religion ausgehen; seine erheblichen praktischen Vorteile und seine genuine theoretische Kohärenz genügen nicht. Niemand kann bestreiten, dass derzeit Millionen davon profitieren, sei es in seinen traditionellen Hochburgen Nordamerikas oder Europas oder in den weiten Teilen der Welt, die sich erst in jüngerer Zeit gegenüber den Vorzügen dieses Systems geöffnet haben.

Millionen Menschen glauben fest daran, dass auch sie ihr Los verbessern können; denn der Kapitalismus ist nicht bloß eine Wirtschaftsdoktrin und eine intellektuelle Errungenschaft, sondern auch eine revolutionäre Jahrtausendkraft und Quelle der Hoffnung, wie es der Kommunismus früher einmal war. Dies ist auch der tiefer liegende Grund, weshalb sie tödliche Rivalen waren.

Das Streben nach materiellem Wohlstand im Hier und Jetzt hat sich als wesentlich mächtiger (und ehrlicher) erwiesen als die Verheißungen des Kommunismus oder der Religion, die den Lohn auf eine strahlende, unbestimmte Zukunft oder das Jenseits verschieben. In einem solchen Wettbewerb werden Lärm und Getöse des Marktes immer den Sieg über die irdischen oder himmlischen Chöre eines künftigen Paradieses davontragen. Wieso sollte also die Marktwirtschaft gefährdet sein? Wir sehen dafür mehrere Gründe.

Ein potenziell katastrophaler ökologischer Zusammenbruch

Um uns herum mehren sich die Warnzeichen, in den ökonomischen Standardmodellen finden sie jedoch kaum einen Niederschlag. Die *Natur* ist das größte Hindernis für die Zukunft der freien Marktwirtschaft, lässt sich aber nicht als Gegner behandeln. Die Botschaft muss lauten: wahre sie oder verdirb.

Ob die Wirtschaftswissenschaftler nun wirklich blind für ökologische Gefahren sind oder nicht, sie verhalten sich nach dem Motto: Je weniger darüber geredet wird, umso besser. Vielleicht fürchten sie, wenn sie diesen wichtigen Widerspruch unseres Wirtschaftssystems aufdecken oder analysieren würden, könnte es seiner Erhaltung schaden und den wissenschaftlichen Anspruch ihres Fachgebiets und das Ansehen ihres Berufsstandes untergraben.

In ihren Hauptströmungen mag die Wirtschaftswissenschaft zwar an ihre Grenzen stoßen und massiv die Realität leugnen, aber die bahnbrechenden Arbeiten von Nicholas Georgescu-Roegen[2] Anfang der siebziger Jahre (die anschließend von Professor Herman Daly und anderen populär gemacht wurden) haben deutlich gezeigt, dass die Wirtschaft letztlich unter dem Aspekt der tatsächlichen und potenziellen Energieflüsse und der «Entropie» oder der «verbrauchten», nicht verfügbaren Energie zu analysieren ist. Anders ausgedrückt: Die Wirtschaft muss wie andere physikalische Systeme (einschließlich des menschlichen Körpers) nach den Gesetzen des Zweiten Hauptsatzes der Thermodynamik verstanden werden.[3]

Dieser Hauptsatz gilt aus dem einfachen Grund auch für unser Wirtschaftssystem, weil es ein Subsystem der natürlichen Welt darstellt und diese Welt nicht enthält. Die Wirtschaft als das übergeordnete System und die Natur lediglich als Subsystem zu sehen und Wirtschaftsphänomene dann anhand einer «mechanistischen Epistemologie» (wie Georgescu-Roegen es nennt) zu untersuchen, ist ein bloßes Hilfskonstrukt – und unserer Ansicht nach ein sicherer Weg in die Katastrophe.

In der Mechanik sind alle Phänomene reversibel. Von dieser Umkehrbarkeit gehen auch fast alle neoklassischen, keynesschen und marxistischen Wirtschaftswissenschaftler aus. Kein Ereignis hinterlässt sozusagen bleibende Spuren; mit der Zeit kann alles wieder in seinen «Ausgangszustand» zurückkehren. Wie Georgescu-Roegen zeigt, ist dies Unsinn:

> Der Wirtschaftsprozess ist kein isolierter, sich selbst tragender; er kann nicht ohne einen ständigen Austausch vonstatten gehen, der die Umgebung kumulativ verändert und seinerseits von diesen Veränderungen beeinflusst wird.

Diese grundlegende Wahrheit anzuerkennen würde bedeuten, einen Großteil des akademischen Kanons, wie er derzeit von einer Generation an die nächste weitergegeben wird, zu revidieren, eine Aufgabe, die theoretisch wie praktisch auf äußerst begrenzte Begeisterung stößt.

Es ist jedoch unsere Pflicht, die Welt so zu beschreiben, wie sie ist, und nicht einen Berufsstand zu schützen. Die enorme Gewalt leugnen zu wollen, die der Natur von der kapitalistischen Wirtschaft (und mehr noch der ehemals sozialistischen) angetan wird, wäre dumm. Wirtschaftliche Standardkalkulationen behandeln den Verbrauch erneuerbarer und nicht erneuerbarer Ressourcen («natürliches Kapital») als Einkommen und Wachstumsbeitrag. Und Wachstum gilt wiederum als Synonym für wirtschaftlichen Wohlstand.

In einem solchen System wird ein Wald, der abgeholzt und in Form von Baumstämmen, Brettern, Holzkohle, Möbeln und Ähnlichem verkauft wird, nur auf der Habenseite der Bilanz verbucht. Die Zerstörung des natürlichen Kapitals, das dieser Wald mit seinen «Dienstleistungen» darstellte, also mit seiner Fähigkeit, CO_2 zu absorbieren, den Boden zu stabilisieren und die Artenvielfalt zu erhalten, taucht nirgendwo auf.

Luft, Wasser und Boden gelten als freie oder nahezu freie Güter; ihre Knappheit wird nicht anerkannt oder kalkuliert. Die Erschöpfung und Verringerung von Fischbeständen, Bodenkrume, Mineralvorkommen, Ozonschicht, wild lebenden Tierarten, seltenen Pflanzen und so weiter gilt entweder als Einkommen oder wird mit Subventionen an eben jene Produzenten unterstützt, die sie erschöpfend verbrauchen (wie die Agrarwirtschaft und Unternehmen, die natürliche Ressourcen nutzen).

Auf den langfristigen Erfolg des Liberalismus wirkt sich eine solche Einstellung selbstmörderisch aus. Die Wirtschaft ist Bestandteil der endlichen physikalischen Welt, nicht umgekehrt. Die Realität der Biosphäre ist eine «Gegebenheit»; ihre Ressourcen lassen sich nicht vermehren; ihre Aufnahmefähigkeit ist durch menschliche Erfindungen nicht zu steigern; einmal geschädigt, kehrt sie nicht wieder in ihren «Ausgangszustand» zurück, allenfalls, um es mit Keynes zu sagen, «langfristig, wenn wir alle tot sind».

Die Wirtschaft wandelt vielmehr einen Input an Energie und Stoffen in einen Output an Gütern und Dienstleistungen um und gibt die bei diesem Prozess entstehenden Abfallprodukte, wie Umweltverschmutzung und Wärme (Entropie), an die Biosphäre ab. Mit anderen Worten, die Wirtschaft ist ein *offenes System, das innerhalb eines geschlossenen Systems arbeitet*.

Die heutigen Beschreibungs-, Berechnungs- und Bilanzierungsverfahren sagen uns nicht, was wir wissen müssen. Sie sind ungeeignete Instrumentarien, da betriebs- und volkswirtschaftliche Bilanzen «mathematisch-mechanische» Konstrukte darstellen und von einer Wirtschaft ausgehen, die unabhängig von der Natur operiert.

Güter und Dienstleistungen, die aus der Biosphäre bezogen werden, sind somit unterbewertet oder gar nicht als Wert erfasst; Umweltverschmutzung, Abfall und Wärme, die wieder an die Biosphäre abgegeben werden, gelten nicht als Kosten. Reale ökologische Kosten werden «externalisiert» und müssen als solche von der Gesellschaft und dem Planeten als Ganzem getragen werden.

Dies wirft unmittelbar Fragen nach den *Größenverhältnissen* auf. Bleibt die Größe der Wirtschaft im Verhältnis zur Biosphäre klein, wie es bis zum 20. Jahrhundert der Fall war, sind Fragen der Umwelt nicht relevant und schon gar nicht von ausschlaggebender Bedeutung, oder nur gelegentlich und örtlich begrenzt. In dem Maße, wie die Wirtschaft wächst, wird das Größenverhältnis jedoch entscheidend.

Die Welt produziert heute in weniger als zwei Wochen das Äquivalent des gesamten physikalischen Outputs des Jahres 1900. Der wirtschaftliche Ausstoß (oder «Durchsatz», was den Prozess, Ressourcen zu gewinnen, umzuwandeln und zu entsorgen, dynamischer vermittelt) verdoppelt sich etwa alle 25 bis 30 Jahre. Zu Beginn des 21. Jahrhunderts wird das Ausmaß wirtschaftlicher Aktivität an die Grenzen der Biosphäre und sogar der Kapazität unseres Planeten stoßen, Leben zu erhalten.

Technologische Verbesserungen können diesen Prozess verlangsamen, jedoch nicht völlig aufhalten. Verschiedene Zeichen deuten darauf hin, dass die wettbewerbsorientierte Marktwirtschaft die Menschen schon jetzt dazu antreibt, gewisse natürliche Schwellen zu überschreiten, darunter auch manche, die zuständige politische Stellen erst anerkennen werden, wenn es zu spät ist. Einige dieser Schwellen sind durchaus bekannt: das Schwinden der Ozonschicht, die vom Menschen bewirkte Klimaveränderung, der Einbruch von Fischgründen und Ähnliches.

Zu den direkt bezifferbaren wirtschaftlichen Kosten menschlichen Eingreifens in natürliche Systeme gehört das häufigere Auftreten schwerer tropischer Stürme, das viele Wissenschaftler mit der Erderwärmung in Zusammenhang bringen. Die teuersten Naturkatastrophen in Amerika sind Hurricanes, deren Folgekosten nach Ansicht der Meteorologen neue Schwindel erregende Höhen erreichen könnten.

Die größten Versicherungsgesellschaften der Welt haben die stark gestiegene Häufigkeit solcher «Naturkatastrophen» als erhebliche und potenziell untragbare finanzielle Belastung ihrer Branche erkannt und neue Finanzierungswege vorgeschlagen; sie hoffen die zukünftigen Kosten für solche Ansprüche allgemein auf Investoren abwälzen zu können, die bereitwillig darauf setzen, dass es nicht zu katastrophalen Stürmen kommen wird.

Ökologische Spannungen werden außerdem zu größerer politischer Instabilität und mehr bewaffneten Konflikten führen. Etwa siebzig Prozent der Weltbevölkerung leben schon jetzt in Gebieten mit «angespannter Wassersituation». Zunächst wird es im Nahen Osten, in der Sahelzone und in Asien zu «Öko-Konflikten» kommen, die anschließend auf besser ausgestattete Regionen übergreifen und unvorhersehbare wirtschaftliche Folgen mit sich bringen.

Riesenkonzerne, Wohlstandsgesellschaften und reiche Einzelpersonen können den Konsequenzen der verschlechterten ökologischen Lage nicht entrinnen, was immer sie auch an Reichtum aufzubieten haben. Und selbst sie scheinen machtlos zu sein, diesen Prozess aufzuhalten. Sie illustrieren das Paradox von Nutznießern eines Systems, die dieses nicht auch zu bewahren vermögen, ein Paradox, dem wir in diesem Bericht noch häufig begegnen werden.

Im Kern liegt ihm das Problem des «Nassauerns» zugrunde. Nur wenige sind bereit, die Kosten für eine Umkehrung dieser destruktiven Tendenzen zu tragen, von der alle profitieren würden. Wenn ein Unternehmen die Schleppnetzfischerei einstellen würde, damit sich die Fischbestände erholen könnten, würden weniger skrupulöse Wettbewerber nachrücken, die restlichen Fänge abfischen und die ökologisch verantwortungsbewusstere Firma damit ruinieren. Kurzfristige Interessen tragen den Sieg davon.

Da niemand den ersten Schritt tun will, hinken letztlich alle hinterher. Unternehmer wollen keine machtvollen Staaten, die ihren Geschäften strenge Regeln aufzwingen können, und noch weniger wollen sie eine Weltregierung, und so reguliert niemand ihr Tun. Niemand kann es sich leisten, innezuhalten und umzukehren, und daher geht die Zerstörung weiter. Doch auf einem toten Planeten kann niemand leben.

Schädliches Wachstum

Zu sagen, Wachstum bedrohe die freie Marktwirtschaft, klingt verrückt oder ketzerisch. «Jeder» weiß, dass Wachstum der Motor unserer Wirtschaft ist und fehlendes Wachstum Stagnation und Niedergang bedeutet. Um einen Vergleich zu wagen: Wie der Wanderer in der rauen Umgebung der Sahara oder Arktis ständig in Bewegung bleiben muss, wenn er nicht zugrunde gehen will, so können auch die Mitreisenden auf großer Fahrt des Marktes nicht stehen bleiben.

Stillstand bedeutet, früher oder später verdrängt und eliminiert zu werden, im Abseits zu sterben. So ist Wachstum zum nie endenden Bestreben des Systems geworden, doch vieles von dem, was als Wachstum gilt, spiegelt inzwischen kontraproduktive und sogar schädliche und destruktive Tendenzen wider. Das Konzept ist zu überprüfen und zu überarbeiten. Es bedarf einer klareren Unterscheidung von «Wachstum» und «Wohlstand». Mehr und größer bedeutet nicht zwangsläufig besser.

Nehmen wir ein banales Beispiel aus der amerikanischen Presse: Nach Angaben der amerikanischen Versicherungsindustrie beliefen sich die Kosten für Autodiebstahl 1995 auf acht Milliarden US-Dollar; im selben Jahr statteten Autobesitzer ihre Fahrzeuge mit elektronischen Diebstahlsicherungen im Wert von 675 Millionen

Dollar aus. Bis zum Jahr 2000 rechnete man auf diesem Markt mit einem Umsatz von 1,3 Milliarden Dollar. Es wäre recht kurzsichtig, erfreut auszurufen: «Aber das ist doch gut, wenn die Industrie für Autozubehör expandiert!»

In das Bruttosozialprodukt fließen solche Wirtschaftsaktivitäten jedoch ebenso ein wie Posten aus dem Bereich Krebsbehandlungen, Haftanstalten, Reha-Zentren für Drogenabhängige, Behebung von Folgeschäden terroristischer Anschläge, und so weiter. Krieg zu führen wäre demnach der effektivste Weg, das Bruttosozialprodukt schnell zu steigern.

Früher stand das Wirtschaftswachstum in engem Zusammenhang mit der Steigerung des allgemeinen Wohlstands, das ist heute nicht mehr der Fall. Immer mehr Wirtschaftswachstum beruht auf sozialen Phänomenen, auf die die meisten Menschen lieber verzichten würden. Eine präzise Erfassung desjenigen Wachstums, das auf Korrekturen oder Nachbesserungen vergangener Fehler basiert, ist zwar unmöglich, doch wir möchten das dringende Erfordernis betonen, dieses wirtschaftliche Paradox in einem neuen, härteren Licht zu untersuchen.

Statt Wachstum um seiner selbst willen zu begrüßen, sollten wir seine Gesamtkosten berechnen, und zwar inklusive der ökologischen und sozialen Kosten, die derzeit von jenen externalisiert werden, die finanziell von schädlichem Wirtschaftswachstum profitieren.

Soziale Extreme und Extremismus

Die Zukunft der freien Marktwirtschaft hängt zudem davon ab, wer von ihrem Wachstum profitiert. Wenn die Gewinne der unteren Hälfte der Bevölkerung zufallen, werden diese relativ armen Menschen ihr Geld überwiegend für den Konsum ausgeben und die Nachfrage in Schwung halten. Fließen die Gewinne stattdessen an die Spitze der sozialen Stufenleiter, werden die Empfänger noch größere Summen als bisher in Finanzmärkte statt in Güter und Dienstleistungen investieren. In der Folge wird die Nachfrage sinken, was die Gefahr von steigenden Lagerbeständen, Überproduktion und Stagnation nach sich zieht. Die Einkommensverteilung ist also für das langfristige Funktionieren des Systems von entscheidender Bedeutung.

Eben darin liegt die Gefahr: Eine deregulierte, wettbewerbsorientierte Wirtschaft nutzt zwar vielen, am meisten aber jenen an der Spitze. In dieser Hinsicht gibt es schlagende Beweise aus den verschiedensten Ländern: Nach einer Liberalisierung und Deregulierung verbessert sich die Lage der oberen zwanzig Prozent. Je näher sie der Einkommensspitze sind, umso mehr gewinnen sie. Dieselbe Gesetzmäßigkeit gilt umgekehrt für die restlichen achtzig Prozent der Bevölkerung: Alle verlieren ein bisschen; und am meisten verlieren jene, die schon vorher am wenigsten hatten.

Krasse soziale Unterschiede und «Klassenkampf», wie Marxisten es vielleicht noch immer nennen, stellen eine echte Bedrohung dar. Jenseits einer gewissen Schwelle sind Ungleichheiten für das System gefährlich und müssen genau im Auge behalten werden. Dass große Unterschiede in Bezug auf Wohlstand und Lebensbedingungen Wut, Destruktivität und Gewalt provozieren können, ist wohl kaum etwas Neues, aber das ausgehende 20. Jahrhundert hat dieser uralten Wahrheit eine neue Facette hinzugefügt: die Tendenz, dass die Wohlinformierten Wut und Gewalt bei den Geringinformierten hervorrufen. Die «Informationsarmen» bilden eine weltweite Kategorie, die mit den materiell Armen deckungsgleich sein kann, aber nicht muss.

Eben weil sie Informationen nicht in ausreichender Menge oder mit ausreichender Geschwindigkeit produzieren, aufnehmen oder verarbeiten können, sind diese Informationsarmen funktionsunfähig geworden, wenn sie nicht sozial ausgegrenzt wurden. Ihre Arbeitswilligkeit, ihre Muskelkraft verlieren im Computerzeitalter zunehmend an Bedeutung.

Manche Wohlstandsgesellschaften wie die Vereinigten Staaten

sind anscheinend trotz krasser Einkommensunterschiede zwischen den verschiedenen Gesellschaftsschichten immer noch imstande, gesellschaftliche Reibungen abzufangen, obwohl die Existenz Tausender hinter Mauern und Toren abgeschotteter privater Wohnsiedlungen auf tiefgreifende Spannungen hindeutet. Wie lange diese relative Ruhe noch währt, ist nicht abzusehen, zumal wenn die Mittelschicht nicht mehr mit sozialen Leistungen rechnen kann, die ihr früher ohne unmittelbare Auslagen zur Verfügung standen, etwa zufrieden stellende staatliche Schulen oder eine sichere Wohngegend.

In der Europäischen Union sind soziale Extreme zwar weniger eklatant, aber chronische Arbeitslosigkeit, stagnierende Löhne in den unteren Einkommensgruppen und die immer größere Beliebtheit befristeter Beschäftigungsverhältnisse (auf dem europäischen Kontinent) oder die drastische Zunahme von «Armut unter Arbeitern» (Großbritannien) schüren Unmut und Angst.

Europäische Regierungen stehen und fallen mit der Frage der Arbeitslosigkeit, und ihre Bürger bemühen sich vergebens um die Quadratur des Kreises. Die Europäer möchten Arbeitsplätze, sind aber nicht bereit, für flexiblere Arbeitsmärkte auf ihre Sozialleistungsansprüche zu verzichten. Viele sprechen von der «schwindenden Mitte» und der Angst der Mittelschicht, ihre eigene Sicherheit und die ihrer Kinder zu verlieren. Zunehmend gibt man der «Globalisierung» die Schuld an diesem Stand der Dinge.

In vielen Dritte-Welt-Ländern, vor allem in Lateinamerika, wo die Kluft zwischen Arm und Reich immer schon an der Tagesordnung war, werden die Vorteile des Reichtums bereits durch seine Nachteile aufgewogen. Private Sicherheitsdienste sind unverzichtbar, Kinder wohlhabender Eltern können nicht ohne Begleitung zur Schule gehen, da man Entführungen fürchten muss, Firmen müssen Schutzgeld zahlen, Frauen können auf der Straße keinen Schmuck tragen, Joggen oder Radfahren sind ausgeschlossen, mit dem eigenen Wagen oder einem Taxi zu fahren wirkt riskant, doch öffentliche Verkehrsmittel zu benutzen ist undenkbar, und so weiter.

Überall schürt eine fernsehvermittelte Fantasiewelt opulenter Lebensstile (meist verbunden mit eklatant «unmoralischem» Verhalten) den Zorn der Armen noch weiter. Millionen nehmen diese Soap Operas ernst und glauben, Reichtum sei endlich; die wenigen in Saus und Braus Lebenden hätten ihn sich zu Unrecht angeeignet und somit den vielen «gestohlen», die ihn eigentlich verdienten, einschließlich sie selbst.

Andere Ungleichheiten mögen für die Dialektik von Zorn und Gewalt völlig irrelevant sein. Ein von Moralisten häufig angeführtes Beispiel sind die etwa 450 Dollar-Milliardäre, die angeblich so viel besitzen wie zweieinhalb Milliarden Menschen in der Dritten Welt zusammen (gemessen an ihrem durchschnittlichen Pro-Kopf-Anteil am Bruttosozialprodukt dieser Länder).

Die vergleichende Gegenüberstellung von Milliardären und Milliarden Menschen ist für den dauerhaften Erfolg der freien Marktwirtschaft irrelevant, weil Reichtum nicht endlich, sondern elastisch ist und, zumindest bislang, ständig wächst. Das Vermögen der Milliardäre wird nicht als den Armen entzogen wahrgenommen, da beide Gruppen nicht derselben räumlichen Sphäre angehören. Es erscheint äußerst unwahrscheinlich, dass die zweieinhalb Milliarden Armen mit den 450 Milliardären zusammentreffen oder Ansprüche auf ihren Besitz erheben, und selbst wenn sie es versuchen sollten, könnten sie ihren Anspruch nicht durchsetzen.

Eine räumliche Nähe von Gewinnern und Verlierern macht den Gewinnern das Leben wesentlich weniger angenehm, als es zu Recht sein sollte. Doch aus paradoxen Gründen treten Gewinner selbst in Zeiten ernsthafter Gefährdung nur selten für eine Umverteilung des Reichtums an die Verlierer ein, obwohl sie damit die Risiken für sich erheblich verringern könnten. Das Motto der Gewinner bleibt wie eh und je: *Nach uns die Sintflut.*

Unterdessen beschwören westliche Politiker «Familienwerte» herauf in der irrigen Annahme, damit den Zusammenhalt von Gesellschaften stärken zu können, die zunehmend unter Druck geraten. Allerdings erklären sie nicht, wie sich die Masse der Menschen auf Anhieb auf Arbeitslosigkeit, schlechte oder unsichere Arbeitsbedingungen, Standortverlagerungen und längere Arbeitszeiten einstellen und gleichzeitig ihrer Familie die notwendige Zeit und Aufmerksamkeit widmen soll. In den meisten nordamerikanischen und europäischen Familien arbeiten mittlerweile beide Elternteile, um den Lebensunterhalt zu sichern. Somit nimmt auch der Beitrag der Familie zur sozialen Stabilität ab.

In einem Klima der Privatisierung und des Abbaus öffentlicher Dienstleistungen wird von den Menschen erwartet, mehr Verantwortung für ihre Gemeinden und ihre ärmeren Mitbürger zu übernehmen. Doch auch hier ist nicht klar, wie Menschen, die in ihrem Berufsleben gezwungen sind, konkurrenzfähig zu bleiben und ihr Eigeninteresse an die erste Stelle zu setzen, in ihrer «Freizeit» ihre Einstellung radikal ändern und sich den Benachteiligten und Unterdrückten widmen sollen.

Unerbittliche wirtschaftliche Zwänge in Kombination mit einem dünner werdenden sozialen Netz deuten darauf hin, dass uns ein Zeitalter bevorsteht, in dem es nicht nur – wie während der Weltwirtschaftskrise – die «Betuchten» und die «Habenichtse» gibt, sondern Insider und Outsider. Optimisten behaupten beharrlich, es werde mehr Gewinner als Verlierer geben, mehr Insider als Outsider. Unserer Ansicht nach stellt die soziale Integration, die Outsider in großer Zahl zu Insidern macht, eine gewaltige Herausforderung an die Überlebensfähigkeit des Systems dar.

Nicht nur die Bürger eines Landes verteilen sich auf einem Kontinuum von Reichtum–Armut und Sicherheit–Unsicherheit, sondern auch ganze geographische Regionen, die den von Liberalisierung und globalem Wettbewerb erzeugten Ungleichheiten unterworfen sind. Diese Regionen lassen sich ebenfalls als «Gewinner» oder «Verlierer» einstufen.

Südostengland und einige Stadtteile von London boomen, während der Norden des Landes brach liegt und andere Viertel der Hauptstadt verfallen. In den Vereinigten Staaten steht die Entwicklung im «Rostgürtel» in krassem Gegensatz zu den dynamischeren

Gebieten im Süden und Westen. Der «Tiger» oder «Drachen» Asien galt typischerweise als «Gewinner»-Region. Doch während wir diesen Bericht erstellen, könnte die sich verschärfende Finanzkrise diese Länder auf eine niedrigere Rangstufe verdrängen. Afrika ist der typische Verlierer.

Ob «Verlierer» nun psychologisch so reagieren, dass sie sich und ihren Führern die Schuld geben, oder ob sie die Schuld bei anderen suchen und sich weigern, die Verantwortung für ihr Verlierertum zu übernehmen, früher oder später versuchen sie, ihre Mängel zu kompensieren. Die Mittel, für die sie sich entscheiden, rangieren von individuellem Selbstmord bis zur Massenemigration; von politischem Protest und friedlichen Demonstrationen bis zur Gründung von Privatmilizen und Terrorismus.

Doch ganz gleich, wie die individuellen oder kollektiven Strategien auch aussehen mögen, Verlierer wirken auf das vorherrschende oder dominante System immer destabilisierend. Organisierter oder diffuser Protest gegen Ungleichheiten muss daher ernst genommen und in die ökonomische, kulturelle und gegebenenfalls militärische Planung einbezogen werden.

Das 21. Jahrhundert wird eine schwierige Gratwanderung bestehen müssen, um einerseits die erforderliche Marktfreiheit zu erhalten und andererseits die sozialen Nebenwirkungen auszuschließen oder einzudämmen, die diese Freiheit zwangsläufig mit sich bringt. Andernfalls werden die Kosten sehr bald den Nutzen selbst für jene übersteigen, die geographisch und finanziell an der Spitze der Stufenleiter stehen.

Gangster-Kapitalismus

Kriminalität großen Stils kann die Fundamente legalen Wirtschaftens untergraben. Vor allem seit sich das Sowjet-Imperium aufgelöst und China einige Aspekte der Marktwirtschaft aufgenommen hat, hat der «Gangster-Kapitalismus» (wie eine Wirtschaftszeitschrift es nannte) weite Teile des Globus übernommen und bedroht viele weitere. Parallele Wirtschaftszweige, die auf Drogenhandel, Waffenschmuggel, Geldwäsche und Korruption aller Art basieren, werden in ihrem Umsatz mittlerweile auf Billionen Dollar geschätzt und locken stündlich neue Rekruten an.

Weite Bereiche der Welt entziehen sich schon heute der Jurisdiktion eines Staates. Die zuständigen Behörden kennen nicht unbedingt die Standorte privater Flugplätze und Kokain produzierender Fabriken oder den Hauptsitz eines entsprechenden Kartells, von einer wirkungsvollen Kontrolle darüber ganz zu schweigen. Solche Kartelle haben nicht nur finanzielle, sondern auch strategische Macht erlangt: Es kursieren weithin Gerüchte, dass ein mächtiger lateinamerikanischer Drogenbaron einmal eine rechtmäßige Regierung mit der Drohung erpresst hat, die Flugzeuge ihrer Fluggesellschaft von seinem Privatstützpunkt aus mit Raketen vom illegalen Waffenmarkt abzuschießen.

In dem Maße, wie Banden und mafia-ähnliche Organisationen ihren Einflussbereich ausdehnen, folgen ihnen Geld und Politik. Sie ziehen legale Unternehmen in ihren Sog und können es sich leisten, die Politiker und Beamten in nationalen Regierungen und Verwaltungen zu kaufen, die sie brauchen.

Wie sich herausgestellt hat, bestechen hochrangige mexikanische Beamte aus dem Bereich der Drogenbekämpfung Drogenbarone und beschäftigen auch ehemalige US Green Berets, deren Erfahrungen im Kampf gegen Aufständische nun gegen Polizei und FBI zum Einsatz kommen. Offiziere aus den ehemaligen Sowjetrepubliken bessern ihr armseliges Einkommen mit dem Verkauf gestohlener Waffen (vermutlich auch nuklearer Waffen) auf. In Bolivien sind aus den Zinngruben vertriebene Bergarbeiter nur allzu gern bereit, Kokain anzubauen und zu verarbeiten, ein Trend, der von der grassierenden Arbeitslosigkeit noch unterstützt wird: Geheimorganisationen können sämtliche Arbeitskräfte anheuern, die sie brauchen, bis hin zu Privatarmeen.

Hoch verschuldete Länder verdienen mit dem Export von Drogen, Kleinwaffen und Migranten weitaus mehr als mit dem Export legaler Rohstoffe. Manche Analysten halten den Tschetschenienkrieg für einen Konflikt zwischen rivalisierenden Banden, bei dem es um die Kontrolle über strategische Ressourcen geht. Große gesetzlose Volkswirtschaften wie die Russlands können jede Richtung einschlagen; so wäre es durchaus denkbar, dass ehemalige Sowjetrepubliken oder ethnische Gruppen unvorhersehbare Allianzen mit radikalen islamischen Staaten eingehen und einen beträchtlichen Teil der Erdölvorräte der Welt unter ihre Kontrolle bringen.

Die an sich wünschenswerte Deregulierung könnte sich so ins Gegenteil verkehren und gegen ihren ursprünglichen Zweck richten. Ein lukrativer, paralleler «Gangster-Kapitalismus» würde sich zu einem brisanten Problem entwickeln, zu einer eindeutigen, realen Gefahr für die legale Marktwirtschaft. Wenn es ihm gelänge, den legalen Handel zu verdrängen, wären die traditionellen Wettbewerbsregeln außer Kraft gesetzt und der organisierte Terrorismus an der Tagesordnung. Anstelle des heute relativ berechenbaren Geschäftsklimas träten anhaltende Anarchie und ein hobbesscher Krieg von jedem gegen jeden unter Einzelnen, Firmen und Nationen.

Zusammenbruch der Finanzmärkte

Die Risiken eines größeren Zwischenfalls an den Finanzmärkten wachsen; es überrascht uns sogar, dass es bislang noch nicht dazu gekommen ist.[4] Wir möchten hier ausdrücklich darauf hinweisen, dass die den Finanzmärkten innewohnende Unbeständigkeit eine ernste Bedrohung der Marktwirtschaft darstellt.

Internationale Aktienindizes wie der Dow-Jones, FTSE, CAC-40 oder Nikkei stehen auf einer schmalen Basis. Was die Bedeutung ihrer jeweiligen Kapitalausstattung angeht, beruhen diese Indizes auf den Geschicken einer äußerst begrenzten Anzahl riesiger transnationaler Unternehmen, die sich insgesamt auf etwa fünfzig bis sechzig Firmen beläuft. Der Wert des Derivathandels geht mittlerweile in die zig Billionen Dollar, zumindest der Notierung nach, und übersteigt damit bei weitem das Bruttosozialprodukt der Vereinigten Staaten, der größten Volkswirtschaft der Welt.

Auch wenn der Markt die meiste Zeit und an den meisten Orten eine inhärente Klugheit an den Tag legt, ist es in der Geschichte schon zu periodischen Anfällen von Verrücktheit und mentalem Zusammenbruch gekommen, was das gesamte System, das unser Bericht auftragsgemäß verteidigen soll, gefährdet hat. Da diese Gefahr heute größer ist denn je, bietet sie erheblichen Anlass zur Sorge und soll im folgenden Kapitel eingehender behandelt werden.

Hervorhebung der Widersprüche

Unsere Auftraggeber haben uns, schlicht gesagt, die Frage gestellt, ob das Weltwirtschaftssystem vor größerem Schaden sicher ist, ob es sich in die richtige Richtung entwickelt, um Gefahren abzuwenden, und wie es sich andernfalls schützen ließe. Alle oben aufgezeigten Bedrohungen für dieses System enthalten paradoxe Aspekte. Die ihnen innewohnenden Widersprüche lassen für die anhaltende Sicherheit des Systems nichts Gutes ahnen:

- Der Markt ist der beste Richter über den Wert und die Klugheit menschlichen Wirtschaftens, aber der Markt kann uns erst, wenn es zu spät ist, sagen, wann wir ökologische Schwellen überschreiten.
- Wachstum ist der Lebenssaft der Wirtschaft, aber der allgemeine Wohlstand steht nicht mehr unbedingt in direkter Korrelation zum Wachstum, was in vielen Fällen zunehmend kontraproduktiv wirkt und zur Verarmung statt zur Bereicherung führt.
- Die Wirtschaft bildet den Kern der Gesellschaft, aber unerwünschte soziale Nebenwirkungen könnten sich als stark genug erweisen, wirtschaftliche Vorteile zu untergraben. Unternehmen

müssen weiterhin die Freiheit haben, zu investieren und zu gedeihen, wo die günstigsten Bedingungen herrschen, aber Menschen, die auf der Strecke bleiben, werden in ihrem Verhalten unberechenbar und destabilisierend sein. Überregulation muss zwar vermieden werden, aber ein völlig ungeregelter (oder «selbstregulierter») Markt birgt die Gefahr der Selbstzerstörung, da er, sich selbst überlassen, zu wenige Gewinner und zu viele Verlierer hervorbringt, mehr Outsider als Insider.

- Parallele «illegale» Wirtschaftszweige gewinnen finanziell wie politisch an Einfluss; Allianzen zwischen Banden und verbrecherischen Staaten könnten zu geopolitischen Aufständen führen, die das übliche Handelsklima zunichte machen.
- Ende des 19. Jahrhunderts befand Walter Bagshot: Menschen sind am leichtgläubigsten, wenn sie am glücklichsten sind. Ende des 20. Jahrhunderts befindet John Kenneth Galbraith: Das Finanzgenie steht immer vor dem Fall. Finanzmärkten ist eine gewisse Instabilität eigen, man kann sich nicht darauf verlassen, dass sie sich völlig rational verhalten: Auch sie können Verlierer in einem Maßstab hervorbringen, gegen den sich die dreißiger Jahre wie ein schlechter Tag auf der Rennbahn ausnehmen.

Die Gefahren, denen sich die freie Marktwirtschaft gegenübersieht, verlangen dringende Beachtung. Im Folgenden befassen wir uns mit den bislang eingerichteten Kontroll- und Schutzmechanismen.

1.2 Kontrolle

Das Weltwirtschaftssystem ist von allen Seiten bedroht. Einzeln betrachtet mag jede dieser Gefahren weit weg erscheinen, doch damit würde man die allgegenwärtige Gefahr *positiver Rückkoppelungseffekte* vernachlässigen. Sollten mehrere dieser Bedrohungen gleichzeitig zum Tragen kommen und konzentriert wie ein Laserstrahl auf besonders sensible Knotenpunkte einwirken, so könnte das System als Ganzes einen *kritischen Zustand* erreichen und einen *erdrutschartigen Einbruch* erleiden, der möglicherweise in einem *globalen Kollaps* gipfelt.

Wir müssen begreifen, dass solche Vorstellungen in einem unmittelbaren Zusammenhang mit dem Schutz der freien Marktwirtschaft im kommenden Jahrhundert stehen. Das lässt sich anhand eines Vergleichs verdeutlichen: In der Natur kann das Aussterben verschiedener lokaler Spezies ohne Vorwarnung ein massenhaftes Aussterben von Arten auslösen. In der freien Marktwirtschaft können spezifische, isolierte Fehlschläge der Reihe nach synergistisch zu einer Katastrophe führen.

Bedeutende Wissenschaftler erklären, dass «große, interaktive Systeme sich immer wieder zu einem kritischen Zustand organisieren, in dem ein geringfügiges Ereignis eine Kettenreaktion auslöst, die zu einer Katastrophe führen kann.» Diese «selbstorganisierte Krisenhaftigkeit» gibt es sowohl in der Natur als auch in der Wirtschaft, da der Weltmarkt den Prototyp eines «großen interaktiven Systems» darstellt. Der Zeitpunkt eines solchen «geringfügigen», aber kritischen Auslösers lässt sich nicht vorhersagen; dennoch befinden wir uns im Bereich des «früher oder später».[1]

Solchen «kritischen Zustand» können wir darüber hinaus in den umfassenderen Kontext dessen einordnen, was der Philosoph Paul Virilio den «globalen Unfall» genannt hat. Demnach enthält selbst die brillanteste, vorteilhafteste und nützlichste Erfindung der Welt, ganz gleich, was es sein mag, immer auch ihren eigenen spezifischen, inhärenten, faktischen Unfall.

So impliziert die Erfindung des Flugzeugs zugleich die seines Absturzes; die Atomkraft beinhaltet das Risiko der Kernschmelze; der Computer birgt die Gefahr eines katastrophalen Datenverlustes oder Betrugs; Börsenmärkte und andere Handels- oder Spekulationsforen führen möglicherweise zum Platzen finanzieller Seifenblasen und so weiter.

Der Kapitalismus, um hier den wissenschaftlichen Begriff zu verwenden, stellt keineswegs den Naturzustand der Menschheit dar. Er ist vielmehr das Produkt kumulativer menschlicher Findigkeit, ein gesellschaftliches Konstrukt und als solches vielleicht die *brillanteste kollektive Erfindung der Geschichte.*

Zum ersten Mal sieht sich die Welt (und unsere Arbeitsgruppe) vor eine entscheidende Frage gestellt: Bedeutet der Erfolg dieser globalen Erfindung, dass in der Zukunft der globale Unglücksfall lauert, von dem das System und die Weltwirtschaft sich möglicherweise nicht wieder erholen werden?

Diese Frage können wir zwar nicht beantworten, doch sie führt uns zu anderen Fragestellungen, die zu beantworten unsere Aufgabe ist:

- Ist das globale System zurzeit geschützt?
- Genügen unsere heutigen Institutionen dieser Aufgabe?

Beide Fragen müssen wir verneinen. Die bisher entwickelten Mittel, den freien Markt und die globalisierte Wirtschaft zu überwachen, zu schützen und ihren Fortbestand zu gewährleisten, sind völlig unzureichend.

Unzureichende Institutionen

Schon eine knappe Übersicht über die bestehenden weltweiten Institutionen zeigt, dass die meisten von ihnen wertlos sind, wenn es darum geht, den drohenden Gefahren zu entgehen. Insofern sie ein falsches Sicherheitsgefühl vermitteln, mögen sie sogar schlimmer als wertlos sein. Wir leben derzeit in einer Welt, die in Hinblick auf ihr Management tragisch unterversorgt ist.

Die Vorläufer

Einige internationale Organisationen aus der Zeit nach dem Ersten Weltkrieg wie die International Labour Organisation (ILO, Internationale Arbeitsorganisation) haben sich bis heute gehalten, erfüllen aber bestenfalls koordinatorische, nicht regulatorische Aufgaben. Einige wenige (wie die International Postal Union) tragen zur Regulierung streng umrissener praktischer Bereiche von geringer wirtschaftlicher Bedeutung bei.

Die Bank für internationalen Zahlungsausgleich

Die 1930 in Basel gegründete Bank für internationalen Zahlungsausgleich (BIZ, engl: Bank for International Settlement, BIS) wird häufig als Zentralbank der Zentralbanken bezeichnet. Sie fungiert als internationale Verrechnungsstelle, bietet ein Forum für internationale Kooperation im monetären Bereich, erfasst Daten zentral und gibt Leitlinien heraus. Somit verringert sie die Angst und die Wahrscheinlichkeit, dass der Zusammenbruch größerer Banken Wellen schlägt (Bankhaus Herstatt 1974, Drexel Burnham 1990, BCCI 1991, Barings 1995).

Die BIZ wäre möglicherweise am ehesten geeignet, die Finanzmärkte zu regulieren, tut dies bislang jedoch nicht. Es fehlen ihr jegliche Befugnisse, Zwangsmaßnahmen zu verhängen, und die Marktoperatoren entwickeln schneller neue Finanzinstrumente, als diese Bank sich darauf einstellen kann.

Man sollte meinen, allein schon die Masse an Transaktionen müsste Besorgnis erregen, doch nach Angaben der BIZ herrscht «nach wie vor die offizielle Ansicht, dass die bestehenden Regulierungen – ergänzt um weitere Bemühungen, die internen Kontrollen, die externe Transparenz sowie das Funktionieren des Marktes zu verbessern – ausreichen dürften, die Systemrisiken in Grenzen zu halten».[2] Wir sind in dieser Hinsicht wesentlich weniger gelassen.

Die Bretton-Woods-Institutionen

Die «Zwillingsorganisationen» Weltbank und Internationaler Währungsfonds (IWF) wurden 1944 bei der berühmten Konferenz von Bretton Woods (New Hampshire) gegründet. Sie haben sich als von unschätzbarem Wert erwiesen, als es darum ging, in der südlichen Hemisphäre und in geringerem Maße auch in den Republiken der ehemaligen Sowjetunion und ihren Satelliten wirtschaftliche Disziplin einzuführen und durchzusetzen. Seit Ende 1997 übernehmen sie diese Funktion auch in bislang finanziell unabhängigen Staaten Südostasiens wie Thailand, Korea und Indonesien.

Hoch verschuldeten Ländern blieb kaum etwas anderes übrig, als die von Weltbank und Währungsfonds aufgestellten Strukturanpassungsprogramme umzusetzen. Ob es ihnen gefiel oder nicht, Dutzende dieser Länder liberalisierten ihre Wirtschaft, privatisierten ihre Staatsbetriebe, schafften Devisenbewirtschaftung ab, bauten ihren Anteil am Weltmarkt aus und kamen in den meisten Fällen ihrem Schuldendienst nach.

Das sind bemerkenswerte Leistungen, die man den Bretton-Woods-Institutionen als Verdienst anrechnen muss: Sie waren entscheidend daran beteiligt, den Prozess der wirtschaftlichen Globalisierung zu beschleunigen und zu vertiefen.

Dennoch hat sich die Welt seit Gründung dieser beiden Organisationen am Ende des Zweiten Weltkriegs drastisch verändert. Weltbank und Internationaler Währungsfonds stecken in einer «Midlife-Krise». Ursprünglich geschaffen, um Gelder für die Finanzierung von Entwicklungshilfeprojekten oder zur Überbrückung vorübergehender Zahlungsbilanzschwierigkeiten zu verteilen, sehen sie sich zunehmend der Konkurrenz der Finanzmärkte und privater Investoren ausgesetzt.

Meist entscheiden Unternehmen und Banken, wo ihre Investitionen am besten gedeihen und welche südlichen oder östlichen Staaten kreditwürdig sind. Weltbank und Währungsfonds sind in diesem Sinne Opfer ihres eigenen Erfolgs: In den Ländern ihrer Klientel haben sie Liberalisierung und Marktwirtschaft so energisch gefördert, dass sie sich möglicherweise selbst arbeitslos gemacht haben.

In dieser Hinsicht ist die Weltbank sicher anfälliger als der Währungsfonds. Und dennoch greifen alle gern auf sie zurück, sobald Märkte Fehlschläge erleiden, und bei der Kanalisierung öffentlicher Mittel an Privatinvestoren, die sich massiv verkalkuliert haben, spielen sie nach wie vor eine wichtige Rolle. Immer, wenn die Regel des «Zum-Scheitern-zu-groß» greift, kommen Weltbank und Währungsfonds ins Spiel, wie es bei den Krisen in Mexiko, Russland und Asien der Fall war. Nur wenige durchschauen, dass ihre Steuergelder nicht so sehr dazu dienen, den betreffenden Staaten als vielmehr den großen privaten Spielern auf diesen Märkten aus der Klemme zu helfen.

Weltbank und Währungsfonds müssen sich nun darauf konzentrieren, sich schneller an neue Bedingungen anzupassen. Ebenso wie die übrige «Auslandshilfeindustrie» muss wohl auch die International Development Association (IDA, Internationale Entwicklungsorganisation, ein von verschiedenen Geberländern finanzierter Zweig der Weltbank, der «zinsbegünstigte Anleihen» vergibt) damit rechnen, immer weniger Mittel von ihren bisherigen Geldgebern zu erhalten. Die Weltbank hat schon jetzt erkannt, dass sie engere Beziehungen zu den Marktkräften pflegen muss, und baut folglich ihre Kooperationen auf dem privaten Sektor aus (International Finance Corporation; Multilateral Investment Guarantee Agency). In Hinblick auf ihre eher traditionelle Kreditvergabe wird sie den Schwerpunkt stärker auf eine Beratung privater Unternehmen legen und als Makler zwischen Regierungen und Unternehmen auftreten müssen.

Beim Internationalen Währungsfonds kann man sich wohl darauf verlassen, dass er weiterhin in den ihm verpflichteten Ländern seine traditionell harte Linie in Bezug auf Schuldenerlass und orthodoxe Steuerpolitik verfolgt und eine disziplinierte Strukturanpassung durchsetzt. Andererseits wäre es dumm, darauf zu zählen, dass Währungsfonds oder Weltbank einen finanziellen Zusammenbruch verheerenden Ausmaßes aufhalten oder auch nur vorhersagen könnten.

Diese Institutionen, die mehrere Tausend hoch qualifizierter, großzügig bezahlter Wirtschaftswissenschaftler beschäftigen und seit Jahrzehnten in Mexiko stark engagiert sind, haben es nicht geschafft, die mexikanische Finanzkrise von Dezember 1994 vorherzusehen, oder falls doch, dann haben sie es unterlassen, davor zu warnen. Ebenso wenig haben sie den dramatischen, markterschütternden Tumult auf den asiatischen Finanzmärkten 1997 vorhergesehen.

Auf Betreiben der Vereinigten Staaten trug der Währungsfonds mit beträchtlichen Mitteln zur Rettung Mexikos bei, nachdem das Finanzdebakel erst einmal da war; er brach mit sämtlichen Regeln, um Russland mit neuen Krediten unter die Arme zu greifen, und während wir diesen Bericht abschlossen, gewährte er den asiatischen «Tigern» erste massive Kredite. Seine Ressourcen sind jedoch weder unbegrenzt noch elastisch.

Wir fürchten, die internationale Wirtschaftsgemeinschaft baut auf Sand, sollte sie sich allzu sehr darauf verlassen, dass der Internationale Währungsfonds Systemrisiken vorhersagen oder gar in Grenzen halten könnte. Entweder müssen ihm wesentlich umfangreichere Mittel bewilligt werden, um potenzielle Katastrophen aufzufangen, oder er ist durch eine kompetentere Institution zu ersetzen. Vor allem sollte der Währungsfonds weniger selbstzufrieden sein und aufhören, sich auf dogmatische Ideologie statt auf solide Forschungsarbeit zu stützen, um institutionell imstande zu sein, wenn nötig Alarm zu schlagen.

Eine sofortige Auflösung der Bretton-Woods-Institutionen sehen wir weder voraus noch empfehlen wir sie. Sie dienen auch weiterhin als Garanten der Liberalisierung, Privatisierung und Strukturanpassung in weiten Teilen der Welt; eine Aufgabe, die keine Regierung nördlicher Staaten allein oder gemeinsam mit anderen unmittelbar in Angriff nehmen sollte. Nützlich sind sie auch weiterhin, vor allem für die G-7-Staaten, weil sie jene der Notwendigkeit entheben, sich offen in die Angelegenheiten anderer «souveräner Staaten» einzumischen, die eine Finanzkrise durchmachen.

Die Vereinten Nationen (UN)

Eine Erörterung globaler Schutzmechanismen und Managementinstitutionen muss sich zumindest am Rande auch mit den Vereinten Nationen (United Nations, UN) befassen. Auch wenn sie in einigen Fällen ihren friedenserhaltenden Aufgaben in rühmlicher Weise nachgekommen sind, sehen wir in anderen Bereichen keine Hoffnung, dass die wichtigsten Mitgliedsstaaten der Generalversammlung oder den Sonderorganisationen der UN jemals echte regulatorische Machtbefugnisse übertragen werden.

Von den Sonderorganisationen der Vereinten Nationen ist die UNICEF vielleicht die erfolgreichste, da die meisten Staaten sich darüber einig sind, dass Schutzimpfungen von Kindern eine lohnende Anstrengung darstellen. Andere UN-Gremien, die in kontroverseren oder heikleren Bereichen arbeiten, besitzen praktisch keinerlei Befugnisse und werden sie wohl auch in Zukunft nicht erhalten. So übt die Food and Agriculture Organisation (FAO, Ernährungs- und Landwirtschaftsorganisation) keine Kontrolle über die Weltproduktion und Verteilung von Nahrungsmitteln aus; das UN Environment Programme (UNEP, Umweltprogramm) ist für den Umweltschutz völlig ineffektiv, die UN Conference on Trade and Development (UNCTAD, Handels- und Entwicklungskonferenz) stellt keine Regeln für den Handel auf und so weiter.

Die Vereinten Nationen sind vor allem wichtig, weil sie den kleineren, schwächeren Mitgliedsländern der «internationalen Gemeinschaft» die Illusion vermitteln, sie hätten bei der Regelung globaler Angelegenheiten etwas mitzureden.

Ein Novum mit möglicherweise weit reichenden Folgen ist Ted Turners Megaspende in Milliardenhöhe an die Vereinten Nationen. Von Turners persönlicher Großzügigkeit und seinem Altruismus einmal abgesehen, markiert diese Spende einen ersten philanthropischen Schritt bei der Privatisierung internationaler, zwischenstaatlicher Organisationen und könnte einen die UN-Politik insgesamt prägenden Präzedenzfall für wohltätiges Engagement weiterer Einzelpersonen und Unternehmen darstellen. Das ist zwar eine positive Entwicklung, doch zu unserem Bedauern könnte sie die Vereinigten Staaten vermeintlich der Verpflichtung entheben, ihre längst überfälligen Beitragszahlungen an die Vereinten Nationen zu leisten. Aus Gründen, auf die wir an anderer Stelle näher eingehen werden, ist dies nicht der geeignete Zeitpunkt, seine Verpflichtungen gegenüber internationalen Institutionen zu vernachlässigen.

Die Welthandelsorganisation (WTO)

Gute Aussichten auf internationalen Erfolg bietet die Welthandelsorganisation (World Trade Organisation, WTO), eine relativ junge Einrichtung, die am 1. Januar 1995 das General Agreement on Tariffs and Trade – GATT (Allgemeines Zoll- und Handelsabkommen) – ablöste und möglicherweise der Vorbote einer neuen Weltordnung ist, da ihre Mitgliedsstaaten sie mit echten Entscheidungsbefugnissen und regulatorischer Macht ausgestattet haben. Für alle, die eine Globalisierung des freien Marktes vorantreiben wollen, bedeutet die Welthandelsorganisation eine gute Nachricht, und auch wir begrüßen sie als wichtigen Fortschritt.

Nach den Regeln der WTO können einzelne Mitgliedsstaaten den Handel nicht länger behindern. Sollten sie es dennoch versuchen, werden dauerhafte Sanktionen gegen sie verhängt. Wie es das *Wall Street Journal* mit bewundernswerter Offenheit ausdrückte, sticht die WTO als ein «weiterer Pfahl ins Herz der Vorstellung, dass Staaten ihre Wirtschaft lenken könnten». Es war wohl kaum übertrieben, als der Leiter dieser Organisation verkündete: «Wir schreiben die Verfassung einer einheitlichen Weltwirtschaft.»

Nach den WTO-Regeln sind restriktive Handelspraktiken verboten, und jeder Mitgliedsstaat kann nichttarifäre Handelsschranken anfechten, auch wenn sie als Maßnahmen zum Schutz der menschlichen Gesundheit oder der Umwelt etikettiert werden. Streitfälle werden nicht vor nationalen Gerichten, sondern vor eigenen Schlichtungsorganen der WTO, so genannten «Panels», verhandelt und bindend entschieden.

Zum ersten Mal hat damit eine internationale Institution die Macht erhalten, spezifische nationale Interessen auszuhebeln, auch wenn diese gesetzlich oder gewohnheitsrechtlich verankert sind. Nach dem ihr zugrunde liegenden Abkommen soll jeder Mitgliedsstaat sicherstellen, dass seine Gesetze, Vorschriften und Verfahrensregeln mit seinen Verpflichtungen (gegenüber der WTO) vereinbar sind. Diese Verpflichtungen beziehen sich auf vergangene, gegenwärtige und zukünftige gesetzliche Regelungen.

Ein solches internationales Gremium mit Regulierungsbefugnis birgt die Gefahr, ernsthafte Widersprüche zu provozieren. Schon jetzt gibt es grundlegende Meinungsverschiedenheiten zwischen reicheren, demokratischeren Ländern und ärmeren, stärker autokratischen, wenn es um Fragen des Arbeitsrechts, des Umweltschutzes und der Handelsbeziehungen geht.

In reicheren Ländern ist zudem mit heftigen Gegenreaktionen zu rechnen. Bürger und Konsumenten könnten mit Empörung reagieren, wenn sie erfahren, dass die WTO-Regeln ihre Länder zwingen, wesentlich geringere Standards zu akzeptieren, als sie es gewohnt sind. Betroffen sind davon sicherlich so entscheidende Bereiche wie Nahrungsmittel, Gesundheit, Sicherheit und Umwelt; denn die entwickelten Länder werden gezwungen, Waren der weniger entwickelten Länder auf dem heimischen Markt zuzulassen, auch wenn sie unter zweifelhaften hygienischen oder ökologischen Bedingungen produziert wurden.

Einige wahllos herausgegriffene Beispiele mögen diesen Punkt verdeutlichen: Der Markt wird Verbrauchern Obst, Gemüse oder Weine anbieten, die wesentlich mehr Rückstände von (teils Krebs erregenden) Pestiziden enthalten, als es nach den Landesgesetzen der meisten europäischen und nordamerikanischen Staaten derzeit zulässig ist. Europäer könnten gezwungen werden, ihre Märkte für Fleisch von Rindern zu öffnen, die in den Vereinigten Staaten mit Wachstumshormonen oder gentechnisch verändertem Viehfutter aufgezogen wurden. Es könnte passieren, dass Verbote für den Handel mit Asbest und Giftmüll oder Schleppnetzfischerei aufgehoben, die Kennzeichnungspflicht bei Nahrungsmitteln gelockert und viele Produkte, die bedenkliche Substanzen enthalten, legalisiert werden.

In dem Maße, wie den Menschen diese Realitäten bewusst werden, dürften Verbraucherschutz- und Umweltschutzorganisationen sich stärker zu Wort melden. Es besteht auch eine gewisse Wahrscheinlichkeit, dass Bürger sich gegen die Schlichtungsverfahren der WTO wenden, da ihre Schlichtungsorgane ohne öffentliche Beobachter tagen und ihre Akten, Protokolle und Verhandlungen nicht veröffentlicht werden.

Nach den früheren GATT-Regeln durften Sanktionen gegen einen Mitgliedsstaat nur durch einstimmigen Beschluss aller anderen Mitglieder verhängt werden. Dieses Verfahren war viel zu schwach und garantierte in der Praxis, dass kein Mitgliedsstaat Sanktionen zu fürchten hatte. Bei der Welthandelsorganisation gilt das umgekehrte Vorgehen. Sanktionen gelten automatisch, sobald eines ihrer Panels eine Partei für schuldig befunden hat, falls die Mitgliedsstaaten sich nicht innerhalb von neunzig Tagen einstimmig dagegen entscheiden.

Zusammenfassend ist zu sagen, trotz weniger Ausnahmeerfolge wie der WTO und ein paar Fortschritten in Richtung auf eine verbindliche Politik in der globalen Arena klaffen in der Sphäre internationaler Regelungen viele Löcher. *Eine globalisierte Wirtschaft braucht Regeln*, wenn sie ihren eigenen Erhalt sichern soll. Und solche Regeln lassen sich am besten von den Hauptakteuren dieser Wirtschaft aufstellen.

Die Rolle transnationaler Unternehmen

Diese riesigen Unternehmen können und sollten viele der notwendigen politischen Kontrollmechanismen schaffen, um den Fortbestand jenes Systems zu sichern, das ihre Existenz und ihre Profite gewährleistet. Das ist ihnen bislang kaum klar geworden, obwohl sie mit Gremien wie dem Jahrestreffen des Weltwirtschaftsforums in Davos oder dem Transatlantic Business Dialogue die Aufgabe einer Konsensbildung mit internationalen Führungskräften in Angriff genommen haben.

In Zukunft könnten diese Unternehmen durchaus zu der Erkenntnis gelangen, dass Wettbewerb zwar schön und gut, der angemessenen Regelung ihrer Angelegenheiten aber nicht gerade förderlich sei. Die Erdölindustrie entspricht diesem Muster noch am besten: Sie hat weitgehend auf Konkurrenz verzichtet, um *de facto* ein kollektives Management in Produktion, Vertrieb und Preisgestaltung durchzuführen. Es wäre vorstellbar, dass auch andere Industriezweige sich international verständigen, wie sie es auf nationaler Ebene Ende des 19. und im Laufe des 20. Jahrhunderts getan haben, um ein für alle schädliches halsabschneiderisches Konkurrenzgebahren zu vermeiden.

Wir fürchten jedoch, dieser Tag liegt noch in ferner Zukunft. Trotz einiger spektakulärer Fusionen der letzten Zeit liefern sich europäische, amerikanische, japanische und andere transnationale Player weiterhin einen heftigen Konkurrenzkampf um ihre Anteile am Weltmarkt. Damit destabilisieren sie ein ohnehin schon anfälliges globales System. So unterschiedliche Branchen wie die Automobilindustrie, die chemische und die pharmazeutische Industrie haben in den vergangenen Jahren unter der Schaffung gewaltiger Überkapazitäten gelitten. Jedes Riesenunternehmen sucht sich durch Investitionen in Kosten sparende Technologien mit einem Minimum an Arbeitskräfteeinsatz kurzfristige Vorteile zu verschaffen.

Die Folge ist, dass *zu viele* erstaunlich effiziente Fabriken *zu viele* Waren für *zu wenige* solvente Käufer produzieren. Wenn diese Unternehmen ihre Arbeitskräfte entlassen, «rationalisieren» sie zugleich auch ihre Kunden weg. Bislang hat sich noch kein Ersatz für Henry Fords klugen Ausspruch gefunden: Bezahle deinen Arbeitern genug, damit sie deine Autos kaufen können.[3]

Da es rein mathematisch unmöglich ist, sämtliche derzeit produzierten Autos (und andere Waren) zu verkaufen, muss es zu drastischen Gesundschrumpfungen kommen, und dennoch schließen Unternehmen weiterhin moderne Fabriken, um andernorts noch modernere zu bauen, die meist noch weniger und billigere Arbeitskräfte beschäftigen.

Diese Muster gelten für fast alle produzierenden Branchen, und die jüngsten Rückschläge in Asien werden das Überangebot nur noch verschlimmern, da die Unternehmen für Exporte jedes Opfer bringen, um ihre Schulden zu bezahlen. Gleichzeitig werden asiatische Kunden wesentlich weniger kaufen. Bislang haben die transnationalen Unternehmen auf das branchenweite Überangebot nicht mit Kooperation, sondern mit verstärktem Wettbewerb reagiert. Ihre letztlich zum Scheitern verurteilten Bemühungen gehen nach wie vor in die Richtung, sich kurzfristige Vorteile gegenüber ihren Konkurrenten zu verschaffen. Chronische Überkapazitäten waren ein Faktor, der in den dreißiger Jahren des 20. Jahrhunderts zur Weltwirtschaftskrise geführt hat; und heute sind die meisten Elemente für eine erneute Wirtschaftskrise gegeben.

Die Umwelt bietet einen weiteren Beleg für die Weigerung dieser Unternehmen, ihre regulatorische Verantwortung ernst zu nehmen. Die Vereinten Nationen veranstalteten 1992 die UN-Konferenz für Umwelt und Entwicklung (UNCED, UN Conference on Environment and Development) in Rio de Janeiro. Vor dieser Konferenz arbeitete der von mehreren transnationalen Unternehmen (TNCs) gegründete World Business Council for Sustainable Development eng mit dem Konferenz-Sekretariat zusammen, um jegliche Diskussion über einen verbindlichen oder unverbindlichen Verhaltenskodex für TNCs im Umweltschutz von vornherein zu unterbinden. Sie argumentierten, sie könnten und wollten die Verantwortung für ihren Umgang mit der Umwelt selbst übernehmen.

So überließ die Konferenz Regulierung und Management des Umweltschutzes vollständig den einzelnen Staaten, obwohl die Unternehmen per definitionem transnational operieren und die meisten Umweltprobleme grenzüberschreitend sind. Die Konferenz von Rio, das einzige hochrangige internationale Treffen, das überhaupt Richtlinien für den Umweltschutz herausgegeben hat (die so genannte Agenda 21), akzeptierte somit stillschweigend eine individuelle Selbstkontrolle transnationaler Unternehmen.

Manche Experten und Unternehmenssprecher erklären zwar, dass sie als Gruppe zum Schutz der Umwelt beitragen können. Trotz einiger weniger ermutigender Beispiele sehen wir jedoch kaum Belege, die diese Sicht erhärten würden.

Regulierung der Finanzmärkte

Die bestehenden internationalen Institutionen und transnationalen Unternehmen sind größtenteils nicht imstande, nicht gewillt oder nicht kompetent, das marktwirtschaftliche System als Ganzes zu regeln. Angesichts der Gefahr, die von unbeständigen Finanzmärkten ausgeht, und der Dominanz des Finanzkapitals auf internationaler Ebene drängt sich uns die Frage auf, ob sich die Hauptfinanzakteure dazu bewegen ließen, diese Rolle zu übernehmen. Realistisch betrachtet, sehen wir mehrere Faktoren, die gegen ein global verantwortungsbewusstes Verhalten der internationalen Finanzwirtschaft sprechen.

Manche Beobachter behaupten, die Informationstechnologie sei mittlerweile leistungsfähig genug, größere Zwischenfälle vorherzusehen und zu verhindern. Dem müssen wir widersprechen: Die Lage ist mittlerweile zu vielschichtig und komplex. Zum ersten Mal operieren Märkte in einer wahrhaft grenzenlosen Welt, aber die Technologien, die diese Welt ermöglicht haben, haben sich wesentlich schneller verbreitet als die Mittel, sie vor ihren eigenen Erfolgen und Exzessen zu schützen. Die Abschaffung und Vereinheitlichung von Zeit und Raum untergräbt die Stabilität.

Die Informationstechnologie stellt zwischen allen Operateuren einen sofortigen, ständigen Kontakt her, kann sie aber nicht vor ihrem eigenen Tun schützen und sogar dazu beitragen, kritische Ereignisse zu provozieren. Als ein frühes, aber anschauliches Beispiel hierfür sei die Rolle des «Programme trading» beim Kurseinbruch am Aktienmarkt 1987 in den Vereinigten Staaten erwähnt.

Selbst in den mächtigsten Ländern üben staatliche Stellen keine umfassende Kontrolle mehr über den Wert ihrer Währung und ihre Geldpolitik aus. Ausländer besitzen erhebliche Anteile an Staatsanleihen (nationalen Schulden) und können diese Investitionen bei den geringsten unwillkommenen Anzeichen zurückziehen und damit eine drastische Verringerung der Finanzreserven und heftige Schwankungen der Wechselkurse auslösen. George Soros' Milliarden-Dollar-Coup gegen das britische Pfund demonstrierte, dass die Zentralbanken mächtigen Spekulanten nicht mehr gewachsen sind.

Die nationalen Finanzmärkte sind nicht nur vollständig in die globalen integriert, auch die Grenzen zwischen den verschiedenen ehemals separaten Märkten sind weggebrochen. Zwischen kurzfristigen und langfristigen Kapitalmärkten, Devisenmärkten, Märkten für Optionen, Futures, Warentermingeschäfte oder Derivate sind Grenzen nicht mehr auszumachen. «Leverage is all»; ganze Volkswirtschaften basieren buchstäblich auf dem Papier, das reine Notierungswerte verzeichnet. Derivatmärkte weiten sich phänomenal aus. Wurde der Derivathandel ursprünglich als Schutz gegen Finanzrisiken geschaffen, so erhöht er mittlerweile das Risiko.

Die Finanzmärkte stehen auch in keinem sonderlichen Zusammenhang zur «realen» Wirtschaft oder zum Warenhandel. Die Geldmengen, die täglich an den Devisenmärkten zirkulieren, stellen in der Regel mindestens das Fünfzigfache des gesamten Marktwertes der Transaktionen von Gütern und Dienstleistungen dar.

Es wäre durchaus vorstellbar, dass Hauptakteure des Finanzmarktes sich zusammentäten, um – gerüstet mit den neuesten Informationstechnologien – die Risiken eines Unfalls zu verringern, aber von wem sollte die Initiative dazu ausgehen? Wer sollen die Architekten eines finanziellen Katastrophenschutzes sein? In den meisten Kreisen wird nicht einmal die Möglichkeit eines Unfalls auf dem globalen Markt erkannt.

Spekulanten, Unternehmen, Banken, Börsenmakler, Pensionskassen und so weiter profitieren erheblich vom System, aber *um das System selbst kümmern sie sich nicht und sie können es auch nicht*, wie immer ihre eigenen langfristigen Interessen davon betroffen sein mögen. Diese Unternehmer sind rationale Wesen, und der Markt setzt die Rationalität im Handeln, im Wissen und in den Erwartungen aller Beteiligten voraus. In der Finanzwelt herrscht jedoch die schnelle Entscheidung vor; kurzfristige Logik wirkt langfristigen Vorteilen entgegen, die sofortigen Rechte eines jeden Akteurs hebeln die Erhaltung des Systems aus, das ebendiese Rechte gewährleistet. Wie lassen sich in einem solchen Kontext gefährliche Tendenzen in Schach halten, ganz zu schweigen davon, einen schwer wiegenden oder gar globalen Unfall zu vermeiden?

Eine Besteuerung internationaler Finanztransaktionen, selbst in einem kaum spürbaren Maße, wird so gut wie nicht diskutiert und, falls doch, regelmäßig verworfen. Allein schon Fülle und Volumen des Handels machen viele Menschen reich, und so kann es nicht überraschen, dass hier ein grundlegendes Gesetz menschlichen Verhaltens am Werk ist: Das Gesetz maximalen kollektiven Widerstands gegen eine Zügelung dieser Vitalität.

Ein größerer Unfall auf den Finanzmärkten würde massive Firmenzusammenbrüche und eine erhebliche Zunahme der Arbeitslosigkeit auslösen und damit soziale Eruptionen vulkanischen Ausmaßes provozieren. Eine globale Finanzkrise wirkte sich heute wesentlich schlimmer aus als die von 1929, dennoch scheint es unmöglich zu sein, Vorkehrungen dagegen zu treffen oder sie zu verhindern.

Nehmen wir einen Vergleich aus den Naturwissenschaften. Manche Menschen mögen imstande sein, altruistisch zu handeln und sich und ihre Interessen für das Wohl der Allgemeinheit zu opfern. Biologen nehmen an, dass der bei Tieren beobachtete «Altruismus» darauf basiert, die Chancen für die Weitergabe der eigenen Gene an zukünftige Generationen zu maximieren. Der berühmte Genetiker J. B. S. Haldane witzelte einmal: «Ich würde mein Leben für drei Brüder oder neun Vettern geben.»

Das Fundament von Theorie und Praxis der freien Marktwirtschaft sind nicht Altruismus oder Opferbereitschaft, sondern unmittelbares Eigeninteresse und Profit, wie wir unseren Auftraggebern wohl nicht eigens darlegen müssen. Es wäre daher erstaunlich, wenn sich auf diesem Markt selbstloses Verhalten in einem statistisch signifikanten Maße finden ließe. Das gilt selbst dann, wenn sich zeigen lässt, dass gewisse politische Maßnahmen oder individuelle Verhaltensweisen mit größerer Wahrscheinlichkeit zum Schutz des Systems beitragen, es diesem also ermöglichen, um im Bild zu bleiben, seine Gene weiterzugeben. Heute kümmern sich die Mitspieler am Markt nur um sich selbst, nicht um die Weitergabe ihres individuellen oder kollektiven Erbes.

Aus historischer Sicht liegt klar auf der Hand, oder sollte es zumindest, dass die Politik des New Deal unter Präsident Franklin

Delano Roosevelt den amerikanischen Kapitalismus vor einem sicheren Untergang und die Vereinigten Staaten vor radikalem Populismus, Sozialismus oder vielleicht sogar Nationalsozialismus irgendeiner Form bewahrt hat. Hätte Roosevelt nicht mit einem rigoros keynesschen Programm eingegriffen, hätte der soziale Zusammenbruch, der dem Börsenkrach von 1929 folgte und bis 1933 bereits weit fortgeschritten war, das liberale System der inzwischen mächtigsten Volkswirtschaft der Welt und den eifrigsten Verfechter des freien Marktes ruinieren können. Eigentlich hätte man Roosevelt als Helden feiern und ihm den kapitalistischen Segen erteilen müssen.

Tatsächlich begegnete die Oberschicht in den Vereinigten Staaten der dreißiger Jahre Roosevelt jedoch mit tiefem Misstrauen und noch tieferem Hass. In vielen Familien galt der Name «Roosevelt» als Schimpfwort, das man vor Damen, Kindern oder Dienstboten nicht in den Mund nehmen durfte (wie einer von uns persönlich bezeugen kann); stattdessen sprach man von «diesem Mann». Der New Deal mag Amerika gerettet haben, doch es gelang ihm nie, seine heftigsten Gegner zu besänftigen oder gar zu überzeugen, sie stehen ihm bis heute feindlich gegenüber.

Wenn nationale Regierungen versuchen würden, politische Maßnahmen im Stile Roosevelts durchzusetzen, würde der Markt sie sofort mit Sanktionen belegen. Eine globale keynessche Politik, die Besteuerung von Transaktionen und die Einrichtung von «Sicherungsfonds» könnten einem ernsthaften Unfall vorbeugen und ausgedehnte soziale Unruhen verhindern, doch bei jenen, deren Interessen solche Maßnahmen letztlich zugute kämen, würden sie ebenso wenig Unterstützung finden wie der New Deal bei der Unternehmer- und Finanzelite der Vereinigten Staaten. Folglich ist eine globale Umverteilungs- oder Regulierungspolitik der Finanzmärkte nicht in Sicht, und wie die Dinge liegen, besteht wenig Hoffnung, dass globale Institutionen die Gefahren für das System verringern könnten.

Eins, zwei, viele Weltmärkte ...

Bislang haben wir entsprechend der gängigen Praxis zwar von «dem Markt» gesprochen, tatsächlich gibt es jedoch nicht nur einen einzigen Weltmarkt, sondern vier überlappende und verquickte Weltmärkte:

- den traditionellen Markt für *Güter und Dienstleistungen*;
- den *Arbeitsmarkt*;
- den *Finanzmarkt*;
- den wenig anerkannten *Umweltmarkt* (zu dem Land, greifbare und nicht greifbare physikalische Ressourcen sowie die Natur als «freie» oder kostenpflichtige Deponie für Emissionen und Müll gehören).

Ein transnationales Unternehmen agiert gewöhnlich auf all diesen Märkten gleichzeitig. Es sucht sich die produktivsten Arbeitskräfte zu den günstigsten Kosten; es tätigt Sicherungsgeschäfte, um den Wert zukünftiger Transaktionen in verschiedenen Währungen zu gewährleisten; es verbraucht natürliches Kapital und nutzt Mülldeponien; es verkauft Güter und Dienstleistungen. Diese Aktivitäten lassen sich nicht luftdicht gegeneinander abgrenzen, auch wenn das Unternehmen sie in seinen Büchern separat abwickelt.

Der «Markt» handelt mit vielen «Gütern» – menschlicher Arbeitskraft, Körperteilen für Transplantationen, genetischem Material, Wasser, Land, Luft, Sicherungsfonds, Patenten und Optionen. Keine von diesen Waren wurde im strengen Sinne des Wortes von jemandem «produziert».

Wir hoffen gezeigt zu haben, dass von diesen vier eng miteinander verquickten Märkten *allein der Markt für Güter und Dienstleistungen auch nur die Andeutung einer geordneten Regulierung auf globaler Ebene* vorzuweisen hat, und zwar durch die Welthandelsorganisation. Die Regulierung der übrigen drei Märkte – Arbeit, Finanzen und Natur – bleibt größtenteils dem Zufall und den mehr oder weniger rationalen Kräften von Angebot und Nachfrage überlassen.

Es kann wohl nicht überraschen, dass unregulierte (oder «sich selbst regulierende») Märkte durchaus Spannungen erzeugen können (Massenarbeitslosigkeit, soziale Unruhen, Umweltverschmutzung, Finanzkrisen), die das System der freien Marktwirtschaft untergraben. Unser Standardmodell ist nicht mit Stoßdämpfern ausgestattet. Angesichts eines inhärent anfälligen Systems, dem es an legalen, durchsetzbaren Regeln fehlt, können wir nur vor einem globalen Unfall zu Beginn des 21. Jahrhunderts (wenn nicht schon früher) warnen.

Eine solche Schlussfolgerung erscheint der Arbeitsgruppe zwar unter den gegebenen Umständen unausweichlich, ist aber dennoch inakzeptabel für uns und, wie wir annehmen, auch für unsere Auftraggeber. Aus diesem Grund müssen wir uns mit den systemimmanenten Paradoxa befassen.

Freiheit versus Grenzen

Wir sind der Ansicht, der Markt braucht Beschränkungen, um wahrhaft frei zu sein. Der Aufwand an Sorgfalt und Schutzmaßnahmen zur Erhaltung des Systems verhält sich heute umgekehrt proportional zum Nutzen, der daraus erzielt wird. Mit anderen Worten, die größten Gefahren gehen von den größten *Global Players* aus. Die einzigen internationalen Regulierungsbehörden, die es gibt, «regulieren» alle in Richtung *noch größerer Freiheit für den Markt, der ohne jegliche Beschränkung operieren soll.*

Ein System, das auf individueller Freiheit, Selbstregulierung, «darwinistischem» Wettbewerb und dem Überleben der Tauglichsten basiert, wird nicht plötzlich eine Kehrtwende machen und darum bitten, reguliert zu werden. Man kann von den Hauptbegünstigten des Systems nicht erwarten – und sie unter den gegebenen Umständen nicht einmal zwingen –, gegen ihre unmittelbaren Interessen und gegen die Prinzipien von Profit und Eigennutz zu handeln, auf die sich die freie Marktwirtschaft und ihr eigener Erfolg stützen. Sich vorzustellen, eine große oder auch nur signifikante Zahl dieser Profiteure würde rechtzeitig die Notwendigkeit einer externen Regulierung erkennen, hieße, alle bekannten Gesetze menschlichen Verhaltens zu leugnen. Diesem Widerspruch müssen wir uns stellen.

Alle Gefahren für die globale freie Marktwirtschaft erwachsen aus ihren Erfolgen und aus den bemerkenswertesten Leistungen der Unsichtbaren Hand. Die Hauptakteure des Systems haben bislang eine erstaunliche Resistenz an den Tag gelegt, diese Gefahren in aller Offenheit zu diskutieren und anzugehen. Unserer Ansicht nach könnte es durchaus fatale Folgen haben, dieses Fluchtverhalten fortzusetzen. Dennoch gehen die führenden Marktteilnehmer fast ausnahmslos von der Annahme aus, «je mehr Freiheit desto besser».

Bis zu einem gewissen Punkt trifft dies durchaus zu. Ebenso wie wir die Werke eines so Großen wie Friedrich von Hayek verehren, glauben wir auch an die Freiheit des Marktes. Trotz dieses grundlegenden Einverständnisses betonen wir, dass der Markt ohne Regeln und Beschränkungen seinen eigenen Zusammenbruch verursachen kann. Wenn er sich selbst überlassen bleibt, bringt er zu wenige Gewinner und zu viele Verlierer hervor; er führt zu Überproduktion und Unterkonsumption, zu ökologischer Zerstörung, wachsender Konzentration des Reichtums und zunehmender Ausgrenzung der Untauglichen.

Was immer die vorherrschende Rhetorik behaupten mag, der unregulierte Weltmarkt wird nichts für die Umwelt oder die unzähligen Arbeitskräfte und potenziellen Arbeitskräfte tun, insbesondere nicht für die über eine Milliarde Arbeitslosen und Unterbeschäftigten. Die Zahl der Untauglichen wird unerbittlich steigen, bis sie sich auf vielfältige Weise nachteilig und destabilisierend bemerkbar macht.

In dem Maße, wie die Welt zu einem einheitlichen Markt zusammenwächst, muss sie Anpassungen, die im 19. Jahrhundert noch über zwei oder drei Generationen erfolgt wären, innerhalb von Monaten oder Jahren leisten. Das Tempo der Veränderung hat sich überwältigend beschleunigt, und Schumpeters «schöpferische Zerstörung» vollzieht sich im größtmöglichen Maßstab. Wer sich nicht schnell genug anpassen kann oder will, wird sofort von den Vorteilen des Systems ausgeschlossen.

Ein «globaler Keynesianismus» oder «Rooseveltianismus» könnte eine potenzielle Explosion und Chaos vielleicht verhindern, aber die «Roosevelt-Regel» zeigt, dass die Spieler in einem auf kurzfristigen Interessen und dem selbstregulierenden Markt basierenden System inbrünstig an die Klugheit dieses Marktes glauben und jegliche Regulierung selbst dann ablehnen, wenn sie dem System und ihren eigenen langfristigen Interessen nachweislich nützt.

Hier geht es nicht nur um ein ökonomisches und psychologisches Problem, sondern um ein politisches. Politik beinhaltet Regeln. Unsere gegenwärtigen Institutionen können keinen politischen Rahmen von universeller Dimension schaffen. Die Hauptakteure unseres Marktes sind nach wie vor taub und blind für ihre eigenen Interessen und die des Systems. Die Unsichtbare Hand wird gegen all jene zurückschlagen, die all ihren Glauben in sie gesetzt haben. Wir sehen nur einen Ausweg aus diesem Dilemma, und mit ihm wollen wir uns nun beschäftigen.

1.3 Belastung

Bislang haben wir bewusst darauf verzichtet, uns mit drei wesentlichen Determinanten der Zukunft unseres Planeten und der freien Marktwirtschaft zu befassen – nämlich mit Konsum, Technologie und Bevölkerung (Population). Diese Faktoren lassen sich zu einer schlichten Gleichung zusammenfassen:

Belastung (der Erde) = Konsum × Technologie × Population

$B = K \times T \times P$

Diese von Demographen, Biologen und Umweltökonomen häufig verwendete Formel hat für unsere Demonstration zentrale Bedeutung.[1] Wenn man die Variablen korrekt interpretiert, machen sie soziale und ökonomische Vorhersagen deutlich einfacher, da diese drei Komponenten – Konsum, Technologie und Population – viele weitere Variablen enthalten wie Reichtum und Armut, den wirtschaftlichen Entwicklungsstand, Gesundheit, Bildung, Fruchtbarkeit, die Stellung von Frauen und Ähnliches.

Wenn man die Marktwirtschaft als ein Subsystem akzeptiert, das innerhalb des Gesamtsystems, also der Natur, arbeitet, wovon man unserer Ansicht nach ausgehen muss, dann zeigt diese Formel nachdrücklich die bevorstehenden Gefahren auf. Eine lebensfähige wirtschaftliche Zukunft innerhalb der Beschränkungen der Biosphäre hängt ab von:

- der Zahl der Menschen auf der Erde;
- der Quantität, Qualität und Art ihres Konsums;
- der Technologie, die zur Produktion ihrer Verbrauchsgüter und zur Entsorgung des dabei entstehenden Mülls verwendet wird.

Konsum

Die Variable «Konsum» erweist sich, wie zu erwarten, als besonders einkommensabhängig. Der Durchschnittsfranzose konsumiert pro Kopf fünfeinhalb Mal so viel wie ein Ägypter; ein Deutscher konsumiert siebzehn Mal so viel wie ein Inder, ein Amerikaner fünfunddreißig Mal so viel wie ein Tansanier und so weiter.[2]

Humanitäre Organisationen äußern sich häufig moralisch entrüstet über die ausgeprägten Konsumunterschiede zwischen Nord und Süd. Diese Empörung geht fehl. Es mag ja sein, dass der Durchschnittsschweizer siebzehn Mal so viel konsumieren kann wie ein Nigerianer, aber in einer globalen Marktwirtschaft lautet die einzig rationale Antwort auf diese Tatsache, offen gesagt: «Na und?» Die Schweizer sind produktiv, ihre Bevölkerung ist stabil, sie weisen eine hohe Sparquote auf, und man kann ihnen nicht vorwerfen, sie seien durch Plünderung oder Kolonialismus zu ihrem Wohlstand gekommen. Andererseits, wenn die Nigerianer nicht sparen, investieren und ihre Produktivität erhöhen, besteht für sie die einzige Möglichkeit, reicher zu werden und mehr zu konsumieren, darin, dass es weniger Nigerianer gibt. Es besteht auch kein unmittelbarer Zusammenhang zwischen Schweizern und Nigerianern, die Schweizer nehmen den Nigerianern keineswegs direkt etwas weg.

Humanitäre Organisationen sind dazu berufen, solche Ansichten nicht zu teilen. Oft drängen sie die Menschen westlicher Länder, sich nach Gandhis Prinzip zu verhalten, «einfacher zu leben, damit andere einfach leben können», und ermuntern sie, grenzüberschreitend von ihrem Reichtum abzugeben. Lassen sich die

Bedrohungen für unseren Planeten und die transnationale soziale Ungleichheit verringern, indem man den persönlichen Konsum einschränkt und nationalen Wohlstand transferiert? Die Schweizer können sich jederzeit politisch entscheiden, den Nigerianern offizielle Hilfsmittel zukommen zu lassen, und der einzelne Schweizer kann sein Wirtschaftsverhalten auf ethische Entscheidungen gründen. Aber wie «effizient» sind solche Entscheidungen in wirtschaftlicher oder umweltpolitischer Hinsicht?

Die staatliche Entwicklungshilfe hat sich als unfähig erwiesen, die Kluft zwischen Norden und Süden, Arm und Reich zu verringern, geschweige denn zu schließen. Im Gegenteil, seit dem Zweiten Weltkrieg, als das Wohlstandsverhältnis dreißig zu eins betrug, hat sich die Ungleichheit verschärft und beträgt heute siebzig zu eins mit steigender Tendenz. Seit dem Ende des Kalten Krieges ist die Entwicklungshilfe drastisch zurückgegangen und wird nach unserer Einschätzung nie wieder den früheren Stand erreichen. Selbst in ihren besten Zeiten erreichte die Entwicklungshilfe meistens die ohnehin schon wohlhabenderen Bevölkerungsteile der Dritten Welt und beeinflusste den Konsum der Armen lediglich marginal, wenn überhaupt.

Den privaten Hilfsprogrammen ergeht es nicht besser. Würde ein signifikanter Bevölkerungsanteil eines reichen Landes freiwillig auf einen Teil seines Wohlstandes verzichten, um ihn mit Gandhis «anderen» im Süden der Welt zu teilen, möchte diese Haltung moralisch bewundernswert sein, aber die Betreffenden hätten keinerlei Gewähr, dass die Armen tatsächlich von ihrem Altruismus profitierten, es sei denn, die gesamten Spenden gingen an eine Organisation mit dem allerunerschütterlichsten Ruf, Gelder tatsächlich der guten Sache zukommen zu lassen.

Seit Anfang der neunziger Jahre übersteigt das private Spendenaufkommen die staatliche Entwicklungshilfe für Afrika. Dennoch reichen die gesamten privaten und öffentlichen Hilfsmittel bei weitem nicht aus, um vielen «anderen» auch nur ein einfaches Leben zu ermöglichen. Niedrigerer Konsum im Norden lässt sich nicht konservieren oder auf wundersame Weise in höheren Konsum im Süden umwandeln. Manche wohlmeinende Menschen sind aus ethischen Gründen zu Vegetariern geworden, weil sie glauben, Getreide, das nicht in Fleisch umgewandelt werde, erreiche irgendwie die Hungernden der Welt. Sie irren: Nahrungsmittel sind Waren. Wenn die monetäre Nachfrage nach Getreide oder Vieh sinkt, wird weniger Getreide angebaut und weniger Vieh gezüchtet.

Wohltätigkeit im weltweiten Maßstab ist eine Spezialität des Nordens, die es vermutlich seit den ersten christlichen Missionaren gibt. In der südlichen Hemisphäre findet sich keine entsprechende religiöse oder säkulare Tradition, mit Menschen geographisch entfernter Gebiete oder anderer Kulturen zu teilen. Institutionelle Wohltätigkeit wird kaum praktiziert, und falls es sie überhaupt gibt, beginnt sie zu Hause.

Selbstauferlegte Restriktionen, die durch wohltätige Organisationen kanalisiert werden, mögen individuelle Not lindern, werden aber niemals den Konsumunterschied zwischen Reich und Arm ausgleichen oder die Gesamtbelastung des Planeten ändern. Selbst in großem Maßstab praktiziert, könnten sie lediglich Spielräume für noch größeren Konsum der weniger Tugendhaften im In- und Ausland schaffen. Denn der Konsum der Elite in weiten Teilen des Südens würde gleichzeitig steigen und den ökonomisch-ökologischen Wert der Tugendhaftigkeit im Norden zunichte machen. Steigende Einkommen bedeuten automatisch eine wachsende Nachfrage nach allen möglichen Produkten, besonders in Ländern, wo die Masse der Menschen nie zuvor imstande war, Abwechslung in ihre Ernährung zu bringen oder sich einen Kühlschrank, ein Fernsehgerät oder ein Kraftfahrzeug zu kaufen.

Der Energieverbrauch bildet ein zuverlässiges Maß für die wirtschaftliche Entwicklung: Von 1980 bis 1995 verdoppelten alle asiatischen «Drachen» ihren Pro-Kopf-Energieverbrauch. Länder mit hohem Einkommen haben pro Kopf einen dreieinhalb Mal so hohen Energieverbrauch wie Länder mit mittlerem Einkommen und einen fast vierzehn Mal so hohen wie Länder mit niedrigem

Einkommen. Fleisch ist ein weiterer Anzeiger für einen vergrößerten wirtschaftlichen Wohlstand. Der weltweite Konsum vor allem von (meist aus Getreide produziertem) Fleisch und (meist aus fossilen Brennstoffen gewonnener) Energie wird aller Wahrscheinlichkeit nach steigen.

Moralische Entscheidungen und Wohltätigkeit gegenüber weniger Begünstigten vor allem in geographisch entfernten Gebieten haben das Verhalten der Masse noch nie bestimmt, und selbst nach großzügigen Schätzungen steht nicht zu erwarten, dass sie zu ausgeglichenen Einkommensverhältnissen führen oder einem unaufhaltsamen Zuwachs an neuen, wohlhabenderen Konsumenten entgegenwirken könnten.

Technologie

Die Belastung der Umwelt durch den Menschen variiert mit der physikalischen Beschaffenheit der verbrauchten Güter und der Technologie, die zu ihrer Produktion und Entsorgung verwendet wird. Ein Vergleich des Energieverbrauchs ohne den Technologiefaktor «T» kann irreführen. «Arme-Leute-Energie» wie minderwertige schwefelhaltige Kohle verursacht zweifellos mehr direkte Umweltverschmutzung als Atomenergie. Allerdings kann die Atomenergie mehr CO_2 erzeugen als Kohle, wenn man die für ihren gesamten Zyklus erforderliche Energie in Betracht zieht, also Förderung, Anreicherung, Kernspaltung und Atommüllentsorgung.[3]

Am anderen Ende des Konsumspektrums setzen Menschen, die mit primitivem Werkzeug «freie» Bäume als Brennholz fällen, möglicherweise weniger CO_2 an die Atmosphäre frei als Bewohner nördlicher Länder, die Öl oder Gas verbrennen, doch gleichzeitig zerstören diese Menschen riesige Waldflächen, die sonst CO_2 absorbiert, die Artenvielfalt erhalten und die Bodenerosion verhindert hätten. In Afrika werden nach wie vor fünfzig bis neunzig Prozent des gesamten Energieverbrauchs durch Holz gedeckt.

Selbst technologische Verbesserungen können eine Verringerung der Gesamtbelastung für die Erde nicht gewährleisten. Automotoren arbeiten heute wesentlich effizienter als vor zwanzig Jahren, aber zwischen 1970 und 1990 hat sich die Zahl der Autos auf den Straßen weltweit mehr als verdoppelt und beträgt derzeit 560 Millionen. Das Mehr an gefahrenen Kilometern und Verkehrsstaus hebt die Treibstoffersparnis durch effizientere Motoren wieder auf. Das Gleiche gilt für andere Massenkonsumgüter: Sie mögen zwar inzwischen weniger ressourcenintensiv, leichter und effizienter ausfallen, aber allein ihre Menge fängt die Auswirkungen solcher Verbesserungen auf die Gesamtbelastung wieder auf.

Manche Beobachter glauben, radikale Veränderungen der heutigen Technologie würden irreversible Schäden für die Erde verhindern. Man kann von Straßen voller wasserstoffgetriebener Autos träumen, von Städten voller Energiesparhäuser, Landschaften voller Sonnenkollektoren, biodynamischer Agrarbetriebe und Null-Emissions-Fabriken, die gegenseitig ihre Abfallstoffe recyceln. Solche Phantasien lassen die Politik und eingefleischte Interessen außer Acht.

Schon jetzt gibt es eine Vielzahl kostengünstiger Technologien mit geringer Umweltbelastung; weitere ließen sich leicht entwickeln. Jeder Versuch, einen schnellen und umfassenden Umstieg von Wirtschaftszweigen zu fördern, die auf fossilen Brennstoffen, Chemikalien, Stahl und so weiter basieren, würde jedoch auf den Widerstand der betroffenen Branchen stoßen, was eine völlig normale Reaktion ist. Für sie ist es profitabler und bequemer, bei dem zu bleiben, was sie bereits gelernt, entwickelt und amortisiert haben, als neue Wege einzuschlagen.

Politiker in Nordamerika und Europa sind weitgehend auf solche Unternehmensinteressen eingestellt. In den Vereinigten Staaten fließen alljährlich Subventionen im Wert von mindestens dreißig Milliarden Dollar allein an die Energiewirtschaft. In Europa drängen mächtige Lobbyisten wie der European Roundtable of Industrialists auf dichtere Straßennetze und beeinflussen die EU-Politik zu verstärkter Deregulierung. Wann und wo immer die Industrie ihre derzeitigen Vorteile und Praktiken bedroht sieht, kämpft sie natürlich um deren Erhaltung.

Ein solches Verhalten dürfte die Norm bleiben, obwohl die Wahrung spezifischer Interessen der Industrie nicht geeignet ist, das System als Ganzes langfristig zu erhalten. Es fehlt zudem an Anreizen, sauberere, weniger umweltbelastende und effizientere Technologien einzusetzen, da derzeit nicht die Unternehmen, sondern die Konsumenten und Steuerzahler die Kosten für die schmutzigeren, ineffektiveren Verfahren tragen. Und das wird sich so lange nicht ändern, wie die Industrie diese Kosten abwälzen kann.

In den Entwicklungsländern stammen die meisten heute dort produzierten oder importierten Technologien aus den längst vergangenen Tagen der industriellen Revolution. Je ärmer ein Land, umso stärker stützt es sich auf veraltete und untergehende Industriezweige und umso belasteter und ineffizienter sind seine Technologien.

Die Welthandelsorganisation, die zwar in regulatorischer Hinsicht wertvoll ist, hat umweltverschmutzende und verschwenderische Technologien praktisch im internationalen Recht geradezu verankert, da sie es nicht zulässt, Produkte nach ihren Herstellungs- und Verarbeitungsmethoden (im Fachjargon PPMs für *Processes and Production Methods*) kritisch zu unterscheiden. In der Praxis bedeutet das, kein Land kann die Einfuhr von Waren eines anderen Landes verbieten, auch wenn diese um den Preis einer erheblichen ökologischen Zerstörung produziert wurden.

Noch einmal: Weil es kaum wirtschaftliche Anreize gibt, Verschwendung und Umweltverschmutzung zu verringern, bleibt die Wirtschaft darauf programmiert, dass die größten Profite an die schmutzbelastetsten und verantwortungslosesten Produzenten im Süden und an jene im Norden fließen, die Kosten am geschicktesten abzuwälzen verstehen. Selbst unter der Voraussetzung, die Industrie wäre bereit, weltweit in großem Maßstab eine Umstellung auf weniger umweltbelastende Technologien zu akzeptieren und sofort alternative Lösungen zu übernehmen, bliebe der Lebensstandard der nordamerikanischen und europäischen Mittelschicht für Hunderte Millionen Menschen unerreichbar, und sei es auch nur wegen der physikalischen Grenzen unseres Planeten.

Bevölkerung

In unserer Ausgangsgleichung Belastung (für die Erde) = Konsum × Technologie × Population lässt sich nun der Bevölkerungsfaktor P als Dreh- und Angelpunkt sehen.

Die Fakten sind zwar hinreichend bekannt, sollen hier aber noch einmal zusammenfassend wiederholt werden:

- Heute leben zwei Mal so viele Menschen auf der Erde wie 1970, als die Bevölkerungszahl weniger als drei Milliarden betrug.
- Jedes Jahr führen etwa 175 Millionen Schwangerschaften zu annähernd 133 Millionen Lebendgeburten (die Differenz von zweiundvierzig Millionen geht vorwiegend auf legale oder illegale Abtreibungen zurück). Die Zahl der weltweiten Sterbefälle liegt bei etwa zweiundfünfzig Millionen jährlich, was einen gegenwärtigen Netto-Bevölkerungszuwachs von etwa einundachtzig Millionen Menschen pro Jahr bedeutet (Stand 1995).[4]
- Demzufolge werden im Durchschnitt täglich (mindestens) 360 000 Babys geboren, mehr als neunzig Prozent davon in der Dritten Welt; jedes Jahr wächst die Weltbevölkerung also um das Äquivalent eines Mexiko, alle zwölf Jahre um das eines Indien. Demgegenüber sterben täglich 142 000 Menschen, viele von ihnen weit jenseits des fortpflanzungsfähigen Alters.
- Die Geschichte hindurch waren Sterbe- und Geburtenraten praktisch gleich: Es starben ebenso viele Menschen wie geboren wurden. Sehr viele Menschen erreichten gar nicht erst das fortpflanzungsfähige Alter. Heute liegt die Geburtenrate über 250 Prozent höher als die Sterberate. Die Kinder- und Säuglingssterblichkeit geht weiter zurück, und die Lebenserwartung steigt.

- In den neunziger Jahren des 20. Jahrhunderts wird die Weltbevölkerung um mehr Menschen zunehmen als in jedem vorhergehenden Jahrzehnt.
- Selbst wenn die Geburtenzahlen deutlich zurückgehen sollten, wie es in einigen Ländern schon jetzt eingesetzt hat, wird die Weltbevölkerung aufgrund der Altersstrukturen noch über Jahrzehnte hin weiter wachsen. Mindestens ein Drittel der Bevölkerung aller armen Länder ist heute unter fünfzehn Jahre alt; in Kenya sind gut sechzig Prozent der Bevölkerung unter fünfzehn. Die «Alterspyramide» begünstigt gegenwärtige und zukünftige fortpflanzungsfähige Generationen.
- Wenn die Auftraggeber diesen Bericht lesen, wird die Weltbevölkerung einen Stand von sechs Milliarden Menschen erreicht haben. Bis 2008 werden es sieben Milliarden sein, bis 2020 acht Milliarden. Für die folgenden Jahrzehnte liegen die Vorhersagen, je nach Grundparametern, bei neun bis dreizehn Milliarden.
- In etwa dreißig reichen Ländern sind die Bevölkerungszahlen stabil oder sinkend. In allen anderen Ländern nehmen sie nach wie vor zu, wenngleich langsamer als noch vor ein oder zwei Jahrzehnten. Selbst die optimistischsten Szenarien einer globalen «Stabilisierung» räumen ein, die Weltbevölkerung werde sich erst auf einem extrem hohen Stand (von zehn bis zwölf Milliarden) einpendeln, und das keinesfalls vor 2050 bis 2075.

Belastungsmessung

Eine neue (wenn auch umstrittene) Methode, die Gleichung $B = K \times T \times P$ zu «lösen» und unserem Planeten einen zukünftigen Wohlstand vorauszusagen, bietet der «ökologische Fußabdruck». Diese Methode misst Quantität und Qualität der ökologischen Ressourcen, die zur Erhaltung einer gegebenen Population bei einem gegebenen Stand von Konsum und Technologie notwendig sind.[5]

Die Fußabdruck-Methode teilt die produktive Erdoberfläche des Ökosystems durch die Weltbevölkerung. Selbst die Wildnis, die eigentlich unberührt bleiben sollte, fließt in die Kategorie der «Produktivfläche» ein. Nach dieser radikal egalitären Berechnung stünden Mitte der neunziger Jahre jedem Menschen 1,5 Hektar zu. Unter Bedingungen absoluter Unparteilichkeit müsste demnach jeder Erdbewohner mit der Produktionskapazität von 15 000 Quadratmetern, also etwa anderthalb Fußballfeldern auskommen.

Der ökologische Fußabdruck misst «Angebot und Nachfrage» in ihrer grundlegendsten Form. Das «Angebot» ist dabei ein für alle Mal durch die Biosphäre gegeben; und es tendiert dazu, in dem Maße abzunehmen, wie Entwaldung, die Ausbreitung von Wüstengebieten, Erosion, Versalzung und so weiter die produktive Landmasse der Erde reduzieren. Die «Nachfrage» variiert mit Klima, Jahreszeit, persönlichen und kulturellen Präferenzen und vor allem dem Wohlstand. Gemessen an dieser Elle beträgt der Fußabdruck des durchschnittlichen Nordamerikaners vier bis fünf Hektar, also drei Mal so viel wie ihm «gerechterweise» an den produktiven Ressourcen der Erde zustünde. Und die Niederländer benötigten nach diesem Maßstab fünfzehn Mal so viel Land, wie die Fläche der Niederlande beträgt, um ihren gegenwärtigen Bedarf an Nahrungsmitteln, Forstprodukten und Energie zu decken.

Methodisch bedeutet der Fußabdruck eine Verbesserung gegenüber traditionellen Evaluationen lokaler «Belastungsfähigkeit», da er den Gesamtfluss an Materie und Energie berechnet, der notwendig ist, um eine gegebene Population bei einem gegebenen Konsumstand zu erhalten. Somit bezieht er Faktoren wie Handel und Urbanisierung ein und macht die Geographie zu einer wahrhaft globalen Wissenschaft. Aber der Fußabdruck demonstriert auch, dass heute *jeder*, der einen halbwegs annehmbaren Lebensstil pflegt, mehr als seinen «gerechten» Anteil verbraucht, auch wenn er für dieses Privileg einen angemessenen Marktpreis zahlt.

In dem Maße, wie der Wohlstand im Süden wächst, wird auch sein Konsum und damit sein ökologischer Fußabdruck größer werden. Mehr verfügbare Geldmittel werden zwangsläufig eine größere Nachfrage nach Wohnungen, Straßen, Einkaufszentren und so weiter schaffen und damit «Ökosysteme der Erde» von unmittelbar produktiven Verwendungszwecken wie Getreideanbau für Menschen oder Viehzucht abzweigen. Eine Ressourcenknappheit ist unausweichlich, zwar nicht in dem Sinne, wie der Club of Rome sie in den siebziger Jahren annahm (als absolute Verknappung gewisser lebenswichtiger Güter wie Erdöl), sondern im Sinne einer Verknappung der Produktiv- und Absorptionskapazität des Planeten.

Knappheit hat die Findigkeit des Menschen ohne Zweifel schon immer angeregt. Wir weisen jedoch den gängigen Wirtschaftsglauben zurück, wonach Einfallsreichtum auf Dauer ein Ersatz für greifbare physikalische Ressourcen sein könnte. Wir bestreiten auch, dass es den Menschen des ausgehenden 20. Jahrhunderts gelungen sei, sich von der Natur abzukoppeln. Nur weil wir vorwiegend in Städten leben, belasten wir die Erde nicht weniger; nur weil wir einen Großteil unseres Materie-/Energieflusses handeln und importieren, kann dieser Zufluss nicht grenzenlos weiter anschwellen.

Ganz gleich, auf welche Methode die Schätzungen zurückgehen, alle unvoreingenommenen Beobachtungen weisen auf dieselben unbestreitbaren Fakten hin: Der weltweite Konsum wird wachsen, und die Technologien werden sich nicht mit beispiellos revolutionärer Geschwindigkeit verändern. Das komplexe System, auf das wir – und alle anderen Arten – als Spezies angewiesen sind, kann über beträchtliche Zeit hinweg erhebliche Belastungen aushalten, jedoch nur bis zu einem gewissen Punkt und nicht für immer.

Bevölkerung und freie Marktwirtschaft

Ein großer jährlicher Bevölkerungszuwachs beunruhigt nicht nur aus ökologischen Gründen. Paradoxerweise stellt er zudem die theoretischen Grundlagen der liberalen Gesellschaft in Frage, die zu schützen unser Auftrag ist. Nach der Doktrin des *Laisser-faire* und den ergiebigen Arbeiten von Adam Smith wirken sich individuelle Entscheidungen am Markt wohltuend auf die Gesellschaft als Ganzes aus; jeder Mensch, der seine Eigeninteressen verfolgt, trägt unbeabsichtigt zum Gemeinwohl oder, wie Smith es nennt, zum «öffentlichen Interesse» bei. Dieses Postulat bildet die Grundlage der liberalen Theorie.

Doch genau darin liegt das Paradox: Arme Menschen in armen Gesellschaften, die am meisten für die Bevölkerungsexplosion verantwortlich sind, bekommen in der Regel aus triftigen individuellen wirtschaftlichen Gründen Kinder. Mittellose Menschen im Süden vermehren sich nicht allein aus bloßer Ignoranz, Leichtsinnigkeit oder mangelndem Zugang zu Verhütungsmitteln so exzessiv, obwohl all diese Faktoren eine Rolle spielen mögen. Feministinnen stellen die Ausbeutung und den Umstand in den Vordergrund, dass arme, ungebildete Frauen oft gezwungen sind, mehr Kinder zu bekommen, als sie wollen. Das mag zwar stimmen, doch sowohl sie selbst als auch die Männer, die sie ausbeuten, haben häufig Vorteile durch die Kinder, die sie aufziehen.

Aus der Sicht der meisten armen Eltern in der Dritten Welt bringt ein Kind mehr ein, als es kostet. In ländlichen Gegenden hilft es von klein auf bei der Haus- und Feldarbeit. In den Städten tragen etwa 250 Millionen Kinder unter vierzehn Jahren mit ihrer Arbeit zum Lebensunterhalt der Familie bei. In Extremfällen werden Kinder als Prostituierte, Sklaven oder Organspender verkauft. Da Sozialversicherungssysteme fehlen, wird von den Kindern erwartet, für ihre alten Eltern zu sorgen. Außerdem sind Kinder so etwas wie ein Lotterielos: Es könnte ja sein, dass eines es zu etwas bringt und damit die Stellung der gesamten Familie verändert. Wo die Kindersterblichkeit hoch bleibt, bekommen die Menschen auch mehr Kinder, als sie eigentlich wollen, um die Wahrscheinlichkeit eines Verlustes auszugleichen.

In einem viel gerühmten Artikel fragte Professor Hardin vor gut dreißig Jahren, ob sich eine *Laisser-faire*-Haltung im Bereich der

Fortpflanzung rechtfertigen ließe. Allerdings versäumte er anzumerken, dass Kinder zu bekommen für arme Menschen *eindeutig* mit größerem wirtschaftlichem Wohlstand verbunden ist.[6]

Für uns im Westen gilt ein Kind heute als kostspieliges Unterfangen, das zwar emotionale, aber gewiss keine wirtschaftlichen Vorteile bringt. Dies war in der europäischen und amerikanischen Agrargesellschaft des 19. Jahrhunderts noch anders, als die Geburtenraten die der meisten Dritte-Welt-Länder von heute noch überstiegen. Und auch die Menschen, die heute die meisten Kinder zur Welt bringen, teilen diese Ansicht nicht.

Die philosophischen Widersprüche der freien Marktwirtschaft erscheinen hier in einem härteren Licht. Man muss sich fragen, *wer* ein Recht hat, mit individuellen, rationalen Wirtschaftsentscheidungen an diesem System teilzunehmen. Ist diese Teilnahme ein universelles Recht? Ist es angesichts der Tatsache, dass Kinder in der Regel einen Vorteil bringen, in Hinblick auf die Fortpflanzung normal und zulässig oder anomal und unzulässig, dass jeder Einzelne seinen eigenen Vorteil zu maximieren sucht?

Wir wissen sicher, dass Hunderte Millionen individuell gerechtfertigter Entscheidungen, Kinder zu bekommen, zu einer größeren Bevölkerung führen werden, als die Erde letztlich ernähren kann. Wir wissen zudem mit mathematischer Sicherheit, dass eine zu große Bevölkerung in einzelnen Ländern einen verstärkten Druck auf den Boden und andere Ressourcen, eine Reduzierung des Pro-Kopf-Ertrags und damit eine Verschlechterung des Lebensstandards mit sich bringen wird.

Solche Auswirkungen lassen sich kompensieren, wenn wissenschaftlicher und technischer Fortschritt, Kapitalakkumulation, besseres Management, höhere Investitionen in Bildung und Ausbildung, freier Handel und Ähnliches wachsende Skalenerträge gewährleisten. Wenn diese Faktoren gegeben sind, *kann* eine größere Bevölkerung auch reicher werden, stattdessen erleben wir jedoch, dass das Realeinkommen pro Kopf sehr langsam, um nicht zu sagen: unmerklich steigt und somit die Kluft im Lebensstandard zwischen reichen und armen Ländern sowohl relativ als auch absolut ständig größer wird.

All das ist allgemein bekannt. Was man vielleicht weniger weiß ist, dass ein hohes Bevölkerungswachstum zu ebenso großen Ungleichheiten in der Verteilung des Reichtums innerhalb des überbevölkerten Landes führt. Zu viele Arbeitskräfte, die für zu wenig Arbeit zur Verfügung stehen, drücken die Löhne, und die Knappheit an Boden und Kapital treibt Renditen und Profite in die Höhe. So verschlechtern sich die Verhältnisse im Land: einerseits hohe Arbeitslosigkeit oder Hungerlöhne, falls fast alle Arbeitskräfte beschäftigt werden, andererseits überzogene Gewinne für Besitzende und klaffende Ungleichheit zwischen beiden Gruppen.

Entgegen der Lehren von Adam Smith und der liberalen Theorie wirken sich rationale Entscheidungen, die eigene Wirtschaftslage durch Nachkommen zu verbessern, nicht günstig für die Gesellschaft als Ganze aus; zumindest nicht, wenn man unter günstigen Auswirkungen eine verbesserte Lage der Unterschicht insgesamt versteht. Auch wenn die Fortpflanzungsfreiheit die absolute und relative Stellung der lokalen Elite verbessert, dient sie nicht dem «öffentlichen Interesse», sofern man darunter die Erhaltung des liberalen Systems, einen vernünftigen Egalitarismus und die Erhaltung der Erde fasst. Der unbesiegbare Mutterschoß durchkreuzt das Wirken der Unsichtbaren Hand.

Die Fortpflanzung stellt eine reale Macht dar. Arme Menschen verhalten sich genauso, wie die klassische Wirtschaftstheorie es vorhersagt: Sie versuchen auf die einzige Weise, die ihnen offen steht, individuell realen oder zumindest potenziellen Wohlstand zu schaffen. Eigentlich bestätigt ihr Verhalten die geistigen Grundlagen des Kapitalismus, es bewirkt aber letzten Endes genau das Gegenteil, da sich ihr Lebensstandard auf die Gruppe gesehen unablässig verschlechtert und sich die Kontrolle der Elite über sie im gleichen Zuge verstärkt. Wenn wir sie dazu bewegen wollten, individuellen Wohlstand nicht mehr in Form von Kindern zu schaffen, wäre der logische Weg, weltweit andere Wirtschaftswerte an die allzu gebärfreudigen Schichten umzuverteilen, damit diese in eine alternative Wertschöpfung investieren könnten.

Werte wie Kaufkraft, Bildung, Arbeitsplätze, Infrastruktur und Ähnliches zu teilen könnte schnell dazu beitragen, das Bevölkerungswachstum zu stabilisieren und zu verringern. Alle Tendenzen deuten jedoch in die entgegengesetzte Richtung. Statt einer Umverteilung findet eine zunehmende Konzentration von Reichtum und von Wohlstand schaffenden Wirtschaftsgütern an der Spitze statt. Die Unterschicht muss heute proportional mit weniger denn je auskommen, und zwar teils wegen ihrer eigenen Gebärfreudigkeit; sie wird daher weiterhin auf ihr Lotterielos unter den Nachkommen setzen.

Die Folgen der Fortpflanzungsfreiheit

Unsere Auftraggeber haben uns gebeten zu erforschen, wie sich der liberale Kapitalismus am besten aufrechterhalten lässt. Es ist unsere Absicht, diese und nur diese Frage zu beantworten; daher wollen wir keine Spekulationen über Alternativsysteme oder alternative Definitionen von «Gemeinwohl» und «öffentlichem Interesse» anstellen.

Verschiedene Möglichkeiten könnten es durchaus notwendig machen, eine Umverteilung der Produktivvermögen von Nord nach Süd und Reich nach Arm vorzunehmen und durch sofortige drastische Zwangsmaßnahmen Treibhausgase, Umweltverschmutzung und Verschwendung einzudämmen. Wir haben bereits erklärt, warum solche Maßnahmen unter den Bedingungen unregulierter Globalisierung und Marktfreiheit utopisch erscheinen.

Ohne eine solche erzwungene wirtschaftliche Umverteilung und Erhaltung der Umwelt kommt der Frage der Fortpflanzungsfreiheit vorrangige Bedeutung zu. Zunächst ist sie unter dem Aspekt der bekannten malthusschen Argumente zu betrachten, wonach sich der Bevölkerungsdruck durch Hungersnöte und andere Naturphänomene letztlich selbst korrigiert. Das mag so sein. Doch in den zwei Jahrhunderten, seit Malthus seine *Abhandlung über das Bevölkerungsgesetz* (1798) veröffentlichte, ist es zu verschiedenen qualitativen Veränderungen gekommen.

- Malthus befasste sich nie mit der *Weltbevölkerung*, sondern lediglich mit der bestimmter Länder. Obwohl es im 18. Jahrhundert bereits einen gewissen Handel mit Nahrungsmitteln gab, musste sich jedes Land im Großen und Ganzen auf seine eigene Subsistenzwirtschaft verlassen und jede Regierung die Verantwortung für die Ernährung ihres Volkes tragen. Die Größe der Gesamtpopulation im Verhältnis zur Kapazität der Biosphäre spielte damals noch keine Rolle.
- Die Globalisierung hat die «Hemmnisse» für das Bevölkerungswachstum, auf die Malthus vertraute, verändert. Mittlerweile verfügen wir weltweit über eine vertretbar wirkungsvolle «Sterblichkeitskontrolle», aber nicht über eine ebenso wirkungsvolle Geburtenkontrolle; im Gegensatz zu unseren Vorfahren praktizieren wir eine weltweite Wohltätigkeit («humanitäre Hilfe») und Hungerhilfe in armen, bevölkerungsreichen Ländern.
- Der Zeitrahmen hat sich verändert. Ausgehend von hohen Bevölkerungszahlen bedeutet ein plötzlicher Anstieg der Bevölkerung, dass uns nicht mehr die Zeit bleibt, abzuwarten, bis die malthussche Selbstkorrektur greift. Bei 800 Millionen und mehr neuen Menschen in jedem Jahrzehnt werden alle Dämme brechen.

Laut Malthus hat der Populationsdruck auch eine positive Seite. Ohne ihn hätte der Mensch niemals den Boden kultiviert oder eine Zivilisation entwickelt.

«Wenn wir ... den Menschen als den betrachten, der er wirklich ist, nämlich träge, faul und jeder Arbeit abhold, es sei denn, die Not zwinge ihn ... dann dürfen wir es mit Gewissheit aussprechen, dass die Welt nicht anders bevölkert worden wäre als durch die Überlegenheit der Vermehrungskraft den Unterhaltsmitteln gegenüber ... Hätten Bevölkerung und Nahrung im gleichen Verhältnis zugenommen, wäre der Mensch wohl niemals aus dem Zustand des Wilden herausgetreten.»[7]

Die Arbeitsgruppe warnt, dass «die Überlegenheit der Vermehrungskraft» über die «Unterhaltsmittel» in der heutigen globalisierten Welt nicht zu einer Intensivierung der Landwirtschaft oder der Entstehung einer neuen Zivilisation führen wird, sondern zu diversen Formen raubgierigen Verhaltens gegen jene, denen eine Anhäufung von Reichtum gelungen ist. Millionen werden nicht «träge und faul» bleiben, auch wenn sie der Arbeit so «abhold» wie eh und je sein mögen. Sie und ihre Führer werden sich mit allen ihnen zu Gebote stehenden Mitteln Besitz aneignen, weil sie dazu getrieben und gezwungen werden. Es wäre illusorisch, sich darauf zu verlassen, dass eine in arithmetischer Reihe wachsende Nahrungsmittelproduktion – soweit es dazu kommt – das in geometrischer Reihe zunehmende Bevölkerungswachstum ausgliche. In dieser Hinsicht hat das malthussche Argument nichts an Überzeugungskraft eingebüßt.

Von den fünfziger Jahren bis 1984 überstieg die Nahrungsmittelproduktion das Bevölkerungswachstum. Seit 1984 verhält es sich umgekehrt. In den neunziger Jahren hat die Nahrungsmittelproduktion jährlich um 0,5 Prozent zugenommen, während die Bevölkerung weltweit jährlich um 1,4 Prozent weiter wächst. In den «weniger entwickelten» Ländern steigt die Bevölkerungszahl jährlich um 1,7 Prozent, in den «am wenigsten entwickelten» Ländern um 2,6 Prozent, aber die Weltproduktion an Nahrungsmitteln findet größtenteils in den entwickelten Ländern statt, wo das Bevölkerungswachstum bei lediglich 0,3 Prozent jährlich liegt.

In Teil II dieses Berichts befassen wir uns eingehender mit dem Thema Subsistenz versus Bevölkerung. Fürs Erste möchten wir lediglich festhalten, dass Malthus noch nicht tot ist, obwohl er über weite Strecken der Nachkriegszeit geschlafen hat. Auch die meisten politischen Führungen der Welt haben sich in den Schlaf lullen lassen. Es wird erneut zu einer Verknappung von Nahrungsmitteln kommen. Und wenn das eintritt, wird es die Verwundbarsten treffen, die daraufhin politische Krisen und soziale Instabilität heraufbeschwören.

Unsere Auftraggeber wünschen, dass wir uns völlig unvoreingenommen und offen äußern und von Gefühlen absehen. Keinem Mitglied dieser Arbeitsgruppe liegt daran, zur Kaste jener Denker der herrschenden Klasse zu gehören, über die ein aus der Mode gekommener Philosoph des 19. Jahrhunderts sagte, sie seien «die aktiven konzeptiven Ideologen ... welche die Ausbildung der Illusion dieser Klasse über sich selbst zu ihrem Hauptnahrungszweige machen».[8] Aus diesem Grund wenden wir uns nun unvoreingenommen den Schlussfolgerungen aus den bisher entwickelten Argumenten zu.

1.4 Schlussfolgerungen

Seit den Anfängen westlicher Zivilisation haben sich die Regierenden zu Recht Gedanken über die Kontrolle der Bevölkerungszahl gemacht. Platon bezeichnet in *Der Staat (Politeia)* die Erhaltung einer stabilen Bevölkerung als eine der Hauptpflichten der Herrschenden und erörtert Leitlinien für eine Eugenik, die in den verschiedenen Klassen zu praktizieren sei, um die Rasse zu verbessern, zahlenmäßige Stabilität zu bewahren und ein politisches Gleichgewicht zu erhalten. Platons Anweisungen stellen sicher, dass die Oberschicht – der Klügsten und Besten – mehr Möglichkeiten erhält, sich fortzupflanzen, als die unteren Schichten.

Im 5. Jahrhundert vor Christus war die Sterberate im Allgemeinen ebenso hoch wie die Geburtenrate; da Krieg, Krankheit und andere Unglücksfälle verheerende Folgen haben konnten, brauchten die Regierenden ein gewisses Geschick, um die ideale Bevölkerungsgröße und dabei eine optimale Mischung der Einwohner im Staat zu erhalten. Zu diesem Zweck werden die Regierenden, wie Sokrates sagt, «viel Lug und Betrug … anwenden müssen zum Besten der Regierten».[1]

Die Politiker von heute haben ihre grundlegende Verpflichtung, die Bevölkerung stabil zu halten, offenbar völlig aus den Augen verloren, und statt ihre Bürger zu deren eigenem Wohl zu belügen, belügen sie sich häufig selbst. Sie machen sich aus Feigheit oder Ignoranz vor, der Markt könne aus eigener Kraft Glück, Wohlstand und Wohlergehen für alle bringen und das auch noch angesichts der

Schwindel erregend wachsenden Zahl von Menschen, die dieses Ziel verfolgen. Die politische Führung vermittelt den Regierten somit ständig die subtile, unausgesprochene und ungeprüfte Botschaft: In der neoliberalen Wirtschaftsordnung ist Platz für alle Menschen überall, ganz gleich, wie viele es heute sind oder morgen sein werden. Und wenn diese Wirtschaftsordnung zufällig viele Menschen außen vor lässt, so liegt das an momentanen Unausgewogenheiten oder Fehlfunktionen, die mit geeigneten politischen Maßnahmen bald korrigiert werden. Wenn also jemand von den Vorzügen des Marktes ausgeschlossen bleibe, dann sei dies nur vorübergehend und dürfe keinesfalls der Beschaffenheit des Systems angelastet werden.

Diese Botschaft bestreiten wir ebenso, wie es sicher auch die scharfsichtigsten unserer «Regierenden» tun, wenn sie sich je die Mühe gemacht haben, über die Beschaffenheit des freien Marktes und des von uns gewählten Wirtschaftssystems nachzudenken. Die Lehre des Liberalismus hat Ähnlichkeit mit der des Evangeliums: Viele sind berufen, doch nur wenige sind auserwählt – auch wenn der Markt vermutlich großzügiger vorgeht als Gott. Wir behaupten hingegen, dass der globale Neoliberalismus nicht Platz für jeden bieten kann, nicht einmal in den reichsten Ländern. Und mit Sicherheit kann er nicht sechs bis acht Milliarden Menschen weltweit einbeziehen.

Früher, vor der Globalisierung, gestalteten sich Wirtschaftsprozesse im Wesentlichen auf nationaler Ebene und basierten auf Addition. Produktion und Distribution schufen Mehrwert, indem verschiedene Elemente, vor allem Rohstoffe, Kapital und Arbeit, zur Addition kamen. Nach der Regel von Henry Ford bezahlten Unternehmer den eigenen Beschäftigten «genug, damit sie ihre Autos kaufen konnten».

Im Zeitalter der Globalisierung bauen Wirtschaftsprozesse auf Subtraktion, eben weil sie international sind. Man schafft Mehrwert (Profit), indem man weniger Elemente, vor allem Arbeitskräfte, einsetzt als die ausländischen Konkurrenten. Arbeitskraft wird vorzugsweise durch Kapital und Information ersetzt. Wenn die Arbeitskosten wie in den Vereinigten Staaten immer noch siebzig Prozent aller Betriebsausgaben ausmachen, sind Einsparungen, Stellenabbau und Entlassungen für den internationalen Erfolg *notwendig*.

Je niedriger die Verdrängungsrate der Arbeit aus dem System, desto höher die Produktionskosten und desto geringer die Profitrate. Umgekehrt fällt die Rendite umso höher aus, je mehr das kostspielige menschliche Element ausgeschlossen wird. Diese Wahrheit spiegelt tagtäglich der Aktienmarkt wider, wo der Kurs eines Wertpapiers steigt, sobald ein Unternehmen größere Stellenkürzungen («Verschlankung») ankündigt.

Das System kann ohne einen ständigen Kampf zwischen Produkten, Firmen und Einzelpersonen nicht funktionieren. Je weniger Menschen ein Anrecht auf einen Anteil am Wohlstand haben, umso größer wird der Gewinn, den es unter den Gewinnern zu verteilen gibt. Jeder muss hier nicht nur gegen seine Nachbarn antreten, sondern genauso gegen Tausende Kilometer entfernte Fremde, die er niemals kennen lernen wird.

Da der Profit Ziel und Motor des Systems ist, müssen Unternehmen die Freiheit haben, ihn anzustreben. Das Unternehmen gehört denen, die in seine Aktien investiert haben, den Aktionären. Was immer Moralisten sagen mögen, es gehört nicht den Beschäftigten, nicht den Zulieferern oder der Stadt oder dem Land, in dem es zufällig seinen Firmensitz hat. Das ist sicher auch richtig so, aber man kann einen Kuchen nun einmal nicht aufheben und gleichzeitig essen. Beschäftigte, Zulieferer, Kommunen und Land müssen Opfer hinnehmen.

Auch wenn reiche Länder vergleichsweise reich bleiben werden, können und werden nicht all ihre Bürger von der Schaffung neuen Reichtums profitieren. Viele werden auf der Strecke bleiben. Und was die Bevölkerung ärmerer, anfälligerer Länder angeht, so wird sie in unterschiedlichem Maße unter weit verbreitetem Hunger und wenig verbreiteten Arbeitsplätzen zu leiden haben, was eine zunehmend explosive Mischung schafft.

Sowohl in reichen wie auch in ärmeren Ländern dürften wirtschaftliche Ausgrenzung und die Dialektik von Insidern und Outsidern zu destruktivem Verhalten in Form von Kriminalität, Massenmigration und Terrorismus führen. Weite Teile der Welt werden auf einen hobbesschen Naturzustand reduziert werden, wie schon jetzt festzustellen ist. Im Krieg aller gegen alle kann der Staat und manchmal auch der Markt seine Funktion nicht mehr erfüllen.

Unsere heutigen Politiker geben nichts von alledem zu, vielleicht weil es ihnen abverlangen würde, das Unvorstellbare zu denken. Folglich belügen sie die von ihnen Regierten, vor allem aber sich selbst.

Legitimes Bevölkerungswachstum?

Wir haben uns folgende Frage gestellt: Ist es *legitim*, dass jeder Mensch die Freiheit hat, sich durch Fortpflanzung maximale persönliche Vorteile zu verschaffen, ungeachtet der Folgen für das Gemeinwohl?

Die Begriffe Legitimität und Illegitimität beschwören andere wie *Gesetz, Autorität* und *Standards* herauf. Von wenigen Ausnahmen einmal abgesehen, hat man die Bevölkerungs- und Familiengröße bisher noch keiner nationalen Gesetzgebung unterworfen. Wenn wir diese Frage in den weitest möglichen Legitimationsrahmen einzuordnen versuchen, nämlich den des internationalen Rechts und der Allgemeinen Erklärung der Menschenrechte der Vereinten Nationen, so finden wir dort kaum Leitlinien.

Artikel 16 der Menschenrechtserklärung befasst sich mit Ehe und Familie und legt gleiche Rechte für verheiratete Männer und Frauen fest. Er bestätigt: «Die Familie ist die natürliche und grundlegende Einheit der Gesellschaft und hat Anspruch auf Schutz durch Gesellschaft und Staat.» Über die Größe der Familie ist nichts gesagt. Das Gleiche gilt für Artikel 25, der eine veritable Charta für den universellen Wohlfahrtsstaat formuliert:

«Jeder Mensch hat Anspruch auf eine Lebenshaltung, die seine *und seiner Familie* Gesundheit und Wohlbefinden, einschließlich Nahrung, Kleidung, Wohnung, ärztliche Betreuung und der notwendigen Leistungen der sozialen Fürsorge, gewährleistet; er hat das Recht auf Sicherheit im Falle von Arbeitslosigkeit, Krankheit, Invalidität, Verwitwung, Alter oder von anderweitigem Verlust seiner Unterhaltsmittel ... Mutter und Kind haben Anspruch auf besondere Hilfe und Unterstützung. Alle Kinder, eheliche und uneheliche, genießen den gleichen sozialen Schutz.» (Hervorhebung von uns.)

Noch einmal sei gesagt, dass die Fortpflanzungsfähigkeit des Einzelnen für irrelevant gehalten wird: Die mehr als reichlich garantierten «Rechte» gelten für «jeden Menschen» und für «seine Familie». Wenn jemand acht Kinder hat und sie nicht mit «Nahrung, Kleidung, Wohnung, ärztlicher Betreuung» versorgen kann, geht die Pflicht, all dies bereitzustellen, nach der Menschenrechtserklärung an die Gesellschaft im Allgemeinen über.

Als die Unterzeichner dieser Erklärung 1948 zusammentraten, betrug die Weltbevölkerung weniger als 2,5 Milliarden Menschen. War es schon damals utopisch, solche Rechte praktisch umzusetzen, so ist es heute für sechs Milliarden Menschen, von denen viele in Armut leben, völlig undenkbar. In den fünfzig Jahren seit ihrer Unterzeichnung ist die Allgemeine Erklärung der Menschenrechte zu einem hoffnungslos widersprüchlichen Dokument geworden, denn in Artikel 28 schreibt sie zudem fest: «Jeder Mensch hat Anspruch auf eine soziale und internationale Ordnung, in welcher die in der vorliegenden Erklärung angeführten Rechte und Freiheiten voll verwirklicht werden können.» Ganz offensichtlich dachten die Unterzeichner nicht an die Möglichkeit, dass sie vor die Entscheidung zwischen einer uneingeschränkten individuellen Fortpflanzungsfreiheit und einer «sozialen und internationalen Ordnung» (sowie einer ökologischen) gestellt werden könnten, die nun kurz vor dem Zusammenbruch steht.

Doch schon seit Jahrtausenden wissen überlegte und verantwortungsbewusste Menschen wie etwa Sokrates und Platon, dass unkontrollierte Bevölkerungszahlen eine unannehmbare Belastung für die soziale Ordnung darstellen. Auch Aristoteles erklärt: «Von den Staaten wenigstens, die richtig verwaltet zu werden scheinen, sehen wir keinen, der sich einer zunehmenden Volksmenge überlässt.» Ein guter Staat zeichnet sich aus durch «eine gute Ordnung ... doch eine über die Maßen große Zahl kann an einer Ordnung nicht teilhaben». Wenn der Staat überbevölkert ist, nutzen selbst die besten Gesetze nichts, «denn das wäre schon die Aufgabe einer göttlichen Macht, die auch dieses alles zusammenhält».[2]

Es ist unwahrscheinlich, dass in unseren irdischen Städten eine göttliche Macht für Ordnung sorgt. Je größer die Überbevölkerung, umso weniger Aussicht besteht auf eine gute Regierung, und die erklärten Ziele der Vereinten Nationen – einschließlich des Ziels einer sozialen und internationalen Ordnung, die jene von den UN vertretenen Rechte gewährleistet – werden zunichte gemacht. Wachsende Bevölkerungszahlen und Menschenrechte, wie die Unterzeichner der Allgemeinen Menschenrechtserklärung sie fassen, sind miteinander unvereinbar.

Die Allgemeine Erklärung der Menschenrechte scheint die Bevölkerungsexplosion zu billigen oder hinzunehmen, denn ihr wird nicht eine entsprechende Autorität oder globale Institution an die Seite gestellt, die zu deren Eindämmung legal eingreifen könnte. Reden vor der UN-Versammlung kosten nichts. Weder werden bindende Verträge vorgelegt noch Anreize geschaffen. Die internationale Bürokratie übt keinerlei mäßigenden Einfluss auf das Bevölkerungswachstum aus, und auf zwischenstaatlicher Ebene ist in dieser Hinsicht nichts zu erwarten.

National fördern einige Staaten nach wie vor direkt oder indirekt die uneingeschränkte Fortpflanzungsfreiheit. In vielen armen und bevölkerungsreichen Ländern nutzt der Staat seine Zwangsmittel, um Frauen in Knechtschaft zu halten und empfängnisverhütende Mittel oder sogar Informationen nicht ins Land gelangen zu lassen. Besonders rückschrittliche Staaten halten an dem Irrglauben fest, eine große Bevölkerungszahl erhöhe letztlich ihre Macht. Das galt zum Beispiel für Rumänien unter kommunistischer Diktatur und gilt offenbar immer noch für einige arabische Länder.

In den meisten Ländern der südlichen Hemisphäre erweist sich der Staat jedoch als schlicht überfordert. Häufig findet eine Bevölkerungspolitik, die diesen Namen verdient hätte, gar nicht statt. Viele Regierungen haben als Reaktion auf die Forderung nach Strukturanpassung, Schuldendienst und Finanzdisziplin ihre Etats für Gesundheitspolitik und Familienplanung drastisch gekürzt. Ironischerweise hatten sie sich oft gerade bei dem Versuch verschuldet, das Absinken des Lebensstandards zu verhindern, wie es durch unkontrolliertes Bevölkerungswachstum einsetzt. Einige wenige Staaten wie Indonesien und Chile haben ernsthafte Kampagnen zur Eindämmung des Bevölkerungswachstums durchgeführt. China versucht dies ebenfalls, doch Verstöße gegen die Vorschriften sind in Stadt und Land an der Tagesordnung. Millionen Familien überschreiten die theoretischen Fortpflanzungsgrenzen, und die «Ein-Kind-Politik» besteht meist nur im Verstoß.

In den meisten südlichen Ländern sorgt eine starke Präferenz männlicher Nachkommen für einen zusätzlichen Anstieg der Geburtenraten. In manchen Regionen Asiens ist ein Verhältnis von 130 Jungen auf 100 Mädchen nichts Ungewöhnliches. Die Frage, wen die überzähligen dreißig Jungen heiraten sollen, wird anscheinend nicht gestellt. In den Ländern, die am meisten zur Bevölkerungsexplosion beitragen, fehlt es am Willen und an den Mitteln, sie einzudämmen. So kommen alljährlich zig Millionen Menschen zur Welt, deren Zukunftsaussichten noch trostloser ausfallen als die ihrer Eltern.

Auch die Staaten der nördlichen Hemisphäre sind von der Bevölkerungskrise gravierend betroffen, obwohl es ihnen noch nicht völlig zu Bewusstsein gekommen sein mag. Hinsichtlich ihrer Eindämmung hat sich der Norden als ebenso ohnmächtig erwiesen wie der Süden. Aus Angst, die Abtreibungsgegner (die so genannte

«Pro-Leben Bewegung») im eigenen Land vor den Kopf zu stoßen, weigern sich die Vereinigten Staaten, bei ihren internationalen Hilfsprogrammen Geburtenkontrolle zu fördern. Private amerikanische Stiftungen mögen zwar versuchen, diese Lücke zu schließen, können aber eine energische Außenpolitik nicht ersetzen.

Viele Innenministerien der OECD-Länder sind inzwischen kaum mehr als Einwanderungsbehörden, wissen aber immer noch nicht, wie sie mit ihren Einwanderern fertig werden sollen. Zumindest in der ersten oder zweiten Generation bekommen diese Einwanderer erheblich mehr Kinder als ihre einheimischen Nachbarn. Die Länder, in die sie scharenweise einwandern, bieten ihnen keine eigens auf ihre Bedürfnisse zugeschnittenen Familienplanungsprogramme, ganz zu schweigen von einer Reduzierung der Anreize, Kinder zu bekommen, indem finanzielle Zuwendungen oder Steuervorteile mit wachsender Familiengröße eingeschränkt oder eingestellt würden.

Einwandererfamilien sind größer und folglich ärmer. Oft werden sie zu Opfern unzulänglicher Schulen und unterdurchschnittlicher Schulabschlüsse, schlechterer Wohnbedingungen und praktischer Gefangenschaft in Wohnghettos, schlechterer Ausbildung und höherer Arbeitslosenraten. All das führt zu einer überproportional hohen Beteiligung an illegalem Handel aller Art, Banden, Kleinkriminalität und gelegentlich Terrorismus, oft in Zusammenhang mit politischen Konflikten im Herkunftsland.

Obwohl zu ihrer Ehre gesagt sei, dass die überwiegende Mehrheit der Einwanderer sich nicht an illegalen Aktivitäten beteiligt, sind sie doch im Allgemeinen bereit, gegen niedrigen Lohn ohne Sozialversicherung auf dem Schwarzmarkt zu arbeiten. Illegale Arbeiter setzen illegale Arbeitgeber voraus, die manchmal gemeinsame Sache mit internationalen Menschenschmugglerringen machen und von Staaten geduldet werden, die den Bedarf ihrer Unternehmen an billigen Arbeitskräften zum Erhalt ihrer Wettbewerbsfähigkeit erkannt haben. Man schließt die Augen, Korruption weitet sich aus, Kriminalität bleibt unbestraft und einwandernde Arbeitskräfte gelten zu Recht oder Unrecht als Konkurrenten, die am Arbeitsmarkt die Löhne drücken.

Auf beiden Seiten blüht extremistische Politik. Ausländer, die sich in ihrer Wahlheimat abgelehnt fühlen, suchen möglicherweise Zuflucht in überzogenen kulturellen und religiösen Praktiken, die sie für die einheimische Bevölkerung noch weniger akzeptabel machen, was schließlich zu einem Teufelskreis führt.

Diese ausländischen Mitbürger, die nördliche Staaten schon jetzt für nur schwer integrierbar halten, stellen lediglich einen Bruchteil all der Zuwanderer dar, die in Zukunft noch kommen werden, wenn in den Heimatländern immer wieder über weite Strecken die politische, wirtschaftliche und ökologische Ordnung zusammenbricht. Da das Geld, das Einwanderer nach Hause schicken, die prekäre Finanzlage in ihren Heimatländern zu stützen hilft, werden solche Staaten lediglich halbherzige Versuche unternehmen, jene im Land zu halten, was immer sie ihren nördlichen Partnern auch zusichern mögen. Oder sie werden die nördlichen Staaten zu Gegenleistungen erpressen, dafür dass sie ihre Bürger an der Ausreise hindern. So oder so bedeutet eine wachsende Bevölkerung für sie ein wichtiges Exportgut.

Zusammenfassend ist zu sagen, dass ein erhebliches Bevölkerungswachstum im Süden und der immer größere Zustrom von Einwanderern aus dem Süden in den Norden früher oder später schwere kulturelle Konfrontationen und Implosionen mit sich bringen wird. Das Szenario eines «Kampfes der Kulturen», bei dem der «Westen gegen den Rest der Welt» steht, erregte zu Recht beträchtliche Aufmerksamkeit. Der es entwarf, Professor Huntington, betonte selbst, dass eine verhängnisvolle Kluft besteht zwischen den Bemühungen des Westens, eine universelle westliche Kultur zu fördern, und seiner abnehmenden Fähigkeit, dies tatsächlich zu leisten. Die demographische Dynamik spricht dagegen.[3]

Vielleicht findet es Professor Huntington zu offensichtlich, um eigens zu erwähnen, dass die globalisierte freie Marktwirtschaft sich nicht halten kann, wenn die ihr zugrunde liegende Kultur geschwächt wird. Seine Arbeit befasst sich mit Wirtschaft nur am Rande. Doch ob es uns gefällt oder nicht, die Kultur des Kapitalismus ist vorwiegend eine westliche. Auch wenn es in der gesamten überlieferten Geschichte immer Händler und Kaufleute gegeben hat, gehört der Kapitalist einem anderen, weltweit wesentlich weniger verbreiteten und vorherrschenden Menschenschlag an, als viele wahrhaben wollen. Diesen Menschenschlag haben nicht China und Arabien, Hindus oder gar Japaner hervorgebracht, sondern der Westen – Historiker wie Fernand Braudel und Joseph Needham haben darüber zeit ihres Lebens aufgeklärt. «Märkte» und Kapitalismus sind nicht das Gleiche: Märkte können ohne Kapitalismus existieren und tun dies auch (was umgekehrt jedoch nicht gilt).

Die kapitalistische Kultur verinnerlicht ihr Wissen um das Risiko, das Profitmotiv und die Notwendigkeit der Akkumulation; sie ist nicht nur eine Kultur von Händlern und Kaufleuten, sondern genauso von Sparern, Investoren und Unternehmern. Hätten wir diese Kultur mit einem einzigen Wort zu charakterisieren, so wäre es der «Wettbewerb». Ihren Kern bilden Kampfbereitschaft und Abenteuerlust, ihre höchste Kunst heißt «schöpferische Zerstörung». Doch in den Ländern, in denen die freie Marktwirtschaft die vorherrschende kapitalistische Kultur über Jahrhunderte hinweg geprägt hat, werden bald kaum noch zehn Prozent der Menschheit leben. Das ist ein schlechtes Omen für die Zukunft des Systems.

Die Möglichkeit einer kulturellen Implosion innerhalb westlicher Länder hat weniger Aufmerksamkeit erfahren als die Gefahr von Zusammenstößen entlang zivilisatorischer Verwerfungslinien. Professor Huntington befasst sich mit den ausgedehnten kulturellen Fronten, aber so gut wie gar nicht mit Einwanderungsfragen oder Konflikten innerhalb eines Landes. Doch auch abgesehen von alltäglichen, primitiven («Skinhead») Angriffen auf Ausländer in Europa und Amerika ist hier eine perverse Dynamik am Werk, die auf latente Konflikte auf tieferer Ebene hindeutet und letztlich Millionen Menschen betreffen wird.

Wenn die Assimilation von Außenseitern, oder auch von Einheimischen, in eine bestimmte nationale Kultur nicht mehr, wie heute häufig der Fall, durch Schulen, Kirchen, politische Parteien, Streitkräfte, Vereine, den Arbeitsplatz oder die gesamte Bandbreite sozialer Einrichtungen stattfindet, kann sie *nolens volens* nur noch über Werbung, Fernsehen und überbordendes Konsumverhalten vermittelt werden. All dies sind Produkte der freien Marktwirtschaft.

Allein schon der Begriff der kulturellen Assimilation wird widersprüchlich. Während es nichts kostet, zur Schule oder in die Kirche zu gehen, und lediglich Freizeit braucht, um sich in einem Verein oder einer politischen Partei zu engagieren, bedarf es eines erheblichen verfügbaren Einkommens, sich an der merkantilen Kultur zu beteiligen. Millionen Menschen fehlt dieses Einkommen, obwohl sie ständig von Konsumbildern provoziert und stimuliert werden.

Viele Sozialwissenschaftler haben darauf hingewiesen, dass Einkaufszentren und Handelszentren die wahren Kathedralen unserer Zeit darstellen und die Zahl der Möchtegern-Anbeter tagtäglich wächst. Doch nicht alle Seelen können der Konsumgemeinde angehören. Zu den Außenseitern zählen nicht nur Ausländer, sondern auch einheimische Arbeitslose, Arbeiter an der Armutsgrenze in schlecht bezahlten Jobs ohne Aufstiegschancen, die marginalisierten Jugendlichen und alten Menschen; mit einem Wort: die Verlierer, die Outsider.

Die Unfähigkeit, an der Kultur teilzuhaben, führt zu anhaltenden Frustrationen, die sich früher oder später nur in nach innen oder außen gerichteter Wut äußern können. Wenn die Zahl der Außenseiter eine kritische Schwelle überschreitet, werden sie eine kulturelle Implosion auslösen; wer nicht integriert werden kann, sucht Trost – und oft auch Rache – in überzogenen, pathologischen Formen von Lokalpatriotismus, Volkstum, Fundamentalismus und organisiertem Selbstschutz, wobei sich der Hass gegen die vorherrschende politische Kultur richtet. Privatmilizen in den Vereinigten Staaten sind nur ein Beispiel für solche Tendenzen.

Manchmal gewinnt schiere, «sinnlose» Zerstörung die Oberhand. In manchen europäischen Vorstädten sind Jugendliche dafür bekannt geworden, alles demoliert zu haben, von ihren Mietshäusern und Schulen über Krankenhäuser, in denen ihre Familien kostenlose medizinische Versorgung erfahren, bis hin zu den ihnen frei zugänglichen Sportstätten.

All diese Tendenzen laufen den Bedingungen zuwider, die zur Erhaltung des globalen liberalen Systems im neuen Jahrhundert notwendig sind. Fassen wir die Bedingungen für seinen Erfolg kurz zusammen:

- Für einen weit höheren Bevölkerungsanteil als heute müssen sichere und einträgliche Arbeitsplätze gewährleistet sein. Auch wenn der freie Markt nicht die Aufgabe hat, Arbeitsplätze zu schaffen, sondern Profit zu machen, schwindet unterhalb einer gewissen Grenze seine Kundenbasis, und die Unzufriedenen sorgen für schädliche und kostspielige Störungen. Das muss verhindert werden.
- Um die Risiken eines Kampfes der Kulturen zu vermindern, muss die heute vorherrschende äußerst ungleiche Bezahlung für gleiche Arbeit auf vergleichbarem Produktivitätsniveau in verschiedenen Teilen der Welt deutlich angeglichen werden.
- Die jüngere Generation ist gezielt in die Kultur der freien Marktwirtschaft zu sozialisieren; bei den Intelligentesten sollte diese Erziehung eine Ausbildung zu hoher zukünftiger Produktivität beinhalten. Es muss ausreichend Arbeitsplätze für die derart ausgebildeten Berufsanfänger geben. Auch für ungelernte Arbeiter müssen weiterhin Arbeitsplätze zur Verfügung stehen.
- Viele dieser Arbeitsplätze lassen sich im Bereich ökologischer Erneuerung schaffen. Die Zerstörung der Umweltgrundlagen muss aufhören. Der Markt hat selbst die Führung in einer ökologischen Revolution zu übernehmen, andernfalls läuft er Gefahr, seine physikalische Basis zu verlieren. Vor allem die Versorgung mit Nahrungsmitteln, Wasser und Energie muss ausreichend und zu vertretbaren Preisen gewährleistet sein.

- Der Staat hat sich darauf zu konzentrieren, seinen Bürgern eine grundlegende Infrastruktur und körperliche Sicherheit zu bieten. Am Management oder an regulatorischen Funktionen sollte er so wenig wie möglich beteiligt sein. Da der Staat gegenwärtig gezwungen ist, eine Vielzahl drohender Krisen in Schach zu halten, überschreitet er seine eigenen Grenzen.
- Obwohl innerstaatliche öffentliche Institutionen auch weiterhin eine Rolle spielen müssen, lässt sich eine internationale Regulierung am besten durch neue Institutionen verwirklichen, die den Interessen privater Unternehmen dienen. Eher früher als später braucht die Welt globale Institutionen, die schnelle Exekutiventscheidungen fällen können, eine Aufgabe, für die die Vereinten Nationen in ihrer jetzigen Form völlig ungeeignet sind.
- In dem Maße, wie wohlhabende Bürger sich zunehmend an Finanzmärkten beteiligen, sollten sie eine «Anti-crash-Versicherung» abschließen können, die durch ihre Prämien sowie durch eine kleine internationale Steuer auf Finanztransaktionen gedeckt und von einem Konsortium der internationalen Versicherungswirtschaft verwaltet werden soll.
- Es ist dafür zu sorgen, dass Religionen und entsprechende Ausübungen sich auf die ihnen angemessene Sphäre beschränken.
- Der Ausweitung der illegalen Wirtschaft, einschließlich des Handels mit illegalen Einwanderern, muss Einhalt geboten werden; wenn Staaten dieser Aufgabe nicht gewachsen sind, ist sie von Privatunternehmen zu leisten.

Dies sind lediglich die Minimalvoraussetzungen, nicht die erschöpfenden Bedingungen für den dauerhaften Erfolg des globalen Kapitalismus. Und dennoch *lässt sich unter den gegebenen demographischen Zuständen keine davon erfüllen*, da sie mit einer Weltbevölkerung von sechs Milliarden Menschen und mehr völlig unvereinbar sind.

Nehmen wir jedoch einmal an, «wir» hätten entschieden, acht bis zwölf Milliarden Menschen ernähren zu können. Wer wären diese Menschen? Was wäre notwendig, um sie zu ernähren? Da es unter ihnen wesentlich mehr Outsider als Insider gäbe, wäre zunächst ein endloser Transfer von Wohlstandserzeugern zu Wohlstandskonsumenten erforderlich. Wer nichts zum System beitrüge (und sicher auch nicht beitragen könnte), würde dennoch erwarten, dass es seine Bedürfnisse erfüllte. Hunderte Millionen Menschen, die sich in die produktive Wirtschaft nicht einbinden ließen, würden die Fürsorge einer Art von universellem Wohlfahrtsstaat verlangen.

Ein Großteil von ihnen würde entweder bereits in den produktiven Ländern leben, oder man müsste sie dafür bezahlen, nicht dorthin zu kommen. Doch egal, wo sie lebten, brächte ihre Anwesenheit einen ungeheuren Verwaltungsaufwand mit sich. Die nationale und internationale Besteuerung aller produktiven Erwerbstätigen und Gewinn abwerfenden Unternehmen würde astronomische Ausmaße annehmen. Wenn es zum Zusammenstoß zwischen Produktiven und Unproduktiven käme, würde der niedrige Lebensstandard der Verlierer den höheren Lebensstandard der Gewinner ebenso zunichte machen, wie schlechtes Geld gutes vertreibt.

Um derartige Bevölkerungszahlen zu ernähren, bräuchten wir außerdem eine globale Umweltpolizei und eine strenge Justiz, um sicherzustellen, dass drastische Umweltschutzmaßnahmen erlassen und befolgt würden. Bei acht bis zwölf Milliarden Menschen auf der Erde könnten wir dennoch nicht verhindern, dass erhebliche Waldbestände gerodet, die Habitate zahlreicher Tier- und Pflanzenarten zerstört, unbewohnbare, verschmutzte Städte wie Pilze aus dem Boden schießen und Seen und Meere infolge industrieller und menschlicher Abwässer absterben würden; die ständig wachsenden Menschenmengen würden all das nur noch verschlimmern, bis die gesamte Erdsubstanz vernichtet und aufgebraucht wäre.

Der Einkommenstransfer von den relativ Reichen zu den relativ Armen würde zwangsläufig mit einem Machttransfer einhergehen; der Westen müsste nicht nur auf seinen Wohlstand, sondern auch auf seine Autorität verzichten. Damit wäre das Schicksal des liberalen Systems besiegelt und sein sicherer Untergang garantiert. Die gesamte Übung wäre also sinnlos.

Unsere Auftraggeber haben uns angewiesen, offen und unverblümt unsere Ansicht zu äußern. Die unmissverständlichen Schlussfolgerungen aus unserer Analyse dürften sie wohl schon selbst gezogen haben: Wir können nicht das liberale System der freien Marktwirtschaft erhalten und gleichzeitig weiterhin einen Bevölkerungsüberfluss in Milliardenhöhe dulden.

In seiner ursprünglichen Bedeutung bezeichnete man als «Proletarier», *proletarius*, einen Menschen, der dem Staat nicht durch Besitz, sondern durch Nachkommen *(proles)* dient. Dem Staat und der Welt insgesamt erweist er damit heute einen schlechten Dienst. Der heutige *proletarius* hilft mit seinen Nachkommen nur noch sich selbst; in seiner Gesellschaftsschicht fließt der lebenslange, messbare Transfer von Wohlstand tatsächlich von den Kindern zu den Eltern statt von den Eltern zu den Kindern wie in modernen, entwickelten Gesellschaften. Es gibt viele Anreize für ihn, Kinder zu bekommen; und seine Kinder werden noch mehr Kinder zeugen, den Vermehrungszyklus fortsetzen, dem Staat einen schlechten Dienst erweisen und letzten Endes die lokale, nationale und globale Gemeinschaft zerstören.

Die Untauglichen, die nicht am System partizipieren, weil sie nicht bereit oder imstande sind, seine Kultur anzunehmen, stellen eine viel zu hohe Belastung und Bürde für das System dar und können die Masse der Produktiven nur aussaugen. Letztlich werden sich die Produktiven weigern, die große, ständig wachsende Zahl von Unproduktiven selbst auf dem gegenwärtigen (aus Sicht der Unproduktiven) unzureichenden Niveau zu unterstützen. Ein Kampf ist unvermeidlich, und zwar nicht nur zwischen Kulturen, sondern auch innerhalb all unserer heutigen Gesellschaften.

Der einzige Weg, Glück und Wohlergehen der großen Mehrheit zu gewährleisten, besteht darin, für eine Verringerung der Erdbevölkerung zu sorgen. Diese Entscheidung mag hart erscheinen, ist aber ein Gebot der Vernunft und des Mitgefühls.

Wenn wir das liberale System erhalten wollen – was ja die Prämisse unseres Auftrags ist –, dann gibt es keine Alternative. Alles andere wäre Illusion und Wunschdenken.

Wir halten diesen Kurs nicht nur für ökonomisch, sozial und ökologisch geboten, sondern auch für ethisch vertretbar. Wenn weniger Menschen in einer weniger belasteten Umwelt leben, geht es allen besser. Statt eines ständig sinkenden Lebensstandards und Anarchie würden Gesetzesregeln herrschen, das Streben nach Glück könnte verwirklicht werden und die Erde würde überleben. Das ist die wahre Bedeutung des Slogans «nachhaltige Entwicklung». Auf dieser Grundlage baut der zweite Teil unseres Berichts auf.

Teil 2

2.1 Ziele

«Gottes Wege, seine Wunder zu wirken, sind unerfindlich», sagte im 18. Jahrhundert der Dichter William Cowper in *Light Shining out of Darkness*. Gottes Wege mögen uns streng, ja sogar grausam erscheinen, doch zu unserem eigenen Besten sollten wir akzeptieren, was immer er uns an Prüfungen schickt. «Die Knospe mag bitter schmecken, aber die Blüte ist süß.» Der Glaube des Dichters an die Göttliche Vorsehung hat Ähnlichkeit mit dem Vertrauen, das *Laisser-faire*-Anhänger in die Unsichtbare Hand des Marktes setzen.

Wir wollen weder schockieren noch Gotteslästerung betreiben, doch es ist eine Tatsache, dass in irdischen Belangen der Markt im weitesten und umfassendsten Sinne das Instrument ist, mit dem wir vermutlich noch am nächsten an die Weisheit des Allmächtigen heranreichen. Es stimmt, der Markt lässt manchen leiden; seine Entscheidungen mögen hart und grausam erscheinen, aber vergessen wir solche theologische Parallele zum Markt nicht, nach der Gott, «da er unendlich gut ist, in seinen Werken nichts Böses dulden (würde), wenn er nicht so allmächtig und gut wäre, um selbst das Böse noch ins Gute zu wenden», wie Augustinus sagt.[1]

Wenn man vom Kapitalismus behaupten wollte, er besitze eine Ontologie, eine Essenz, so wäre es mit Sicherheit die, dass der Markt im großen und ganzen harmonisch und weise ist. Auch er kann Gutes aus anscheinend Schlechtem schaffen. Aus der Zerstörung führt er zur Besserung der Menschheit und zum größtmöglichen Gleichgewicht des Ganzen.

Es ist an der Zeit, diese Ontologie auf die Probe zu stellen, zu fragen, ob die Nutznießer des freien Marktes und des liberalen Systems einschließlich unserer Auftraggeber bereit sind, die scheinbar harten Konsequenzen aus ihren Überzeugungen zu ziehen.

Können die Umwelt und die zivilisierte Gesellschaft die heutigen und zukünftigen Bevölkerungszahlen verkraften? Soll die westliche Kultur nur noch von fünfzehn, dann zehn und schließlich fünf Prozent der Menschheit vertreten werden? Sollen die produktivsten Menschen und Nationen ihr Wohlergehen im Namen problematischer Gewinne für die Unproduktivsten opfern? Sollen die gegenwärtig mächtigen Staaten freiwillig auf ihre Autorität verzichten? Das sind die Fragen, die unsere Analyse uns zu stellen zwingt; soweit es uns betrifft, beantworten wir sie alle mit nein.

Wir haben lange über die Wahrscheinlichkeit einer kollabierenden Umwelt und gesellschaftlichen Anarchie nachgedacht. Wir haben über die Fata Morgana des universellen Wohlfahrtsstaates und über die Illusion gesprochen, alle Menschen weltweit einbeziehen zu können. Wir haben vor dem Wahnsinn gewarnt, dabei auf die eigene Macht und Kultur zu verzichten. Wie Machiavelli es dereinst den Medici vor Augen führte, bleibt nur die Wahl, Fürst zu bleiben und alles zu diesem Ziel Erforderliche zu tun, oder nicht mehr Fürst zu sein. Wir bezweifeln nicht, dass unsere Auftraggeber sich entscheiden werden, «Fürsten zu bleiben». Die große Frage lautet also: Was ist zu diesem Ziel erforderlich?

Irrige Strategien

Kann der Kapitalismus im 21. Jahrhundert unter vorhersehbaren demographischen Bedingungen nicht mehr optimal – wenn überhaupt – funktionieren, müssen diese Bedingungen geändert werden.

Selbsternannte Moralisten würden eine solche Äußerung sicher als Ankündigung für einen «Genozid» verurteilen. Das verriete einen unbedachten Sprachgebrauch, und vor allem entspricht es nicht unserer Absicht.

Der Begriff «Genozid» ist vom griechischen Wort *genos*, Rasse, Geschlecht oder Art, abgeleitet und bezeichnet die systematische Ausrottung von Angehörigen einer bestimmten ethnischen oder lingualen Gruppe. Im Laufe der Geschichte hat sich die Bedeutung auch auf die Ausrottung aus religiösen, kulturellen und politischen Gründen und zumindest in einem Fall auch aus Motiven der sexuellen Orientierung ausgeweitet.

Das 20. Jahrhundert hat spektakuläre Genozide erlebt. Immer wieder zwangen mächtige Fanatiker ihre Zeitgenossen, sich in großer Zahl ihrem rassischen oder politischen Reinheitswahn zu unterwerfen. Die Nazis stellten die Rasse und ihren Hass gegen Juden in den Mittelpunkt ihres ideologischen Credos, bezogen aber auch Zigeuner, Kommunisten und Homosexuelle ein.

Den theoretischen Kern des Stalinismus und des Gulag bildete die Vorherrschaft einer Klasse (die «Diktatur des Proletariats»). Maoisten strebten mit der Kulturrevolution und dem Großen Sprung nach vorn eine forcierte Industrialisierung sowie Reinheit und Gleichförmigkeit im «richtigen» politischen Denken an. Die Roten Khmer wollten einen fundamentalistischen Agrarstaat, aus dem alle Intellektuellen verbannt wären. Die Indonesier eliminierten Kommunisten und Osttimoresen im Namen des Nationalismus. Im überbevölkerten Ruanda beriefen sich die Hutu auf ihre Volkszugehörigkeit, um Land und Ressourcen der rivalisierenden Tutsi zu übernehmen.

All diese Genozidsysteme stützten sich auf Diskriminierung und bei den ausgefeiltesten, wie den Nazis oder den Stalinisten, auf einen riesigen Verwaltungsapparat, der eine komplexe Ausrottungsmaschinerie untermauerte. Dennoch waren sie alle primitiv, provinziell und unvermögend:

- Sie waren kostspielig hinsichtlich Zeit, Personal, Geld und Material. Es ließe sich argumentieren, dass die Nazis zum Glück für den Rest von uns den Krieg verloren haben, weil sie zu viele lebenswichtige Ressourcen für die Ausrottung der Juden eingesetzt haben und durch ihre eigene rassistische Besessenheit zu Fall gebracht wurden.

- Sie waren ineffizient. Die Selektion der Opfer belastete den Staatsapparat, der (durch Korruption, individuelle Entscheidungsspielräume, schlechte zeitliche Abstimmung, bürokratisches Wirrwarr und Ähnliches) unvermeidlicherweise zahlreiche Fluchtwege offen ließ.
- Sie übertrugen dem Staat zu viel Macht und Verantwortung, weil sie einen beträchtlichen Staatsapparat brauchten und so dessen Existenz praktisch selber rechtfertigten.
- Sie waren in hohem Maße sichtbar. Obwohl man sich im In- und Ausland gerne blind stellte und feierlich seine Unwissenheit beteuerte, waren diese Völkermorde, schon während sie stattfanden, weithin bekannt; hinterher wurden sie es weltweit.
- Den Tätern trugen sie Ruin und Schande ein. Befehlsempfänger, Zuschauer und Mittäter auf allen Ebenen gerieten als Kriminelle und moralisch Geächtete unter Beschuss.
- Sie scheiterten völlig. Haben Juden heute ihren eigenen Staat? Sind sie größtenteils in vielen Ländern erfolgreich und bekleiden angesehene, verantwortungsvolle Positionen in zahlreichen öffentlichen und privaten Bereichen? Sind heute noch irgendwo (vielleicht mit Ausnahme von Nordkorea und Kuba) Stalinisten an der Macht? Existiert die UdSSR noch? Diese Fragen beantworten sich selbst. Selbst gemessen an *ihren eigenen Maßstäben*, hatten weder Holocaust noch Gulag (oder Kulturrevolution, Rote Khmer und so weiter) Erfolg.

Eine andere Strategie

Nichts von alledem liegt in unserer Absicht. Zum einen verfolgen wir keine ideologischen Motive und hegen keinen Hass gegen eine ethnische Gruppe, Religion oder Rasse. Solche Gefühle sind kindisch und unwürdig. Zum Zweiten sprechen wir hier nicht von einem verrückten Utopia («die Welt wird vollkommen sein, wenn alle Juden/Klassenfeinde eliminiert und das Volk/die Partei gesäubert ist»). Unsere Ziele sind vielmehr:

- ein wirtschaftliches Umfeld zu schaffen, das individuelle Glücks- und Erfolgsaussichten maximiert;
- Menschen und anderen Spezies einen Lebensraum zu sichern;
- den Fortbestand der zivilisierten Gesellschaft und der westlichen Kultur zu gewährleisten.

Für das erste Ziel, ein günstiges wirtschaftliches Umfeld zu schaffen, muss zunächst festgestellt werden, *unter welchen Bedingungen* sich nicht ein letztendlich ideales System, sondern der größtmögliche Wohlstand für die größtmögliche Zahl von Menschen gewährleisten lässt. Wenn der freie Markt das «Streben nach Glück» nicht einfacher macht als ein anderes, ein alternatives System, verdient er es, seine Vorrangstellung zu verlieren. Ein System, das auf Wettbewerb basiert, sollte die Konkurrenz nicht scheuen!

Derzeit bietet die liberale Marktwirtschaft nicht der Mehrheit der Menschen Glück, Wohlstand und ein gewisses Maß an Sicherheit und wird dies auch absehbaren Populationen der Zukunft nicht bieten; das sind Fakten, die es anzuerkennen gilt. Wir bezweifeln, dass ein anderes System dies leisten könnte, aber das ist für den vorliegenden Bericht irrelevant. Selbst in den reichsten Ländern kann nicht jeder Kapital besitzen und akkumulieren oder als risikofreudiger Unternehmer Erfolg haben; und der Arbeitsmarkt ist eben ein Markt, also unterliegt er auch den Gesetzen des Marktes.

Gemäß dem Grundprinzip des Wettbewerbs nimmt der globale Markt die Besten und lässt den Rest zurück. Auch wenn niemand es mit Sicherheit weiß, umfasst heute dieser «Rest» zahlenmäßig wahrscheinlich mehr Menschen als die Gruppe jener, die durch Talente, Können, Ausbildung, moralische Qualitäten, Geburt, Glück und so weiter einen Platz im System gefunden haben. Selbst die Internationale Arbeitsorganisation nennt für diese «nicht eingegliederten» Arbeitskräfte eine Zahl von über einer Milliarde. Rechnet man die von ihnen abhängigen Angehörigen hinzu, so wird die enorme Größe dieser Kategorie deutlich.

Unser zweites Ziel, den Lebensraum zu sichern, kommt den Ansichten erstaunlich nahe, die von der so genannten «Tiefenökologiebewegung» vertreten werden. Auch wenn wir keinesfalls all ihre Prämissen unterschreiben, greifen wir mit Interesse folgende ihrer Erklärungen auf:

«Das Gedeihen menschlichen Lebens und menschlicher Kulturen ist *mit einer erheblichen Verringerung der menschlichen Bevölkerung vereinbar.* Das Gedeihen nichtmenschlichen Lebens *erfordert* eine solche Verringerung. Daher muss die Politik sich ändern.»[2] (Hervorhebungen von uns.)

Die Tiefenökologen sagen nicht, wie und durch wen diese «erhebliche Verringerung» erreicht werden und welche Politik sich zu diesem Ziel verändern soll. Sie stellen lediglich das Offensichtliche fest. Soweit wir wissen, sitzen die Tiefenökologen nicht im Gefängnis, weil sie für einen «Genozid» einträten.

Unser drittes Ziel, den Fortbestand zivilisierter Gesellschaften und der westlichen Kultur zu sichern, lässt sich heute nicht mehr auf dem gleichen Wege verwirklichen wie über weite Strecken der überlieferten Geschichte. Über Jahrhunderte hinweg ging es in der Politik und in Kriegen darum, die Kontrolle über eine immer größere Zahl von Menschen zu erlangen. Große Bevölkerungen fremder Länder in das eigene Imperium zu integrieren bedrohte die zivilisierte Gesellschaft nicht, ganz im Gegenteil. Auch wenn Barbaren und Mongolenhorden vielleicht ausschließlich an Vergewaltigung und Plünderung interessiert waren und eine Stadt sich nur halten ließ, wenn man sie zerstörte, bestand die beste Strategie darin, die Eroberten «unter ihren eigenen Gesetzen fortbestehen zu lassen, jedoch eine Abgabe von ihnen zu erheben und eine Regierung aus wenigen Bürgern einzusetzen, welche dir die Ergebenheit der anderen sichert.»[3]

Von den Griechen und Römern der Antike bis zu den Kolonialherren des 19. Jahrhunderts versuchten kluge Eroberer immer, Land, Ressourcen, Reichtum und *das Volk* des eroberten Territoriums in ihr Reich einzugliedern, weil sie ein beträchtliches Wirtschaftsgut darstellten. Die Arbeiterschaft der eroberten Bevölkerung, die oft unter strenger Aufsicht und der harten Knute einer kollaborierenden heimischen Oligarchie stand, war eine weitere Quelle von Macht und Reichtum. Heute wirkt der Gedanke, sich Kolonien zu halten, schon fast grotesk: Ihre Schätze lassen sich mit anderen Methoden besser heben, und ihre Bevölkerung ist meist nicht nur nutzlos, sondern auch eine Last.

In Großbritannien war die *Enclosure*-Bewegung, die das bis dahin als Allmende genutzte Land einfriedete und privatisierte, die Tausende Kleinbauern enteignete und zu Wanderarbeitern machte, ein Vorbote kommender Entwicklungen. Doch bis die industrielle Revolution mit ihren Maschinen massenhaft traditionelle Handwerker arbeitslos machte, stellte sich das Problem der Überbevölkerung nie.

Bis in unsere Zeit konnte sich die Gesellschaft zudem auf diverse Sicherheitsventile verlassen, zu denen vor allem die berühmten malthusschen «Hemmnisse» (*checks*) wie Hungersnöte gehörten. Außerdem konnten überschüssige Arbeitskräfte und soziale Außenseiter in die Neue Welt auswandern, die sich in Nordamerika und Australien auftat. Fünfzig Millionen Europäer entschieden sich im 19. Jahrhundert zu diesem Schritt. Auch Kolonien, vor allem in Afrika und auf dem indischen Subkontinent, trugen dazu bei, den Druck der Überbevölkerung in Europa zu verringern.

Armeen zogen Jugendliche ein, die ansonsten zu antisozialen Elementen verkommen wären, und erzogen sie zu Disziplin. Für mittellose Angehörige hatte die Familie zu sorgen. Parallel zur industriellen Revolution entwickelte sich eine organisierte Wohlfahrt, die viele ihrer unangenehmen Folgen auffing.

Solchen Luxus haben wir heute nicht mehr. Die Welt ist voll, es gibt keine menschenleeren Gebiete mehr, die sich besiedeln oder kolonisieren ließen. Streitkräfte sind heute im Großen und Ganzen professionalisiert und erfüllen keine disziplinarische Mission mehr gegenüber ihren Rekruten. Im Norden gibt es fast nur noch Kleinfamilien, die weder den Wohnraum noch die Zeit haben, sich um arme, kranke oder alte Verwandte zu kümmern. Allein schon die Vorstellung, dass private Wohltätigkeit oder gar die staatliche Wohlfahrt die gesamte Bandbreite heutiger sozialer Übel auffangen könnten, ist absurd.

Ebenso wie Abfall und Müll die Landschaft verschandeln und viele Städte und Versorgungsunternehmen zu überfordern drohen, so gefährdet der Sozialmüll die liberalen Ideen und den Markt, auch wenn nur wenige dies öffentlich zu sagen wagen. Richtiges Management und soziale Kontrolle greifen nicht, wenn alle Bemühungen, die Lage zu bessern, von den sich ständig weiter vermehrenden, kaum integrierten Bevölkerungsteilen sofort neutralisiert, ja überschwemmt werden.

Für uns stellt sich daher nicht die Frage, *ob*, sondern *wie* das Ziel einer drastischen Bevölkerungsreduzierung zu erreichen sei. In dieser Hinsicht möchten wir zunächst einige allgemeine Prinzipien festhalten und dabei ausdrücklich auf die Fehler der früheren (Genozid-)«Methoden» hinweisen, die wir oben erwähnt und als «primitiv, provinziell und unvermögend» eingestuft hatten.

- Moderne Strategien zur Bevölkerungsreduzierung sind zwar nicht völlig kostenlos, müssen aber billig sein und dürfen keine Sonderausstattung und praktisch keine Arbeitskraft erfordern. Das «Auschwitz-Modell» entspricht dem Gegenteil des zur Erreichung des Ziels Notwendigen. Außerdem ist es wichtiger, die gegenwärtigen Ausgaben umzuverteilen als neue Mittel aufzubringen.
- Die «Opferselektion» sollte ausschließlich durch die «Opfer» selbst erfolgen. Sie werden nach Kriterien wie Inkompetenz,

Unfähigkeit, Armut, Unwissenheit, Faulheit, Kriminalität und Ähnlichem, also kurz: Verlierertum selektieren.

- Der Staat sollte in Hinblick auf das Bevölkerungsmanagement nur relativ wenige Aufgaben übernehmen, auf jeden Fall weniger als mit großen Gefängnisverwaltungen, Arbeitslosengeldern, allgemeinen Sozialeinrichtungen und Ähnlichem verbunden ist. Wir treten dafür ein, Ausmaß und Bandbreite der gegenwärtigen Staatsaufgaben zu verringern und seine Rolle in Volksangelegenheiten signifikant zu reduzieren. Entsprechend empfehlen wir, dass der Staat sich auch im Bereich der Bevölkerungskontrolle am Privatsektor orientiert.
- Was die Sichtbarkeit und die öffentliche Wahrnehmung angeht, empfehlen wir zweierlei Strategien. Eine «präventive» Bevölkerungskontrolle konzentriert sich auf Geburtenkontrolle und findet im Rahmen der normalen Politik öffentlich sichtbar statt; «kurative» Strategien hingegen beziehen sich auf bereits geborene Menschen, werden aber scheinbar von keiner bestimmten Stelle aktiv betrieben. In diesem Szenario gibt es keine Bösewichte.
- Folglich dürfte sich die Frage einer Ächtung nicht stellen.
- Wenn diese Strategien gut durchdacht, mit genügend moralischer Energie und finanziellem Engagement durchgeführt werden, könnten sie zusammengenommen erfolgreich sein. Aufgabe der Arbeitsgruppe ist es, sie zu durchdenken; Energie und Engagement müssen von den Auftraggebern und ihren Verbündeten kommen.

Das 21. Jahrhundert muss sich zwischen Disziplin und Kontrolle einerseits oder Tumult und Chaos andererseits entscheiden. Der einzige Weg, den größten Wohlstand für die größte Zahl von Menschen zu gewährleisten und dabei den Kapitalismus zu erhalten, besteht in der Reduzierung der Bevölkerungszahl. Zu diesem Schluss sind wir nach sorgfältiger Abwägung der Alternativen gelangt. Wenn nichts geschieht, mag auch in Zukunft noch eine

Arbeitsgruppe diskutieren, ob die soziale Anarchie dem ökologischen Kollaps vorausgeht, folgt oder mit ihm einhergeht, aber die Grundfragen werden dann bereits negativ für die Zivilisation entschieden sein. Wir möchten unsere Auftraggeber bitten, zur Kenntnis zu nehmen, dass unsere Botschaft nicht bloß lautet: «Der Zweck heiligt die Mittel», obwohl es durchaus der Fall sein mag. Sie lautet vielmehr, dass die westliche Kultur und freie Marktwirtschaft im 21. Jahrhundert für sich entscheiden muss, ob sie diesen Zweck verfolgt oder ihrem eigenen Ende entgegengeht.

Die derzeitige Bevölkerungssituation und die Zielvorgaben

Als Erstes gilt es, die optimale Bevölkerungsgröße für das nächste Jahrhundert festzustellen, die ein möglichst reibungsloses Funktionieren der globalen Marktwirtschaft ermöglicht und für die große Mehrheit ökologische und soziale Harmonie und Wohlergehen gewährleistet.

Je nachdem, ob man von einer «niedrigen, mittleren, hohen oder konstanten Fruchtbarkeit» ausgeht, schätzen die Vereinten Nationen, dass die Weltbevölkerung im Jahr 2020 zwischen 7,2 und 8,5 Milliarden Menschen betragen wird. Da die Fruchtbarkeit offenbar fast überall nachlässt, lassen wir das Szenario einer «konstanten Fruchtbarkeit», das bis 2020 zu einer Weltbevölkerung von 8,5 Milliarden führen würde, unbeachtet. Die von den UN angenommene «niedrige Fruchtbarkeit», die zu 7,2 Milliarden Menschen führen würde, weicht wiederum zu sehr nach unten ab, da sie innerhalb von zwei Jahrzehnten eine freiwillige Senkung der Geburtenraten in armen Ländern um fast vierzig Prozent gegenüber dem heutigen Stand voraussetzt.

Wie bereits erwähnt, behaupten die Vereinten Nationen, dass die Weltbevölkerung derzeit jährlich um etwa einundachtzig Millionen Menschen wächst (annähernd hundertdreiunddreißig Millionen

Tabelle 1

Bevölkerung (in Mio. und % der Gesamtheit)	1995 (UN-Schätzung)	2020 («hohe» UN-Schätzung)	Differenz 1995–2020
Welt	5687 (100 %)	8062 (100 %)	+2375 (+42%)
Entwickelte Regionen	1171 (20,6 %)	1267 (15,7 %)	+96 (+0,08 %)
Weniger entwickelte Regionen	4516 (79,4 %)	6794 (84,3 %)	+2278 (+50 %)

Quelle: United Nations Population Division, *World Population Prospects: The 1996 Revision* (Statistical Annexes, Various Tables), 24. Oktober 1996.

Geburten bei zweiundfünfzig Millionen Todesfällen). Anders ausgedrückt, stündlich kommen gut 15 000 Babys zur Welt, in jeder Minute 250; demgegenüber sterben pro Stunde 6000 Menschen, pro Minute 100.

Wie oben erwähnt, mahnen viele Experten zur Skepsis gegenüber den Zahlen der Vereinten Nationen, da diese gezwungen sind, sich auf die Angaben der jeweiligen Staaten zu verlassen (und sie zu veröffentlichen), und deshalb die Weltbevölkerung konstant zu niedrig schätzen. Nach Ansicht jener Experten wächst die Weltbevölkerung gegenwärtig um neunzig bis hundert Millionen Menschen pro Jahr.

Da sich die Frage, wie hoch das jährliche Wachstum der Weltbevölkerung tatsächlich ausfällt, nicht eindeutig klären lässt, haben wir beschlossen, unseren Berechnungen die UN-Voraussagen für eine angenommene «hohe Fruchtbarkeit» zugrunde zu legen, die der Wahrheit vermutlich am nächsten kommen. Nach dieser Projektion dürfte die Weltbevölkerung im Jahre 2020 etwa acht Milliarden Menschen umfassen (siehe Tabelle 1).

In dieser Welt von morgen mit ihren insgesamt acht Milliarden Menschen wird die Bevölkerung der weniger entwickelten Regionen, wenn nichts zu einer Änderung der gegenwärtigen Tendenzen führt, annähernd sieben Milliarden betragen, also fünfzig Prozent mehr als 1995. Damit werden diese Regionen vierundachtzig Prozent der Menschheit stellen gegenüber neunundsiebzig Prozent von heute. Die Bevölkerung der entwickelten Regionen dürfte dagegen kaum merklich wachsen.

Auch die innere Dynamik gestaltet sich in den entwickelten und den weniger entwickelten Teilen der Welt völlig gegenläufig. Die Bevölkerungsdichte von 2020 wird in der Welt der Reichen durchschnittlich dreiundzwanzig Menschen pro Quadratkilometer betragen, also gegenüber 1975 mit zwanzig Menschen auf einen Quadratkilometer und 1995 mit zweiundzwanzig praktisch unverändert bleiben. Dagegen werden in der armen Welt von 2020 durchschnittlich achtundsiebzig auf einen Quadratkilometer kommen (gegenüber siebenunddreißig pro Quadratkilometer 1975 und fünfundfünfzig im Jahr 1995). Natürlich bestehen in beiden Regionen erhebliche Unterschiede in der Bevölkerungsdichte, die von vier Menschen pro Quadratkilometer in Kanada über vierundzwanzig in Brasilien bis zu 387 in Indien, 396 in den Niederlanden und 524 in Korea reichen. Doch überall wird nur ein kleiner Teil der Bodenfläche fruchtbar sein. Im Süden dreht sich eine Spirale der Überbevölkerung und Umweltverschlechterung, der die Menschen zwangsläufig zu entfliehen suchen.

Auch die Altersstrukturen werden tief greifende Auswirkungen haben.

Die Zahlen in Tabelle 2 lassen erkennen, welche Konflikte für die Zukunft zu erwarten sind. In der reichen Welt wird im Jahr 2020 fast ein Viertel der Bevölkerung über sechzig Jahre alt sein

Tabelle 2

Gebiet	Welt %		Entwickelte Regionen %		Weniger entwickelte Regionen %	
Altersgruppe	1995	2020	1995	2020	1995	2020
0–14	31,4	27,7	18,6	18,6	34,4	29,4
15–24	18,0	16,0	14,0	11,7	19,1	17,0
25–59	41,0	43,0	49,0	45,5	39,2	43,3
60 +	9,5	12,5	18,3	24,2	7,3	10,3

Quelle: United Nations Population Division, *World Population Prospects: The 1996 Revision* (Statistical Annexes, Various Tables), 24. Oktober 1996.

(davon achtzehn Prozent, also fast jeder Fünfte, über fünfundsechzig). Ein Großteil der politischen Macht wird sich in den Händen relativ alter Menschen konzentrieren.

In den entwickelten Ländern wird die produktivste Altersgruppe der 24- bis 59-Jährigen weniger als die Hälfte der Einwohner ausmachen. Dennoch werden sie den gleichen Prozentsatz an kleinen Kindern aufziehen wie 1995 und sich bemühen, älteren Kindern längere Ausbildungszeiten zu ermöglichen, die für den Erfolg in einer globalisierten, wettbewerbsorientierten Welt unerlässlich sind. Gleichzeitig müssen sie sich um ihre alternden Eltern kümmern (oder für ihre Pflege aufkommen). Das mittlere Alter wird in der reichen Welt bei einundvierzig Jahren liegen. Aufgerieben zwischen ihren Eltern und Kindern und einer immer anspruchsvolleren Berufstätigkeit dürften diese Menschen unter ständigem Stress stehen und kaum Geduld oder Mitgefühl für die Hilferufe der anderen vierundachtzig Prozent der Menschheit aufbringen.

In der armen Welt, wo über die Hälfte der heutigen Bevölkerung unter vierundzwanzig Jahre alt ist, wird der Anteil jüngerer Menschen bis 2020 auf sechsundvierzig Prozent leicht abgenommen haben. Die mittlere, produktivste Altersgruppe wird dreiundvierzig Prozent ausmachen und immer noch viele Kinder aufziehen, jedoch nicht viele alte Menschen versorgen müssen: In den weniger entwickelten Ländern werden nur zehn Prozent der Bevölkerung über sechzig Jahre alt sein, davon lediglich 6,8 Prozent über fünfundsechzig, also nur fast ein Drittel so viele wie in der reichen Welt.

In den ärmeren, weniger ausgebildeten Teilen der Welt ist vorhersehbar, dass die ungebundenen Energien der Jüngeren auch weiterhin dominieren werden: Das mittlere Alter wird bei siebenundzwanzig Jahren liegen (gegenüber heute vierundzwanzig). Diese Menschen werden verlangen, bei ihren Regierungen und in der Welt Gehör zu finden. All diese Fakten und Zahlen weisen in dieselbe Richtung: *Unserer Ansicht nach sollte die Zielsetzung für das Jahr 2020 lauten, die heutige Bevölkerungszahl von grob sechs Milliarden um ein Drittel auf vier Milliarden zu senken. Anders gesagt: Man sollte anstreben, die derzeitige «hohe Variante» der UN-Schätzung von acht Milliarden Menschen für 2020 auf die Hälfte zu reduzieren.*

Für dieses Ziel haben wir in den letzten Stadien unseres Berichts die Kurzform *2020-2 (2020 minus zwei)* gewählt, da der Ausgangspunkt heute bei etwa sechs Milliarden liegt. Ebenso gut hätten wir auch sagen können *2020 geteilt durch zwei.* Welche Formel man auch wählt, die notwendigen Anstrengungen bleiben gewaltig.

Die Zielsetzung bedeutet eine Rückkehr zum Stand von 1975, als die Weltbevölkerung vier Milliarden Menschen umfasste, ein Viertel in der entwickelten Welt, drei Viertel in den Entwicklungsländern (wie man sie damals nannte). Es war eine Zeit relativen Friedens und Wohlstands. Das Trauma des Vietnamkriegs war beendet, die weniger entwickelten Länder sahen der Zukunft optimistisch entgegen und in den entwickelten Ländern erfreute sich die Durchschnittsbevölkerung beispiellosen Wohlstands. Die Umwelt hatte noch nicht die schrecklichen Erschütterungen erfahren, unter denen sie heute leidet. Mit einem Wort: Die Welt war vielleicht nicht perfekt, aber doch handhabbar.

Die in Abbildung 1 dargestellte Kurve zeigt das ideale Szenario, um sie wieder handhabbar zu machen; es erfordert, die Umsetzung der folgenden Empfehlungen sofort in Angriff zu nehmen. Unser Ausgangspunkt sind sechs Milliarden Menschen im Jahr 2000, das Ziel ist, innerhalb von zwanzig Jahren auf vier Milliarden Menschen zu kommen. Anfangs würde die Kurve zwar noch ansteigen, im letzten Stadium jedoch jährlich um bis zu 280 Millionen fallen. Auf der Zeitachse würde die Weltbevölkerung um das Jahr 2005 ihr Maximum von 6,4 Milliarden erreichen. Fünf Jahre später, also 2010, wäre sie wieder auf ihren heutigen Stand von etwa sechs Milliarden gesunken. In den folgenden zehn Jahren bis 2020 würde es zu einem absoluten, recht schnellen Bevölkerungsrückgang kommen.

Wo soll diese Reduktion stattfinden? Gegenwärtig liegt der «Beitrag» der entwickelten Welt zu den Geburtenraten bei unter zehn Prozent und zu den Sterberaten bei dreiundzwanzig Prozent. Von den einundachtzig Millionen Menschen, um die die Weltbevölkerung (nach den Zahlen der UN) jährlich wächst, werden netto nur eine Million in den reicheren Ländern geboren. In seltenen Fällen wie Deutschland nimmt die heimische Bevölkerung tatsächlich ab. Jedes Bevölkerungswachstum lässt sich auf Geburten innerhalb der zugewanderten Bevölkerung zurückführen.

Die Zahl, auf die wir uns konzentrieren müssen, sind die einundachtzig Millionen Menschen, die nach konservativen Schätzungen alljährlich in den armen Ländern netto zur Weltbevölkerung hinzukommen. Wenn sich nichts ändert, wird dieses Wachstum von einundachtzig Millionen heute bis 2005 auf neunzig Millionen und bis 2020 auf hundert Millionen ansteigen. Wenn die UN-Zahlen schon heute mit achtzig Millionen zu niedrig angesetzt sein sollten, wird leicht ersichtlich, mit welchen Schwindel erregenden Zahlen wir für 2020 rechnen müssen – falls sich nichts ändert.

Abbildung 1: Ideales Szenario der Bevölkerungsentwicklung[4]

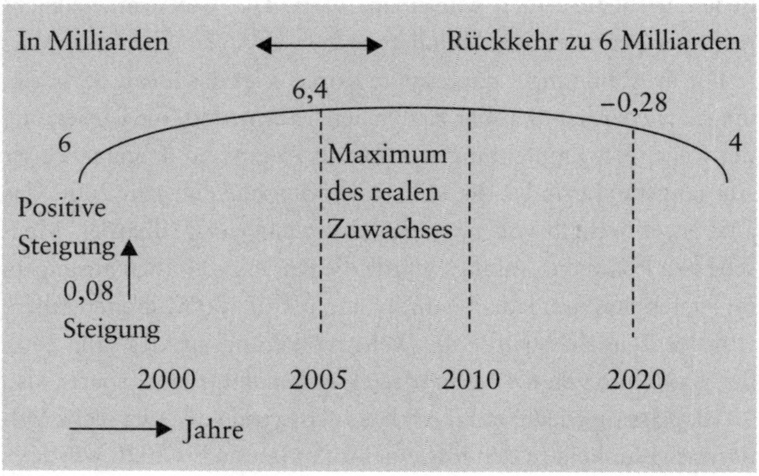

Um das Ziel von vier Milliarden Menschen im Jahr 2020 zu erreichen, muss die Weltbevölkerung über zwei Jahrzehnte hinweg durchschnittlich um hundert Millionen Menschen jährlich reduziert werden. Neun Zehntel dieser Reduktion oder mehr sollten in den weniger entwickelten Ländern stattfinden. Die Bemühungen müssen sowohl einer Erhöhung der Mortalität als auch einer Senkung der Fruchtbarkeit gelten, und zwar in unterschiedlichem Maße je nach Zeit und Gelegenheit.

Aus Gründen, die auf der Hand liegen, können wir lediglich grobe Richtlinien und keine mathematischen Gewissheiten angeben. Viele der beteiligten Faktoren entziehen sich jeder Kontrolle: Hinderlichkeiten wie auch Gelegenheiten werden sich unerwartet einstellen. Wir räumen ein, dass es sich um eine herkulische Aufgabe handelt, aber das ist keine Entschuldigung, sie gar nicht erst in Angriff zu nehmen. Wenn sie angegangen werden soll, bedarf sie sämtlicher Energien und Mittel, die unsere Auftraggeber aufzubringen vermögen.

2.2 Stützpfeiler

Wir sind weder Ingenieure noch verfügen wir auf allen hier relevanten Gebieten über entsprechendes Fachwissen; daher geben wir auch nicht vor, Blaupausen oder praktische Lösungswege liefern zu können. Allerdings können wir einen allgemeinen Rahmen für die wesentlichen strategischen Fragen entwerfen und Bereiche ausmachen, in denen sich einschlägige Fachkenntnis sinnvoll einsetzen ließe.

Bevor wir uns den «präventiven» und «kurativen» Strategien zuwenden, halten wir es für wichtig, gegenwärtige Tendenzen daraufhin zu beleuchten, ob man sie fördern oder abschwächen sollte, um für den Fortbestand des Kapitalismus zu sorgen, der nach unserer Überzeugung als einziges System das größtmögliche Wohl für die größtmögliche Mehrheit zu gewährleisten vermag. Der erste Schritt ist, die Grundlagen für das ehrgeizige Vorhaben einer massiven Bevölkerungsreduktion zu konsolidieren. Diese Grundlagen stehen auf vier Stützpfeilern:

- der ideologisch-ethischen Basis,
- der wirtschaftlichen Basis,
- der politischen Basis,
- der psychologischen Basis.

Obwohl diese Stützpfeiler unsichtbar bleiben sollten, bilden sie das Fundament für das sichtbare strategische Gefüge; außerdem verstärken sie sich gegenseitig in einem ganz architektonischen Sinne.

Der ideologisch-ethische Stützpfeiler

Warum soll man sich überhaupt mit Ideen und Überzeugungen befassen, statt sofort zu praktischen Fragen überzugehen? Ganz einfach weil Ideen und Überzeugungen die Welt regieren – doch sie sind nicht unveränderlich. Je nach den Erfordernissen der Zeit tauchen sie auf und verändern sich; Marx hätte gesagt, sie entwickeln sich gemäß den Bedürfnissen der herrschenden Klasse. Ideologie ist wie das Wasser für die Fische, die sich seiner nicht bewusst sind. Uns geht es darum, die Ideologie bewusst so zu gestalten, dass die herrschenden Ideen und Überzeugungen unserer Zeit einer Rechtfertigung des großen Plans dienen.

Unsere Ära sieht zum Beispiel Epidemien oder Hungersnöte irgendwo auf der Erde mit Schrecken, doch der frühchristliche Theologe Tertullian schrieb: «Und was das beste Zeugnis für die große Zahl der Menschen ist: wir sind der Welt zur Last geworden! Kaum reichen die Elemente für uns aus, die Not wird dringender und bei allen gibt es Klagen, weil die Natur uns nicht mehr erhält. Man muss wahrhaftig Pest, Hungersnot, Kriege und das Sinken von Städten in den Abgrund als *Heilmittel*, als eine Art Beschneidung des überwuchernden Menschengeschlechts betrachten.»[1]

Für diesen Kirchenlehrer sind natürliche oder vom Menschen bewirkte Geißeln ein «Heilmittel», da sie das «überwuchernde Menschengeschlecht» vor den harten Folgen seiner eigenen Vermehrung schützen. Kriege, Hungersnöte und Seuchen bewahren die Gemeinschaft und die Zukunft. Dank dieser so genannten Katastrophen, die in Wirklichkeit nützlich für die Menschheit sind, können die Überlebenden und ihre Nachkommen den Reichtum der Erde wieder genießen. Ohne sie könnte «die Natur uns nicht mehr erhalten», zumal die Bedürfnisse ständig wachsen.

Als Christ sah dieser Theologe das Leben des Einzelnen nicht als höchstes Gut an. Vielmehr stand das Gemeinwohl für ihn an oberster Stelle der Werteskala, und er akzeptierte, dass einige Zweige des menschlichen Stammbaums beschnitten und in ihrem «überwuchernden» Wachstum bezähmt werden müssen, um das kollektive Wohl zu sichern. Auf die Ansichten klassischer Philosophen wie Platon und Aristoteles, die eine Überbevölkerung zu Recht als schwer wiegende Gefahr für Staat und Gemeinschaft ansahen, sind wir bereits eingegangen.

Unser Zeitalter und seine Ideologie gehören hingegen dem Individuum. Der Marktmechanismus und der Liberalismus an sich basieren auf Privatentscheidungen und Risiken, die unzählige Individuen freiwillig eingehen. Ganz ähnlich befassen sich unsere vorherrschende Ethik und unsere Rechtssysteme allein mit den («Menschen»-)Rechten, dem Gewissen und den Taten Einzelner und unsere Justiz mit individuellen Verbrechen und Vergehen. Folglich haben wir den Sinn für Begriffe wie Kollektivschuld und Gemeinwohl verloren. Dieses Gemeinwohl mag zuweilen Zwang und Opfer erfordern, die unser Zeitalter nicht mehr für legal oder moralisch vertretbar erachtet. Unseren Gesellschaften fällt es schwer, den Begriff der kollektiven Verantwortung und noch viel mehr den der Kollektivschuld auf den Stand des Gemeinwohls anzuwenden.

So halten wir es nach wie vor für «ethisch richtig», wenn Analphabeten, arbeitsunfähige, überflüssige oder degenerierte Menschen sich weiterhin vermehren und beliebig viele Nachkommen hervorbringen; dies geht so weit, dass man Einschätzungen wie die unsere nicht einmal öffentlich äußern kann, ohne sofort zensiert, fromm verurteilt und in bestimmten Kontexten sogar strafrechtlich verfolgt zu werden. Platon, Aristoteles und Tertullian wären über diesen Stand der Dinge ebenso entsetzt, wie sie sich über die Allgemeine Erklärung der Menschenrechte gewundert hätten.

Wenn die Grundregeln verändert werden und die von uns empfohlene Strategie erfolgreich sein soll, ist es unerlässlich, zunächst das gegenwärtige ideologische Klima zu ändern und Ordnung in unsere Vorstellungen und ethischen Einstellungen zu bringen. Da die herrschenden ethischen Systeme sich im Laufe der Geschichte entwickelt haben, besteht kein Grund, sie nicht wieder zu ändern. Wenn man eine Ethik als die kollektive Überlebensstrategie einer gegebenen Gesellschaft sehen kann, bedarf die unsere dringend einer gründlichen Überarbeitung. Unsere heutige Ethik lehnt ein effektives Bevölkerungsmanagement ab, solange die Widersprüche zwischen Marktindividualismus, «Menschenrechten» und dem Bedürfnis nach kollektiver Harmonie nicht gelöst sind.

Der erste Schritt bedeutet, leidenschaftslos zu erkennen und andere zu der Erkenntnis zu bewegen, dass eine vitale, wettbewerbsfähige und globalisierte Wirtschaft zwangsläufig eine Zwei-Klassen-Gesellschaft von Gewinnern und Verlierern, Insidern und Outsidern in und unter den Staaten schafft. Das ist gesund. Es ist die treibende Kraft des Systems, liegt in seiner «Natur» und lässt sich nicht ändern.

Statt vergebens diese Natur ändern zu wollen, muss man sich bemühen, die Gewinner zu maximieren, die Verlierer zu minimieren und einem größeren Teil der Menschheit als heute die Vorteile zu vermitteln, die der Markt bieten kann. Es müssen weitaus mehr Menschen, im Norden wie im Süden, in dieses System einbezogen werden; außerdem ist ein soziales Umfeld sicherzustellen, in dem die Hauptübel reicher Gesellschaften (Kriminalität, Arbeitslosigkeit, Umweltverschmutzung, Sucht und Ähnliches) deutlich verringert sind.

Es liegt auf der Hand, dass der Markt unter den gegenwärtigen demographischen Bedingungen aus sich heraus keinen Wohlstand für die breite Masse zu schaffen vermag und folglich diese Bedingungen korrigiert werden müssen. Damit eine echte Kontrolle des Bevölkerungswachstums akzeptabel wird, muss ein neues Gedanken- und Meinungsklima geschaffen werden, das *nicht eine doktri-*

näre, unbegrenzte persönliche Freiheit zum Ausgangspunkt und «Menschenrechte» zum Dreh- und Angelpunkt macht.

Daher raten wir unseren Auftraggebern dringend, ein Gremium aus Denkern, Schriftstellern, Lehrern und Kommunikatoren zu bilden und zu unterstützen, das Konzepte, Argumente und Images für eine intellektuelle, moralische, wirtschaftliche, politische und psychologische Rechtfertigung von energischen bevölkerungspolitischen Strategien entwickelt. Diese Intellektuellen sollten zudem eine innovative und praktikable Ethik des 21. Jahrhunderts entwerfen und vermitteln.

Massive Investitionen in einen solchen geeigneten ideologischen Rahmen würden sich hundertfach auszahlen. Die Ideen großer Denker wie Platon, Darwin, Hobbes, Malthus, Nietzsche, Hayek oder Nozick (und wir hoffen auch die in diesem Bericht enthaltenen Ideen und Argumente) sollten, wo nötig, entstaubt, fein abgestimmt, an den *goût du jour* angepasst, dem Publikum entsprechend verpackt und bei Meinungsbildnern, Entscheidungsträgern und in der größeren Öffentlichkeit verbreitet werden.

In den Strukturen eines erneuerten Denkgebäudes werden natürlich auch die Erkenntnisse der modernen Biowissenschaften, Ökologie, Demographie, Soziologie, neoklassischen Ökonomie und anderer Disziplinen ihren Platz finden. Diese Ideen müssen durch ein Netzwerk aus engagierten intellektuellen Kadern weiterentwickelt, geformt und gefördert werden, deren Mitglieder großzügige Geldmittel, einen Ort und gedanklichen Spielraum für ihre Entwicklungen bekommen sollten, sei es an traditionellen Universitäten, in speziellen Stiftungen und Instituten oder in Cyber-Networks.

Sie müssen die Möglichkeit haben, ihre Vorstellungen nicht nur in Büchern und Zeitschriften, sondern auch in der Presse, in Rundfunk und Fernsehen sowie in den elektronischen Medien zu veröffentlichen. Man sollte ihnen reichlich Gelegenheit geben, bei öffentlichen und privaten Veranstaltungen als Redner aufzutreten, junge Menschen zu treffen und zu unterrichten und mehrere Websites aufzubauen.

Ohne eine selbstbewusste, dynamische intellektuelle Führung, Autorität und Rechtfertigung sind die im vorliegenden Bericht aufgezeigten Strategien zum Scheitern verurteilt. Wir gehen davon aus, dass es unseren Auftraggebern kaum Schwierigkeiten bereiten dürfte, ein solches Corps «ideologischer Legionäre» zu bilden, zu unterhalten und zu fördern. Sicher haben sie gute Kontakte zur Führungsspitze der wachsenden globalen Medienkonglomerate, die über alle erforderlichen «intellektuell-ideologischen Verstärker» für die Verbreitung von Ideen verfügen.[2]

Offen gesagt sehen sich die Mitglieder dieser Arbeitsgruppe als eine Art Prototyp für einen solchen intellektuellen Kader. Zudem geben sie freimütig zu, dass die materiellen Anreize sie mindestens ebenso sehr, wenn nicht mehr, zur Mitarbeit an diesem Vorhaben verlockt haben wie die damit verbundenen sonstigen Vorzüge. In dieser Hinsicht unterscheiden sie sich nicht von anderen professionellen Denkern, Wissenschaftlern und Schriftstellern, die die offenkundigen Vorzüge des Liberalismus erkennen und ihr Wissen und Können in den Dienst der freien Marktwirtschaft stellen werden, wenn es für sie eindeutig lohnend und einträglich ist.

Allerdings halten wir hier eine weitere Warnung für angebracht. Selbst wenn die ideologische Arbeit bei großzügiger finanzieller und technischer Unterstützung von einem hoch begabten Kader brillant ausgeführt wird, ist sie zum Scheitern verurteilt, sofern das System nicht tatsächlich der Mehrheit der Erdbewohner ein noch größeres Maß wirtschaftlichen Wohlstands, ökologischer Erneuerung und zivilisatorischer Werte zu bringen vermag. Wenn es in dieser Hinsicht zu wünschen übrig lässt, werden die Außenseiter früher oder später revoltieren und den Zusammenbruch des liberalen Kapitalismus herbeiführen.

Aus diesem Grund sind unverzüglich gewisse wirtschaftspolitische Maßnahmen zu beschließen und umzusetzen. Bisher waren Strukturanpassungsprogramme (SAPs) die Norm, die Weltbank und Internationaler Währungsfonds für Länder des Südens und Ostens aufgestellt haben. Unbestreitbar haben sie eine positive Rolle gespielt. Sie führen eine nüchterne, neoliberale Disziplin ein, verpflichten die Regierung, die Wirtschaft ihres Landes in die Weltwirtschaft zu integrieren, und schaffen einen Rahmen, in dem die lokale Elite sich bereichern kann (durch niedrigere Löhne, gefügigere Arbeitskräfte, massive Privatisierung, geringere staatliche Einmischung und so weiter). Diese Eliteorientierung der Strukturanpassungsprogramme trägt dazu bei, auf nationaler Ebene einflussreiche Treuhänder und Investoren in den Neoliberalismus und die Globalisierung hervorzubringen.

Obwohl es schwer nachzuweisen ist, dürften die Strukturanpassungsprogramme das Bevölkerungswachstum wohl gedämpft haben, auch wenn sie die Gesamtbevölkerung nicht reduzieren konnten. Es ist an der Zeit, wirtschaftliche und demographische Ziele spezifisch zu verbinden. Die Gelegenheit, Strukturanpassungsprogramme auszuweiten und durchzusetzen, ist gegeben, denn praktisch alle betroffenen Länder sind heute wesentlich höher verschuldet als bei Einführung dieser Programme. Ihre Verschuldung macht sie immer drastischeren IWF-Maßnahmen zugänglich, da sie ohne Zustimmung des Währungsfonds nirgendwo Kredite bekommen. Und insofern mittlerweile alle bevölkerungsreichen Länder Asiens mit nur einer, wenngleich wichtigen, Ausnahme, nämlich China, der Aufsicht durch den IWF unterstellt sind, lassen sich echte Fortschritte erzielen.

Strukturanpassungsprogramme können direkte und indirekte demographische Wirkungen haben. Sie sind Modellbeispiele für Synergieeffekte. Sie fördern zum Beispiel die Agrarproduktion für den Export, führen zu Preissteigerungen bei Nahrungsmitteln und drücken damit auf die Nahrungsaufnahme und die Resistenz gegen Krankheiten. Frauen werden möglicherweise zu Prostituierten, um den Lebensunterhalt zu sichern, stecken sich mit Aids an und verbreiten das Virus. Die Etats für das öffentliche Gesundheitswesen, für Entwässerungssysteme und Abfallentsorgung werden häufig mit der Folge gekürzt, dass Malaria und andere Krankheiten wiederkehren. Niedrige Löhne verschlechtern den Zugang zu kostenpflichtiger medizinischer Versorgung und Medikamenten.

Überall, wo Märkte mit oder ohne Zwang schnell liberalisiert werden, entsteht ein günstiges Terrain für höhere Todes- und niedrigere Geburtenraten. Mancherorts ist die Lebenserwartung schon jetzt dramatisch gesunken, etwa in der ehemaligen Sowjetunion, wo sich durch drastische Einschnitte bei Arbeitsplätzen und Sozialleistungen die durchschnittliche Lebenserwartung um fünf Jahre verringert hat. Vor gut zehn Jahren behauptete UNICEF, Verschuldung und Strukturanpassungsprogramme seien die Ursache, dass alljährlich eine halbe Million Kinder mehr sterben als früher, obwohl sich diese Zahl nicht verifizieren lässt.

Da die westlichen Länder eine starke Mehrheit im Direktorium des Internationalen Währungsfonds besitzen, sollten sie dafür sorgen, dass Strukturanpassungsprogramme durchgesetzt werden. Im Gegensatz zur Weltbank hat sich der Währungsfonds nie «Public Relations» gebeugt, die Beifall bei der breiten Masse erheischen; wir halten es daher für sinnvoll, die Schlussfolgerungen dieses Berichts mit sorgfältig ausgewählten Führungsmanagern des Fonds zu erörtern, die ein offenes Ohr dafür haben dürften.

Auch privates Finanzkapital kann dazu beitragen, günstige Bedingungen für einen Bevölkerungsrückgang zu schaffen. Anders als Investitionen in Betriebsanlagen und Ausstattungen sind Aktien und Anleihen jederzeit liquide und lassen sich sofort zurückziehen. Als es Ende 1994 in Mexiko zum Einbruch der Aktienmärkte kam, führte die daraus resultierende Peso-Krise weithin zu Unternehmensschließungen, sprunghaft steigenden Zinsen, massenhaften Konkursen und Entlassungen. Der Nahrungsmittelkonsum sank um ein Viertel, die Selbstmordraten erreichten neue Höhen und Gewaltverbrechen nahmen zu. Ein ähnliches Szenario besteht bereits in Russland und verbreitet sich gegenwärtig auch in Thailand, Korea, Indonesien und anderen südostasiatischen Ländern. Märkte disziplinieren sofort; sie halten sozusagen ständig Wahlen ab.

Bei entsprechendem Management können solche öffentlichen und privaten Finanzmaßnahmen zu einem Bevölkerungsrückgang führen und entsprechende Strategien unterstützen. Doch welche Vorzüge Strukturanpassung und sprunghafte Aktieninvestitionen auch haben mögen, allein können sie die Aufgabe nicht bewältigen. Sie müssen mit einer Umgestaltung der politischen Ordnung im Dienste der neuen Weltwirtschaftsordnung einhergehen.

Der politische Stützpfeiler

So nützlich Strukturanpassung auch ist, so bildet sie doch zwangsläufig ein Attribut des Nationalstaatensystems, in dem einzelne Regierungen, auch wenn sie der Aufsicht durch den Internationalen Währungsfonds und die Weltbank unterstellt sind, die relevanten Größen und Bezugspunkte bleiben. Bislang haben Staaten in Bezug auf Liberalisierungsprogramme mehr oder weniger kooperiert. Kleineren, schwächeren Staaten mag keine andere Wahl bleiben; andere haben versucht, offen gegen eine drastische Wirtschaftsdisziplin zu rebellieren. Die Lage ist uneinheitlich und kann wesentlich von der ideologischen Überzeugungskraft der Führung abhängen. Tatsache bleibt, dass die Strukturanpassung in vielen Ländern gescheitert ist.

Das liegt nicht am Internationalen Währungsfonds oder an der Weltbank. Sie haben hervorragende Pionierarbeit geleistet, waren aber auch gezwungen, in einem wechselhaften, uneindeutigen politischen Rahmen zu fungieren. Nicht nur Bürgerorganisationen, auch Regierungen haben ihre Legitimität in Frage gestellt. Die bestehenden weltpolitischen Gremien können keine adäquaten Regeln diktieren, um die offensichtlichen Probleme von heute zu lösen, und sind völlig unzureichend, wenn es darum geht, morgige Strategien zur Bevölkerungsreduzierung umzusetzen.

Die Zielsetzung muss nun lauten, das überkommene Modell des Nationalstaats zu ersetzen. Das ausgehende 20. Jahrhundert erlebte den nahezu völligen Triumph der wirtschaftlichen Globalisierung; die Aufgabe des 21. Jahrhunderts besteht nun darin, eine legitime, universell anerkannte globale politische Struktur zu schaffen, um diese Globalisierung zu fördern, zu erhalten und zu vervollkommnen. Welche Unzulänglichkeiten er auch haben mag, ein verjüngter Internationaler Währungsfonds wird in diesem Rahmen sicher eine wichtige Rolle spielen. Er sollte jede Finanzkrise nutzen, um sukzessive seine doktrinäre Autorität und seine Macht zum Einsatz von Zwangsmitteln auszubauen.

Bahnbrechendes leistet, wie erwähnt, die innovative – ja, revolutionäre – Welthandelsorganisation (WTO). Zum ersten Mal genießt ein internationales Gremium wirkliche richterliche Befugnis in Handelsstreitfällen, und zwar bei sämtlichen Mitgliedsstaaten, ob arm oder reich, groß oder klein, schwach oder mächtig.

Ein weiteres positives Element in diesem Aufbauprozess ist das Multilaterale Investitionsabkommen (MAI, *Multilateral Agreement on Investment*), das verhandelt wird, während wir an diesem Bericht arbeiten. Das MAI könnte der Weltwirtschaftskontrolle Biss verleihen, indem es einen verbindlichen transnationalen Rahmen für private Unternehmensinvestitionen schafft, der seinerseits nationale gesetzliche Regelungen ersetzt.

Man sollte dem MAI tatsächlich Biss geben und es so schnell wie möglich ratifizieren. Wie ein Verantwortlicher schon sagte: «Bedenken Sie, das ist lediglich der erste Schritt, wie GATT 1947. MAI soll der Nukleus einer globalen Wirtschaftsverfassung werden. Wir treten damit in einen Prozess von historischen Dimensionen ein.» Hoffen wir, dass er Gehör findet.

Internationaler Währungsfonds, Welthandelsorganisation und

das Multilaterale Investitionsabkommen könnten bei gegenseitiger Konsultation und Kooperation als Vorstufe eines Internationalen Ministeriums für Finanzen, Investitionen und Handel fungieren. Aber das ist tatsächlich erst ein Anfang. Sie allein könnten zweifellos keine Weltregierung mit universeller Durchsetzungskraft bilden.

Der Übergang zum nächsten Jahrtausend steckt somit voller Gefahren. Die Nationalstaaten sind deutlich geschwächt, aber es wurde noch keine echte, anerkannte, supranationale politische Macht eingesetzt, die an deren Stelle treten könnte. Wie lässt sich dieses Vakuum füllen?

- Der Weltmarkt sollte selbst das wesentliche Organisationsprinzip der Gesellschaft bleiben. Im Gegensatz zu den Ansichten einiger doktrinärer Apologeten kann der Markt sich jedoch nicht vollständig selbst regulieren. Er muss gelenkt und kanalisiert werden, um seine und unsere Zukunft zu sichern. Das gilt besonders im Bereich der Finanzmärkte. Noch mag es zu früh sein, eine globale Währung zu empfehlen, aber mit Sicherheit besteht die dringende Notwendigkeit einer starken Exekutive, die in wirtschaftlichen und politischen Fragen von Weltbedeutung schnell und kompetent handeln, Entscheidungen treffen und durchsetzen kann.
- Diese Exekutive sollte es sich zur Aufgabe machen, die Finanzmärkte zu regulieren, vielleicht über eine erheblich gestärkte Bank für Internationalen Zahlungsausgleich. Diese Märkte sollten besteuert werden, um aus diesen Einnahmen die Arbeit der Exekutive zu bestreiten.
- Transnationale Unternehmen sollten von Grund auf in die Gestaltung dieser neuen politischen Strukturen einbezogen werden und sich aktiv an ihrer Einrichtung beteiligen, wie sie es bei der Welthandelsorganisation und dem Multilateralen Investitionsabkommen getan haben. Allerdings dürften sie keinesfalls den Eindruck erwecken, direkte Regierungsgewalt auszuüben.

- Als Ausgangsmodell für eine transnationale Exekutive könnte die Europäische Kommission dienen, die formal die Regierungen vertritt, aber in fast keiner Hinsicht dem Europäischen Parlament und noch weniger den nationalen Parlamenten rechenschaftspflichtig ist.
- Die G-7-Staaten sollten eine ähnliche Rolle ins Auge fassen. Schon jetzt beschränken sich die G-7-Treffen nicht auf die Regierungschefs, sondern beziehen die Finanzminister und andere mit ein. Als Nächstes sollten hochrangige Verwaltungsbeamte mit dem ausdrücklichen Auftrag folgen, kollektive Entscheidungsmechanismen zu sensiblen Fragen zu entwickeln.
- Bei geschickter Handhabung ließen sich auch die Vereinten Nationen zur Einrichtung einer Weltexekutive nutzen. Wenn man ihre ausufernden Institutionen umstrukturieren, zusammenlegen und radikal verkleinern würde und wenn die UN bereit wären, sich in Hinblick auf Informationsbeschaffung und Entscheidungsfindung am Vorbild privater Unternehmen zu orientieren, könnten sie der Bildung einer internationalen Exekutive Legitimität verleihen. Der gegenwärtige Generalsekretär ist für diese Botschaft sicher empfänglich.
- Während für eine starke Exekutive eine eindeutige Notwendigkeit besteht, ist die Welt heute zu komplex, um internationale Legislativorgane zuzulassen, die so oder so eine territoriale Basis haben. Man sollte die parlamentarische Demokratie als zweihundertjährigen Einschub zwischen verschiedenen, notwendig stärker autoritären Regierungsformen sehen.
- Allerdings sollte man den Nichtregierungsorganisationen (NGOs) auch weiterhin einen «Konsultativstatus» in einem offiziellen Gremium zubilligen, das in regelmäßigen Abständen zusammentritt. Vertreter dieses permanenten NGO-Forums können je nach Politik der Mitgliedsstaaten gewählt oder ernannt werden. Dieses Modell, das in einer langen Reihe von UN-Konferenzen im Laufe der neunziger Jahre erfolgreich getestet wurde, hat nachweislich dazu beigetragen, dass die NGOs sich we-

sentlich «konstruktiver» und «verantwortungsbewusster», also erheblich weniger radikal, provozierend und unlenksam verhalten.

- Der einzige traditionelle Regierungsbereich, den man den Nationalstaaten am besten vorbehält, ist die Justiz, einschließlich Polizei, Erhalt der lokalen Ordnung, Gerichtsbarkeit, Strafvollzug und Ähnlichem.
- Jede politische Ordnung bedarf eines militärischen Durchsetzungsmechanismus. Das Pentagon zusammen mit der National Security Agency und einer erweiterten NATO scheinen für eine solche Rolle wie geschaffen. Man sollte in bestimmten Ländern der kulturell andersartigen, nichtwestlichen Zivilisationsgebiete vertrauenswürdige untergeordnete Militäreinrichtungen unterhalten.
- Eine vorrangige Bedeutung bei Aufbau und Konsolidierung einer umgestalteten Weltordnung kommt der Informationstechnologie zu. Schon jetzt sind Eliten durch Netzwerke verbunden, und diese Vernetzung wird zwangsläufig in dem Maße zunehmen, wie die Notwendigkeit von globaler politischer Konsultation und ebensolchem Management offensichtlicher wird. Die Informationstechnologie wird die Überwachung, Infiltration und Zerschlagung aufkeimender Opposition fördern.

Der Begriff des «Staatsbürgers» ist umzudefinieren (mit Hilfe des ideologischen Stützpfeilers, siehe oben), und interaktive, leicht zu beeinflussende Informationsnetze sind umfassend zu nutzen, um die Illusion einer Beteiligung der Öffentlichkeit an Entscheidungsprozessen zu schaffen. Noch einmal sei gesagt, dass die Instrumente politischer Kontrolle für die Kontrollierten weitgehend unsichtbar bleiben müssen, da andernfalls das Weltmanagement – und selbst ein nur reibungsloses Marktgeschehen – zusammenbrechen und auf der internationalen Szene Verschwendung, Verwirrung und Anarchie grassieren werden.

Der psychologische Stützpfeiler

Der letzte Stützpfeiler lehnt sich eng an die oben diskutierten ideologisch-ethischen Fragen an. Dennoch verdienen Individual- und Gruppenpsychologien, der «Kampf um Herz und Seele», für sich behandelt zu werden. Richtig kanalisiert, können sie dazu beitragen, eine günstige Atmosphäre für Feindseligkeiten zwischen verschiedenen Gruppen zu schaffen, welche wiederum einer Bevölkerungsreduzierung entgegenkommen. Paradoxerweise kann die Individualpsychologie auch die Globalisierung fördern.

Das diesen Zwecken bislang dienlichste psychologische Instrument ist die «Identitätspolitik», wie man es im Westen nennt. Ideal wäre es, wenn sich die Einzelnen stark mit einer ethnischen, sexuellen, sprachgemeinschaftlichen, rassischen oder religiösen Subgruppe identifizieren, und zwar auf Kosten ihrer Selbstdefinition als Angehöriger einer bestimmten Nation oder gar als Mitglied einer gesellschaftlichen Klasse oder eines Berufsstandes dieser Nation und noch mehr als ein Teil der «Menschheit». Jeder Mensch sollte sich in *erster* Linie als Mitglied einer eng definierten Gruppe empfinden und erst in zweiter Linie als Arbeiter, Gemeindemitglied, Elternteil, nationaler oder internationaler Bürger. Dem Begriff des «Staatsbürgers» sollte auf allen Ebenen entgegengewirkt werden.

Ein Teil der oben umrissenen ideologisch-ethischen Offensive sollte sich darum bemühen, die stimmgewaltigeren, aggressiveren Verfechter eines sexuellen, rassischen, religiösen und ethnischen Partikularismus materiell und moralisch zu unterstützen. Sie sollten außerdem großzügig Zugang zu den Medien erhalten, wo man gruppenspezifische Programme einrichten und finanzieren müsste, soweit sie nicht spontan aufkommen.

Uns schwebt also vor, dass Schwarze, Weiße, Braune und Gelbe, Schwule, Lesben, Feministinnen und Phallokraten, jüdische, christliche, hinduistische und moslemische Fundamentalisten und Suprematisten sowie angreifbare und verschriene Berufsgruppen (von Polizisten bis zu LKW-Fahrern) über ihre eigenen Zeitungen, Zeitschriften, Rundfunk- und Fernsehsendungen und Websites verfügen und sich dort vor allem mit ihren jeweiligen «Rechten» befassen. Diese Rechte sollten nicht nur negativ (also als Freiheit von Verfolgung, Gewalt und Diskriminierung), sondern auch positiv (als Recht auf Sonderbehandlung im Namen vergangenen oder gegenwärtigen, realen oder eingebildeten Unrechts) definiert und glühend verfochten werden und bis hin zu dem Recht auf einen eigenen Staat reichen.

Da praktisch jede definierbare Gruppe auf der Welt zu irgendeiner Zeit mehr oder weniger Opfer einer anderen Gruppe oder schlicht der Geschichte oder geographischen Lage geworden ist, dürfte das Gezeter bald so ohrenbetäubend werden, dass über den Lärm kein anderer Ruf zu den Waffen mehr zu hören sein wird. Das Ziel lautet, eine Fragmentierung zu fördern, Unterschiede hervorzuheben und Ghettos zu schaffen, ganz gleich ob sie irgendeine sachliche oder traditionelle Grundlage haben. Entgegen der allgemeinen Meinung haben die meisten solcher Identitäten, zumal die so genannten «ethnischen», keine sonderlich tiefen historischen Wurzeln und sind häufig erst in jüngerer Zeit entstanden. Eine Identität hat etwas Gottähnliches: Selbst wenn es sie gar nicht gibt, ist sie extrem mächtig – Menschen sind sogar bereit, in ihrem Namen zu töten.

Der schnellste Weg, ein starkes, kämpferisches Gefühl von Separation zu schaffen, besteht darin, dafür zu sorgen, dass genügend Mitglieder der Gruppe X von Gruppe Y gedemütigt oder getötet werden (oder *glauben*, gedemütigt oder getötet zu werden). Auch wenn solche Spannungen nicht immer leicht zu erzeugen und zu manipulieren sind, bietet die zeitgenössische Welt viele Beispiele für zweifelhafte ethnische und religiöse Differenzen, die auf solche Weise geschürt wurden. Dabei kann es den anhaltenden Hass und die ständigen Konflikte zwischen verschiedenen Gruppen fördern, bestehende rassistische Tendenzen und die Gewaltbereitschaft bestimmter Gruppen durch gezielte Provokationen zu verstärken.

Identitätspolitik besitzt zwei bemerkenswerte Vorzüge:

- Erstens bereitet sie den Boden für interne Konflikte und Bürgerkriege, indem sie alle möglichen Spannungen zwischen verschiedenen Gemeinschaften schürt. Selbst wenn diese Spannungen nicht zu einem Krieg eskalieren, konzentrieren sie die wütende Aufmerksamkeit hoch profilierter Gruppen aufeinander, das heißt, weg von den wahren Akteuren der globalen Bühne, die somit praktisch unsichtbar werden.
- Zweitens verhindert sie eine Solidarisierung und eine Opposition gegen die von uns empfohlenen Strategien ganz extrem, indem sie es erschwert, wenn nicht gar verunmöglicht, nationale und internationale Fronten und Bündnisse zu schaffen, und eine Zuflucht zu echter Politik verwehrt.

Statt sich zu fragen, was sie *tun* können, sollen die Menschen vor allem um die Frage kreisen, wer sie *sind*. Eine wirtschaftliche und politische Globalisierung kann so lange ungehindert fortschreiten, wie die Menschen psychisch blind bleiben und keine entsprechend globale Bürgerschaft existiert, die dagegen opponieren könnte.

Man erinnere sich nur an den Aufruf des Kommunistischen Manifests: *Proletarier aller Länder vereinigt euch!* oder an die Parole der Pariser Studenten und Arbeiter im Mai 1968: *Nous sommes tous des juifs allemands* (Wir sind alle deutsche Juden), als die Regierung versuchte, den Studentenführer Daniel Cohn-Bendit aufgrund seiner Religion und Staatsangehörigkeit besonderer Kritik auszusetzen. Ideal wäre eine Situation, in der zukünftige Cohn-Bendits sich *selbst* als «deutsche Juden» (oder was auch immer) empfänden und sich *ausschließlich* für die Probleme dieser spezifischen Gruppe engagierten – und zwar wenn möglich gegen andere nationale, religiöse oder ethnische Gruppen gerichtet.

Umgekehrt sollte man potenzielle Führer, die auf Strategien der Solidarität und Universalität bestehen, wie jene, die einen auf Staatsbürgerschaft basierenden, einschließenden Nationalismus zu praktizieren versuchen, persönlich so diskreditieren, dass ihre

Nachbarn, Studenten, Arbeiter oder Kollegen ihnen hinsichtlich ihrer Rasse, ethnischen Herkunft, sexuellen Präferenzen oder finanziellen Redlichkeit misstrauen.

Neuere wissenschaftliche Arbeiten, die weitere Einsichten zu diesen Fragen bieten, sollte man bei der praktischen Umsetzung des «Reduktionsimperativs» sorgfältig im Auge behalten. Vor allem die Spieltheorie und die Primatologie helfen zu erklären, wie und warum Menschen kooperieren und in Gesellschaften leben. Computersimulationen bestimmter Spielstrategien (*Wie du mir, so ich dir*, *bedingte Kooperation*, *immer betrügen*, *hart aber gerecht* und so weiter) zeigen, dass man entweder unbegrenzte Konzilianz und Kooperation oder umgekehrt eine Spirale unüberwindlicher gegenseitiger Beschuldigungen, Hass und «Blutfehden» induzieren kann. Für den Aufbau des psychologischen Stützpfeilers dürften aufmerksame Studien solcher Strategien und ihrer Wirkungen durchaus dienlich sein.[3]

Nachdem diese Stützpfeiler nun, wie wir hoffen, stabil installiert sind, wenden wir uns den konkreten Elementen der großen Bevölkerungsreduktionsstrategie zu.

2.3 Geißeln der Menschheit

Einleitung

Das Römische Reich erlebte seinen Zenit um 200 n. Chr., als es sechsundvierzig Millionen Menschen zählte, wovon achtundzwanzig Millionen zur europäischen Bevölkerung gehörten, die damals insgesamt nur sechsunddreißig Millionen Leute umfasste. Italien war mit neunzehn Menschen pro Quadratkilometer das am dichtesten besiedelte Gebiet des Imperiums (die Bevölkerungsdichte im heutigen Italien ist zehnmal so hoch). Im Laufe der nächsten vier Jahrhunderte sank die Bevölkerungszahl in Europa um ein Viertel, in den Mittelmeerländern sogar noch stärker. Diese dramatische Abnahme lag nicht an Klimaveränderungen, Epidemien oder einer anderen erkennbaren Einzelursache; zwei Demographiehistoriker meinen: «Es sieht ganz danach aus, als hätte die antike Gesellschaft sich einfach zu stark vermehrt …» In malthusschen Begriffen heißt das, die Unterhaltsmittel hatten mit dem Bevölkerungswachstum nicht Schritt gehalten.[1]

Was auch immer die Ursachen gewesen sein mögen, die römische Zivilisation überlebte nicht mehr lange und wich bald dem dunklen Mittelalter. Die Subsistenzwirtschaft stagnierte, und Europas Bevölkerung schaffte es bis zur Jahrtausendwende lediglich, den früheren Stand von sechsunddreißig Millionen Menschen wieder zu erreichen. In den Jahren 1000 bis 1300 gab es einen Wachstumsschub: Zu Beginn des 14. Jahrhunderts hatte die Bevölkerung

Europas einen nie da gewesenen Stand von achtzig Millionen erreicht.

Doch das währte nicht lange. «Das große Sterben», wie Zeitgenossen es nannten, raffte bald darauf mindestens ein Viertel der Bevölkerung dahin. In dicht besiedelten Ländern wie Frankreich, Italien und den Niederlanden kostete der schwarze Tod einem noch größeren Prozentsatz der Bevölkerung das Leben.

Nach einer Erholungsphase folgte dann erneut eine starke Bevölkerungsabnahme durch die Verwüstungen des Dreißigjährigen Krieges.

Mit der industriellen Revolution, besserer Ernährung und Hygiene wuchs die Bevölkerungszahl Europas allmählich trotz der Kriege, lokalen Hungersnöte oder Krankheiten und der Auswanderung von fünfzig Millionen Menschen; sie schnellte zwischen 1845 und 1914 um achtzig Prozent in die Höhe. Obwohl der Erste Weltkrieg acht Millionen junge Männer das Leben kostete, wuchs die europäische Bevölkerung zwischen 1914 und 1945 um vierzig Prozent. Seit dem Zweiten Weltkrieg hat sie sich stabilisiert und würde ohne die Einwanderer aus der Türkei und Nordafrika vermutlich überall abnehmen.

Chinas demographische Geschichte verläuft noch gewaltsamer als die Europas. Die chinesische Bevölkerung erreichte um die Mitte der Han-Dynastie (206 v. Chr. bis 220 n. Chr.) einen Höchststand von fünfzig bis sechzig Millionen, den sie über die nächsten tausend Jahre hielt. Als verbesserte Reisanbaumethoden es erlaubten, mehr Menschen zu ernähren, nahm die Bevölkerung zu. Chinas Plage war nicht der schwarze Tod, es waren die Mongolen. Angefangen mit Dschingis Khan massakrierten die Mongolen drei Viertel der Bewohner in den Nordprovinzen und ein Drittel der Einwohner der Südprovinzen, insgesamt vermutlich fünfunddreißig Millionen Chinesen, was für die damalige Zeit eine erstaunliche Zahl bedeutet. Nachdem sich die Bevölkerung wieder erholt hatte, wurde sie Opfer der Mandschu, die im 17. Jahrhundert fünfundzwanzig Millionen Chinesen töteten und im 19. Jahrhundert weitere fünfundzwanzig Millionen. Mit dem Großen Sprung nach vorn folgten die Maoisten also ausgetretenen Pfaden.

Eine Bevölkerungsreduktion durch Eroberungen, Kriege, Hungersnöte oder Seuchen ist also keineswegs etwas Neues. Schwer zu erreichen ist jedoch, dass sie dauerhaft greift. Wenn wir im Folgenden unsere Empfehlungen entwickeln, werden wir sowohl präventive als auch kurative Populationsreduktionsstrategien (Abkürzung: PRS) untersuchen. Präventive PRS konzentrieren sich auf niedrigere Geburtenraten, kurative PRS auf höhere Sterberaten.

Auch wenn die *Konsequenzen* kurativer Strategien (höhere Mortalität) mehr oder weniger deutlich sichtbar sein mögen, möchten wir betonen, dass keinesfalls der Eindruck aufkommen darf, es stünden bestimmte Betreiber außer dem Schicksal und den mannigfaltigen Unzulänglichkeiten der Opfer selbst dahinter. Nach wie vor gibt es die traditionellen Geißeln der Menschheit, die einst das Bevölkerungswachstum in Grenzen hielten – Krieg, Hungersnot, Seuchen und Erdbeben –, erweitert um modernere Varianten wie Drogen, grassierende Kriminalität und Umweltgifte. Mit Erdbeben oder sonstigen Naturgewalten, die sich jedem menschlichen Einfluss entziehen, werden wir uns nicht beschäftigen. Wenn sie auftreten, sind sie ein Bonus, auf den man sich jedoch nicht verlassen sollte. Was die «historischen» Geißeln Eroberung, Krieg, Hungersnot und Seuche angeht, bleibt das beste Leitbild nach wie vor der heilige Johannes mit seiner apokalyptischen Vision der *Offenbarung*, dem letzten Buch der Bibel.

Weil Johannes für jene Geißeln der Menschheit niemandem konkret die Schuld geben konnte, wandelte er sie zu Metaphern und personifizierte sie in der Gestalt von Reitern. (Die Eroberung hat nun allerdings einen Täter; der Eroberer lässt sich identifizieren, und so weiß man, dass man von einem Mongolen oder Maoisten massakriert wird, was immer das einem auch nützen mag.) Die vier apokalyptischen Reiter werden uns auf unserem Weg in das Reich des «Wie» begleiten. Wir müssen hoffen, dass wir das «Warum» zur Zufriedenheit unserer Auftraggeber geklärt haben – wenn nicht, haben wir versagt – und sie ebenfalls von der Notwendigkeit einer «Art Beschneidung des überwuchernden Menschengeschlechts» überzeugt sind.

Die apokalyptischen Reiter: Ein zeitgenössischer Überblick

I. Eroberung

Der erste Reiter der Apokalypse «zog aus … um zu siegen». Sein Pferd ist weiß, und er trägt einen Bogen wie die Parther, die Rivalen und Schrecken der römischen Welt, Meister des berühmten «Parther-Schusses» über die Schulter.

Die Herrschaft über andere bleibt eine wesentliche Komponente jeder Populationsreduktionsstrategie. Allerdings lässt sie sich nicht mehr durch die römischen oder parthischen Methoden einer direkten Eroberung, Besatzung und Imperialherrschaft ausüben.

Der Nutzen einer Eroberung, in ihrer jüngsten Tarnung als Kolonisierung bezeichnet, hat das hintere Ende einer Sackgasse erreicht, da eroberte Gebiete und kolonisierte Völker keinen praktischen oder materiellen Wert mehr besitzen.

Früher mag es für Eroberer und Kolonisten wichtig gewesen sein, für den Unterhalt dieser Völker zu sorgen, indem sie die schwankende örtliche Nahrungsmittelproduktion durch Importe ergänzten und das Gesundheitswesen förderten, doch das ist heute nicht mehr der Fall. Seit mindestens zwei Jahrzehnten geht der Bedarf hin zu weniger, aber besser qualifizierten Arbeitskräften. Die daraus resultierende Überbevölkerung in Hinblick auf den Bedarf der Weltwirtschaft ist nicht nur kostspielig für das System, sondern auch mit traditionellen Methoden politischer und sozialer Kontrolle unvereinbar.

Stattdessen betonen wir die Notwendigkeit einer *nichttraditionellen Eroberung*, die über ideologische Meinungsbildung, ethischen Wandel und die Schaffung einer neuen Kulturhegemonie im Sinne Gramscis erfolgt. Außerdem haben wir bereits nachdrücklich auf indirekte Herrschaftsmethoden hingewiesen, zum Beispiel durch verstärkte Strukturanpassungsprogramme, einen erheblich geschwächten Staat und die Bildung einer starken (wenn auch diffusen), nicht rechenschaftspflichtigen internationalen Exekutive, die eng mit transnationalen Wirtschaftsunternehmen zusammenarbeitet. Um den möglichen Widerstand gegen diese modernen Eroberer so gering wie möglich zu halten, haben wir vorgeschlagen, eine Identitätspolitik und die Verschärfung ethnischer oder sonstiger Spannungen innerhalb der Bevölkerung zu fördern.

Überall, wo noch nützliche Territorien und lokale Unternehmungen existieren, sollte indirekte Eroberung vorherrschen und die Machtausübung unsichtbar bleiben. Als Gegenbeispiel lässt sich das unnötig augenfällige Auftreten der Shell Oil Company in Nigeria anführen, wo nachweislich die Ogoni vergiftet und Anti-Shell-Aktivisten gehängt worden waren, was jeder Gerechtigkeit Hohn spottete.

Vor seiner Hinrichtung im November 1995 schrieb der Autor Ken Saro-Wiwa aus seiner Zelle: «Shell ... hat das Volk der Ogoni in den letzten drei Jahrzehnten ausgebeutet, verleumdet und in den Untergang getrieben. Das Unternehmen hat eine völlig verwüstete Umwelt und eine Spur menschlichen Elends hinterlassen. Als ich unter den Ogoni friedlichen Protest organisierte ... veranlasste die Firma das nigerianische Militär zum Eingreifen ... Ich habe einen Vorschlag: Boykottiert alle Shell-Produkte.» Millionen Menschen lasen und befolgten diesen Aufruf und lernten, «Shell» mit «Femegericht» und «Gift» zu assoziieren. Shell hätte entweder eine lokale Firma als Strohmann benutzen und die Leute abfinden, einstellen und umsiedeln sollen oder alle Aktivitäten einstellen müssen, die für ihren Ruf und den anderer transnationaler Unternehmen nachteilig waren.

Für Firmen, die nicht bereit sind, auch nur das geringste Opfer für das übergeordnete Wohl des Systems zu bringen, in dem sie und andere gedeihen, haben wir kein Mitleid. Vielmehr warnen wir: Wenn die Wirtschaftswelt nicht eine eigene interne Aufsichts- und Durchsetzungsmacht aufbaut, die sich um schwarze Schafe unter den transnationalen Unternehmen und um Übertretungen eines geschriebenen oder ungeschriebenen Kodex zu kümmern versteht, wird sie früher oder später den Preis dafür zu zahlen haben.

Brutalität ist dumm. Die Beherrschten sollten außer Stande sein, Organisation und Methodik ihrer Herrscher zu begreifen und gegen sie mobil zu machen. Der Eroberer, der aus großer Distanz zu den Eroberten handelt, wird weder durch Publicity noch durch Unterwanderung oder direkte Angriffe angreifbar.

In erster Linie interessiert uns hier jedoch weniger die Macht des klassischen oder modernen Eroberers, den Einzelnen oder eine Gesellschaft zu schonen oder zu unterdrücken, als vielmehr der wesentlich allgemeinere Begriff der «Bio-Macht» oder «Bio-Politik». Der einflussreiche französische Wissenschaftler Michel Foucault, der diesen Begriff prägte, analysierte den geschichtlichen Übergang zwischen zwei recht unterschiedlichen Herrschaftsformen.

Foucault unterschied zwischen «Souveränität» und «Bio-Macht». Souveränität oder Hoheitsgewalt äußert sich in der Möglichkeit, Individuen zu disziplinieren, kontrollieren, bestrafen und nötigenfalls zu beseitigen; Bio-Macht bezieht sich auf die Bevölkerung im Ganzen. «Bio-Politik» befasst sich nicht mit einzelnen, identifizierbaren Menschen, die Namen und Gesichter haben, sondern mit Vorhersagen, Statistiken und globalen Messwerten, die auf den Gesellschaftskörper angewandt werden. Sie ist also nicht bestrebt, Peters, Pauls oder Marias Krankheit zu heilen oder ihr Leben zu verlängern, sondern die Lebenserwartung zu erhöhen. Zu diesem Zweck erlässt sie eine große Bandbreite an Hygienevorschriften, bemüht sich um Anreize zu gesunder Lebensführung und Unfallverhütung. Diese Maßnahmen zielen auf eine statistische Größe, die man «die Bevölkerung» nennt, nicht auf die Individuen, aus denen sie sich zusammensetzt.

Der Übergang von der Hoheitsgewalt zur Bio-Macht erfolgte

laut Foucault zu Beginn des 19. Jahrhunderts und lässt sich anhand der Einstellung zum Tod illustrieren. Vorher wurde der individuelle Tod ritualisiert und einem Zeremoniell unterworfen, an dem die ganze Familie und häufig auch die gesamte Gruppe (Klan, Berufsstand, Hof und so weiter) teilnahm. Unter dem Regime der Bio-Politik wird der Tod zu etwas überaus Privatem, Einsamem, fast Beschämendem und Tabuisiertem. Früher markierte der Tod jenen Augenblick, von dem an das Individuum nicht mehr dem zeitlichen Souverän, sondern dem Urteil Gottes unterstellt war. Die Bio-Macht schert sich nicht um den Tod, sie befasst sich nur mit der Sterblichkeit.

Auch die von den beiden Hauptformen der Macht angewandten Technologien und bevorzugten Institutionen unterscheiden sich voneinander. Das Handeln des Souveräns bezieht sich auf den individuellen Körper, ihn disziplinierend, gefügig und nützlich machend. Die Bio-Macht konzentriert sich nicht auf den Körper, sondern auf die Masse; sie versucht, die Wahrscheinlichkeit verschiedener Missgeschicke zu reduzieren, die das Leben allgemein beeinträchtigen können.Die souveräne Macht nutzt Institutionen wie Schulen, Krankenhäuser, Kasernen und Fabriken; Bio-Macht braucht ausgedehnte Bürokratien, um Sozialversicherungen und Renten zu verwalten oder Sicherheits- und Hygienevorschriften durchzusetzen. Geburten finden unter medizinischer Aufsicht statt, Schutzimpfungen für Kinder sind gesetzlich vorgeschrieben, der öffentliche Wohnungsbau setzt Maßstäbe und so weiter.[2]

So nützlich Foucaults Unterscheidung auch sein mag, so liegen doch die meisten unserer Institutionen nach wie vor irgendwo zwischen der souveränen und der Bio-Macht. Medizin und Krankenhäuser befassen sich sowohl mit der Gesundheit Einzelner als auch mit «Körperpolitik». Unternehmen müssen immer noch Kontrolle über die individuellen Körper ihrer Beschäftigten ausüben, tun dies aber nicht mehr, indem sie Henry Fords alte Kriterien der Regelmäßigkeit und Voraussehbarkeit anwenden, um Fließbandeffizienz zu gewährleisten. Ford war ein echter «Souverän»; zu seinen Methoden gehörte es, dass Sozialarbeiter sich in das Privatleben der Arbeiter mischten, um bei ihnen nach schlechten Gewohnheiten und ungenügenden häuslichen Verhältnissen zu fahnden, die gegen eine Auszahlung des vollen Tageslohns von fünf US-Dollar sprachen.

Die heutige Unternehmensorganisation erfordert einen weniger unterwürfigen und eher flexibleren Körper. Manche gestehen diese Notwendigkeit durch ihre Aus- und Fortbildungsmaßnahmen offen ein. Beim *experiential training*, das viele US-Unternehmen heutzutage durchführen, müssen Beschäftigte beiderlei Geschlechts, aller Altersgruppen und unterschiedlicher Körperbeherrschung hohe Mauern oder schwankende Masten erklimmen, über Hochseile balancieren, an einem Bungeeseil, das ein Mitarbeiter sichert, in die Tiefe springen oder auf einer fußbreiten, schnell rotierenden Plattform stehen, bevor man sich einmal mehr in die Tiefe stürzt. Diese letzte Übung wird auch als «Pampers-Pfahl» bezeichnet, da sich nach Angaben der Trainer bei dem Versuch, darauf zu stehen, «viele in die Hosen machen».

Wer diese Prüfungen übersteht, hat geradezu viszeral gelernt, dass er oder sie das Unbekannte wagen und Angst in Kauf nehmen muss und dennoch auf die Hilfe von Kollegen angewiesen bleibt. Im Zeitalter raschen Wandels und beispielloser Konkurrenz erfordert der Erfolg, «alte Muster und Verhaltensweisen aufzugeben … schwierige Umschwünge mit einem Satz zu meistern und hart an neuen Anfängen zu arbeiten». Beschäftigte müssen lernen, tauglich für eine Welt zu sein, die nicht mehr monolithisch, hierarchisch und bürokratisch, sondern flüchtig, durchlässig und flexibel ist.[3]

Wir behaupten, die Welt tritt in eine völlig neue Phase ein, sodass es an der Zeit ist, Foucaults Unterscheidung aus den siebziger Jahren einen Schritt weiter zu treiben. Der Wechsel zu einer Macht dritter Art, jenseits sowohl der Souveränität als auch der Bio-Macht, ist geboten. Auf den ersten Blick wähnt man ihn in den Händen der Unternehmen, tatsächlich ist sein Dreh- und Angelpunkt jedoch die Eigenverantwortung des Individuums.

Unter dem neuen Regime müssen die Menschen auf individueller Ebene die Verantwortung für, die «Souveränität» über und tatsächlich die «Eroberung» ihres eigenen Körpers übernehmen, wenn sie in einer wettbewerbsorientierten Welt erfolgreich sein und überleben wollen. Wenn sie körperlich, geistig und seelisch nicht flexibel sind, wird die Welt ihnen sehr bald ihre Verzichtbarkeit klar machen.

Im sozialen Bereich ist der Gegenstand der Bio-Macht umzudefinieren und sozusagen auf links zu drehen. Sie wird sich zwar weiterhin mit Bevölkerungen und nicht mit Einzelpersonen befassen, doch in dem Maße, wie die institutionelle Macht allmählich von der nationalen auf die internationale Ebene wechselt, verlagert sich der Gegenstand der Bio-Macht von der nationalen Bevölkerung, für die der Staat die Verantwortung trägt, zu *der* Bevölkerung im weitesten Sinne – als Gesamtheit aller Erdenbewohner.

Bio-Macht und Bio-Politik müssen sich dann nicht mehr auf Vitalität, sondern auf Mortalität konzentrieren, nicht mehr die Reproduktion, sondern ihre Reduktion fördern, nicht mehr Lebensverlängerung, sondern Lebensverkürzung anstreben. Dies ist eine Aufgabe von historischen, philosophischen und sogar metaphysischen Dimensionen. Die Mentalität, die den Westen über zwei Jahrhunderte hinweg dominiert hat, ist umzuformen; sie muss sich in ihre Kehrseite, in ihr genaues Gegenteil verwandeln. Sie muss die Notwendigkeit des Todes begreifen und begrüßen und danach streben, Leben zu verhindern.

Wir können die Erfordernisse der Zukunft lediglich gemäß unserem Auftrag beschreiben und ihm damit die Tragweite und den Ernst verleihen, die er verdient. Ob diese breite philosophische Bewegung je zustande kommen kann, entzieht sich unserer Beurteilung. Veränderungen der Mentalität mögen zwar bekanntermaßen langsam vonstatten gehen, aber sie kommen vor. Wir haben Wege vorgeschlagen, einen solchen Wandel individuell wie auch gesellschaftlich zu fördern. Das ist der apokalyptische Reiter der Eroberung im tief greifendsten Sinne; er muss allen anderen vorangehen, wenn diese sich behaupten sollen. Wenden wir uns nun den nachfolgenden Reitern zu.

II. Krieg

Der zweite apokalyptische Reiter hat ein blutrotes Pferd und ein großes Schwert; er ist der Heerführer. In der Apokalypse ist ihm die Macht gegeben, «den Frieden hinwegzunehmen von der Erde und dass sie einander hinschlachten». Wer sind «sie»? Den größten Teil der Geschichte über waren es Soldaten, die Kriege führten und getötet wurden. In seiner modernen Ausprägung fordert der Krieg, zumal im turbulenten 20. Jahrhundert, wesentlich mehr Menschenleben unter der Zivilbevölkerung als unter Soldaten. Allein in den neunziger Jahren gerieten nach äußerst konservativen Schätzungen sechs Millionen Zivilisten ins Kreuzfeuer von annähernd hundert Kriegen.

Neben Seuchen und Hungersnöten stellen örtlich begrenzte Vernichtungskriege in der modernen Welt eine überaus viel versprechende Populationsreduktionsstrategie dar. Der Einsatz externer Gewalt, um sie «hinzuschlachten», sollte nur als letzter Ausweg ins Auge gefasst werden. Wir können heute Dschingis Khan nicht mehr nachahmen, geschweige denn ihm gleichkommen, und selbst wenn wir es könnten, sollten wir es nicht versuchen.

Wo sollte das «Einander-Hinschlachten» als Populationsreduktionsstrategie zum Einsatz kommen? Sicher nicht in der Nordhälfte der Erde, oder allenfalls in sorgfältig ausgewählten Gebieten. Es ist absehbar, dass drei Viertel aller Investitionen und der größte Teil der Weltproduktivität sich in den reichen Ländern konzentrieren werden. In diesen wohlhabenden Regionen Krieg zu schüren wäre kontraproduktiv und würde unverhältnismäßig hohen politischen und materiellen Aufwand erfordern.

Trotz gelegentlicher archaischer Ausnahmen wie Bosnien oder

das Kosovo ist die Aussicht auf einen Krieg zwischen oder innerhalb europäischer Länder oder auch zwischen Westeuropa und Russland mittlerweile so unvorstellbar wie ein Krieg zwischen den Vereinigten Staaten und Kanada. Im Süden oder in den islamischen Republiken der ehemaligen Sowjetunion ist Krieg hingegen keineswegs überholt und kann dort ein wirkungsvolles Instrument sein, um «das überwuchernde Menschengeschlecht zu beschneiden».

Zu arrangieren, dass sie «einander hinschlachten», erfordert sowohl psychologische als auch physische Waffen. Die psychologischen Waffen haben wir bereits angesprochen, vor allem wie das «Selbst» in «Selbstverteidigung» zu definieren sei. Identitätspolitik löst Gewalt aus und verringert die Solidarität mit den Opfern dieser Gewalt. Sie werden zu Fremden, die ihrem Wesen nach völlig anders sind als «du» und «ich».

Diskriminierung und Unterdrückung bestimmter Zielgruppen stärkt ihr Identitätsgefühl und sollte daher diskret gefördert werden. Sich als Opfer zu fühlen führt dazu, dass man sich eigene Opfer sucht.

Nicht zu vernachlässigen ist auch eine relativ neue Strömung, die wir als «E-Mail-», «Zuwendungs-» oder «Diaspora-Chauvinismus» bezeichnen können. Häufig verfügen Emigranten über mehr materielle Mittel als ihre ehemaligen Landsleute. Vielleicht haben sie auch Schuldgefühle, weil sie nicht «zu Hause», mittendrin in den nationalistischen oder religiösen Auseinandersetzungen stecken, und kompensieren ihr schlechtes Gewissen, indem sie aus der Ferne extremistische Strategien fördern.

Dieses Phänomen betrifft viele Bevölkerungsgruppen in der Diaspora, von amerikanischen Juden und Palästinensern über kanadische Kroaten bis hin zu emigrierten Tamil-Tigern und in Europa lebenden islamischen Fundamentalisten. Es lohnt sich, sie zu fördern, solange sie ihre Aktivitäten strikt auf ihre früheren Heimatländer beschränken und sich nicht in die Politik ihrer Gastländer einmischen.

Um welche Gruppen im In- oder Ausland es auch gehen mag,

man muss kontinuierlich den Einsatz erhöhen. Es gilt klarzumachen, dass nicht jeder in den Genuss dieser oder jener Ressourcen, Projekte oder Investitionen kommen kann. In der armen Welt, wo die meisten der empfohlenen Strategien zum Einsatz kommen werden, lassen sich «Entwicklungshilfe» und «Entwicklungshilfeprojekte» im traditionellen Sinne wirkungsvoll nutzen.

Menschen, die durch große Staudammprojekte zwangsumgesiedelt oder durch kommerzielle oder ökologische Erosion ihrer Lebensgrundlage beraubt werden, sind verzweifelt und bieten eine hervorragende Rekrutierungsbasis für chauvinistische, nationalistische oder religiöse Führer. Wenn sie ihre jeweilige «Identität» erst einmal entdeckt, abgesteckt und gefestigt haben, lassen sie sich gegen andere Gruppen ausspielen.

Die meisten Bewohner ländlicher Gebiete werden in den Slums der Städte enden. Die Überbevölkerung ist an sich schon ein weiterer Stimulus für Konflikte, da sie überfüllte Ballungsräume nach sich zieht. Ein viel versprechendes Konfliktpotenzial (auch für Hungersnöte und Epidemien, zu denen wir noch kommen) besteht in vielen Großstädten der Dritten Welt, in denen sich aus einem ethnischen oder religiösen Nährboden ganz ähnliche Verhältnisse wie in Beirut, Algier oder Colombo entwickeln lassen.

Die Überbesiedlung spielte auch eine wesentliche Rolle in dem Konflikt zwischen Hutu und Tutsi im ländlichen Ruanda, der sich teilweise als Ressourcenkrieg verstehen lässt. Der damalige Landwirtschaftsminister von Ruanda erklärte schon 1991, lange bevor sich die Spannungen in Form von Massenmorden entluden: «Wir haben einen hohen Bevölkerungsdruck und aufgrund der Bodenerosion eine sinkende landwirtschaftliche Produktivität ... wir können genügend Nahrung für fünf Millionen Menschen produzieren, haben aber 7,3 Millionen ...» Die Lösung für dieses rechnerische Problem offenbarte sich bald.

Die Forschung zeigt zwar, dass es eine komplexe Angelegenheit ist, Kriege zu schüren, da kein Krieg nur eine einzige Ursache hat, aber einige kausale Muster lassen sich dennoch ausmachen. Aus den Statistiken des Peace Research Institute of Oslo (PRIO) geht hervor, dass es in den neunziger Jahren des 20. Jahrhunderts eine Fülle bewaffneter Konflikte gab (achtundneunzig von Januar 1990 bis Dezember 1996); zum überwiegenden Teil handelte es sich um Bürgerkriege, nicht um Kriege zwischen Staaten. Laut PRIO weisen solche Konflikte folgende Merkmale auf:

- Hauptsächlich finden sie in armen Ländern statt, die ihr Bruttosozialprodukt immer noch vorwiegend in der Landwirtschaft erwirtschaften.
- Die häufigsten Umweltfaktoren im Zusammenhang mit Bürgerkriegen sind «Bodenerosion ... schlechte Pro-Kopf-Trinkwasserversorgung und hohe Bevölkerungsdichte», in dieser Reihenfolge.
- Die für Krieg anfälligsten politischen Regime sind laut Statistik «halbdemokratische Regierungen».
- Es gibt «eine besonders starke Korrelation zwischen hoher Auslandsverschuldung und dem Auftreten von Bürgerkriegen».
- «Sinkende Exporteinnahmen bei Rohstoffen hängen eng mit dem *Ausbruch* von Bürgerkrieg zusammen» (Hervorhebung von PRIO).
- Ein eindeutiger Zusammenhang besteht zudem zwischen einem langjährigen energischen Eingreifen durch den Internationalen Währungsfonds und allen Formen politischer und bewaffneter Konflikte. «Die Zahl der IWF-Auflagen und eine hohe Vorbehaltlichkeit sind entscheidend für das Auftreten sowohl von politischen Protesten als auch von Bürgerkriegen.»[4]

Diese synergistischen Kausalfaktoren sind für unsere Zwecke wie geschaffen. Die Verschuldung steigt weiter; und die Rohstoffpreise fallen weiter, da die exportfähigen Produkte vieler konkurrierender Länder in einem engen Marktsegment liegen und zu einer Schwemme auf den Weltmärkten führen. Die Kaufkraft der Exporterlöse befindet sich im freien Fall; Afrika kann mit seinen Exporteinnahmen nur noch zwei Drittel von dem kaufen, was es 1980 dafür bekam. Selbst Ölexporteure, die oft als besonders wohlhabend gelten, können auf Auslandsmärkten nur noch vierzig Prozent ihrer Kaufkraft von 1980 erreichen. Die Öl exportierenden Länder sind ein besonders interessantes Ziel, da die meisten von ihnen ihre Exportgüter nicht diversifizieren können. Wir empfehlen, die Ölpreise noch tiefer fallen zu lassen als heute.

Steigende Schulden und sinkende Preise führen zu teilweisem oder vollständigem Zahlungsverzug, der wiederum strengere Auflagen des IWF nach sich zieht. Wenn die oben genannten Kausalfaktoren zuträfen, müssten auch die Konflikte eskalieren. Bei Abschluss unseres Berichts gerät Südostasien gerade fest in den Griff des IWF, was beweist, dass selbst die früheren «Tiger» nicht immun sind. Ihre Schwindel erregenden Schulden und die Bevölkerungsdichte machen auch sie zu geeigneten Kandidaten für erhebliche Populationsreduktionsstrategien.

Indonesien zum Beispiel hat die viertgrößte Bevölkerung der Welt und versucht seit Jahrzehnten, seine unlenkbaren Bevölkerungszahlen durch das «Transmigrasi-Programm» in den Griff zu bekommen, wonach Siedler auf abgelegene Inseln geschickt wurden. Nun muss sich das Land an die IWF-Linie halten und dürfte sich solche Programme ebenso wenig leisten können wie die weitreichende Korruption, die so viele Hände und Rädchen geschmiert hat. In demselben Land ermordete die Armee 1965 bei «antikommunistischen Pogromen» gut eine halbe Million Menschen – ein interessanter Präzedenzfall.

Auch in anderen armen, bevölkerungsstarken Ländern gibt es längst das Syndrom hoher Verschuldung und strenger Auflagen, das Klassenhass und ethnische Spaltungen verschärft. Da diese Länder wenig oder gar nichts zum globalen Wohlstand beitragen, bieten sie sich an, eben hier «das überwuchernde Menschengeschlecht zu beschneiden».

Die Institutionen, die Stukturanpassungsprogramme entwerfen, erweisen den Idealen einer demokratischen Regierung häufig Lippendienste, obwohl Demokratie mit den Bedingungen, auf denen jene bestehen, weitgehend unvereinbar ist. PRIO weist vorsichtig auf «halbdemokratische» Regime als charakteristisch für Konfliktsituationen hin. Die Regierungen armer Länder müssen eine Deregulierung ihrer Märkte und ihre Öffnung für den globalen Wettbewerb akzeptieren und gleichzeitig versuchen, ihre unzufriedene Bevölkerung unter Kontrolle zu halten. Da die Lebensbedingungen der großen Mehrheit sich ständig verschlechtern, besteht für diese Regierungen das Risiko, gewaltsam (von Wahlen ganz zu schweigen) gestürzt zu werden. Sie sind also in einer dreifach ausweglosen Situation gefangen, *demokratisch zu sein*, *sich streng an die Auflagen zu halten* und *an der Macht zu bleiben*. Dieses Paradox mag die von PRIO beobachtete starke Korrelation zwischen «halbdemokratischen» politischen Regimen und Bürgerkriegen erklären.

Für unsere Zwecke müssen Regierungen entweder überzeugt oder gezwungen werden, die Bevölkerungskontrolle voranzutreiben, wozu auch gehört, sich ihrer kriminellen und antisozialen Elemente summarisch zu entledigen und staatliche Anreize zur Sterilisation und Empfängnisverhütung zu bieten (dazu später mehr). Solange ein Staat diese Funktionen angemessen erfüllt, besteht keinerlei Notwendigkeit oder Rechtfertigung für eine direkte Einmischung des Auslands.

Lässt sich die kurative Strategie des Krieges ohne politische Hindernisse anwenden? Werden sich nicht Staaten des Nordens oder «humanitäre» Organisationen einmischen und sie zu verhindern suchen? In Einzelfällen mag eine solche Einmischung eine gewisse Rolle spielen, aber im Großen und Ganzen stoßen Konflikte, die von ethnischem, subnationalem oder sogar ökologisch bedingtem Hass und Rivalitäten gespeist sind, im Norden auf wenig Sympathie.

Die Ära starker politischer Opposition und breiter Solidaritätsfronten, wie sie gegen den Vietnamkrieg oder zur Verteidigung Chiles, Nicaraguas oder Südafrikas aufkamen, ist vorüber. Bei der Darstellung gegenwärtiger Kämpfe in armen Ländern mit ihrer verwirrenden politischen Lage und den scheinbar willkürlichen Gemetzeln sollte man immer unterschwellig durchklingen lassen, dass sie zwischen «Barbaren» und «Wilden» stattfinden. Die «zivilisierte Welt» sollte diese Konflikte als bedauernswert, kindisch und unlösbar betrachten. Das erhöht den Zusammenhalt des Westens, was ein zusätzlicher Vorteil ist.

Dennoch sollte die «zivilisierte Welt» auf innere Konflikte der südlichen Hemisphäre in erster Linie mit humanitären Einsätzen reagieren. Auch wenn diese Empfehlung unserem übergeordneten Ziel scheinbar zuwiderläuft, sei daran erinnert, dass die Rettung von fünfzig Menschenleben – vorzugsweise vor der Kamera – einen geeigneten Deckmantel liefern kann, unter dem sich 50 000 eliminieren lassen. Humanitäre Einsätze verstärken das Image – nicht nur der Opfer, sondern auch ihrer Staaten als hilflose Schwächlinge, unfähig, ihre Angelegenheiten selbst zu regeln (die Vereinigten Staaten oder Deutschland kann man sich als Empfänger humanitärer Hilfe von außen kaum vorstellen).

In Zukunft könnte man humanitäre Organisationen vielleicht überzeugen, «zum Wohle der Opfer» an Programmen zur Geburtenkontrolle, Sterilisation und Abtreibung mitzuarbeiten. Dabei wird es darauf ankommen, die «Ethik der Solidarität» allmählich durch eine «Notstandsethik» zu ersetzen. Postkoloniales Mitleid mit den Geschundenen und Erbarmen mit den Notleidenden à la Mutter Teresa haben die Politik jeder Couleur so gut wie verdrängt. Die «Notleidenden» besetzen symbolisch eine Ebene mit Kindern und geistig Zurückgebliebenen. Aber gegen humanitäre Hilfe kann niemand etwas einwenden, ohne äußerst herzlos zu erscheinen. Wir empfehlen sie zu konsolidieren.

Waffenhandel

Wann und wo immer möglich sollten die Zielgruppen der Populationsreduktionsstrategien die Selektion selbst vornehmen und sich selbst umeinander kümmern. Das setzt voraus, dass sie über die erforderlichen Ressourcen verfügen. Die Hutus mögen größtenteils mit Macheten ausgekommen sein, aber die Eliminierung von Hand ist ineffektiv und nachlässig. Allgemein sollte eine bessere technische Ausrüstung verfügbar gemacht werden.

Bereits ein oberflächlicher Blick auf die Zahlen zeigt, dass der Wert der Waffenlieferungen in die Dritte Welt seit 1989 drastisch eingebrochen ist, wobei die offiziellen Statistiken in den neunziger Jahren bei konstanten Dollarwerten einen Rückgang um über vierzig Prozent ausweisen. Diese Zahlen täuschen jedoch. Die Abnahme in Dollarwerten bedeutet keineswegs, dass die Konflikte in diesen südlichen Ländern signifikant zurückgegangen wären oder zurückgehen werden, ganz im Gegenteil. Seit Ende des Kalten Krieges spiegelt sich in den Waffenkäufen der Dritten Welt aus offiziellen und inoffiziellen Quellen Folgendes wider:

- die Notwendigkeit vieler bedrängter Regierungen der südlichen Hemisphäre, ihre innere Sicherheit und Abwehr gegen Revolten zu verbessern. Von schwerem Kampfgerät für den externen Einsatz, wie Panzern und Flugzeugen, sind sie zu weniger kostspieligen Infanteriewaffen, Hubschraubern und Ausrüstungen übergegangen, die sich zur Kontrolle innerer Unruhen gegen die eigene, zunehmend aufsässige Bevölkerung einsetzen lassen;
- die neue Produktivkraft kleinerer, billigerer, nichttraditioneller Waffenlieferanten, die von Technologietransfers der Vergangenheit profitiert haben. Viele Krieg führende Parteien können heutzutage den größten Teil ihres Militärbedarfs wesentlich näher an ihrem Heimatland decken, auch wenn sie offiziell mit einem Embargo belegt sind;
- einen spektakulären Anstieg des Schwarzmarkts für Waffen und einen entsprechend dramatischen Preisverfall, der bewirkt, dass zum Beispiel eine AK-47, die früher vielleicht hundert US-Dollar gekostet hätte, heute in Russland für dreißig bis vierzig Dollar oder auf dem kambodschanischen Schwarzmarkt sogar für acht bis zehn Dollar zu bekommen ist. Früher waren die

Schwarzmärkte wesentlich teurer als die legalen, das ist heute anders. Waffenkäufer brauchen keine kostspieligen Prämien mehr zu zahlen, um unentdeckt zu bleiben.

Während des Kalten Krieges wurden meist teure schwere Waffensysteme gekauft und eingelagert. In krassem Gegensatz zum Pentagon und dem sowjetischen Militär früherer Zeiten nehmen heutige Waffenkäufer kleinere, technisch weniger ausgeklügelte Waffen zum sofortigen Einsatz ab. Nach wie vor bleiben die Vereinigten Staaten, der große Gewinner des Kalten Krieges, mit Abstand der offizielle Hauptlieferant leichter und schwerer Kriegsmaterialien. Für relativ kleine Abnahmemengen gehört der US-Waffenmarkt auch im Einzelhandelsbereich noch zu den Top-Favoriten, da es dort Hunderte legaler Waffenhersteller, Importeure und 285 000 Lizenzhändler gibt. Weltweit sind über fünfhundert Millionen Kleinwaffen aller Art in Umlauf, mehr als die Hälfte davon in den USA. Auf diesem Markt ist Russland völlig ins Hintertreffen geraten. Im letzten Jahrzehnt sind dort die Aufträge aus der Dritten Welt um über achtzig Prozent eingebrochen.

Um Kostenersparnisse durch optimale Betriebsvergrößerung zu erzielen (*economies of scale*), versuchen viele Waffenhersteller anderer Länder zu fusionieren, Konkurrenten aufzukaufen oder Joint Ventures und strategische Bündnisse für den Transfer von Militärtechnologie einzugehen. Davon profitieren neben dem schon jetzt gut gerüsteten Nahen Osten in erster Linie die Balkanländer, der indische Subkontinent und Zentralasien.

Trotz der Abrüstungstendenzen kaufen viele Länder der Dritten Welt nicht nur leichte Waffen, sondern auch Massenvernichtungsmittel. Die US-Geheimdienste vermuten, dass trotz der theoretischen Ächtung durch die Konvention gegen biologische und toxische Waffen mindestens zehn Staaten biologische Kampfmittel besitzen. Jedes Land im Besitz ausgebildeter Biotechnologen, kommerzieller Fermentierungsanlagen und einer pharmazeutischen Industrie oder auch nur genügender Fachkenntnisse, um eine importierte Medikamentenfabrik zu betreiben, ist durchaus imstande, biologische Waffen zu produzieren. Man braucht solche Waffen nicht einmal zu lagern, da sie sich schnell und kostengünstig je nach Bedarf in kleinen Fabriken herstellen lassen. Die Trägersysteme können technisch hoch entwickelt oder primitiv sein (besonders bei Terroristen, die bereit sind, sich selbst zu opfern).

Der inoffizielle Markt für Kleinwaffen, ein wachsendes Gewerbe, besteht aus virtuosen Schwarzhändlern, die darauf spezialisiert sind, Aufträge zu kaschieren, komplexe Versandwege zu entwickeln, Dokumente zu fälschen und Geld zu waschen. Zu den wichtigsten Marktplätzen für Schwarzkäufe größeren Umfangs gehören Bangkok, Peshawar, die Türkei und einige ehemalige Sowjetrepubliken.

In den entwickelten wie auch in den unterentwickelten Ländern sind die Behörden gleichermaßen unwillig und unfähig, den lukrativen Waffenhandel im Zaum zu halten. So kann es kaum überraschen, wenn den Vereinten Nationen bislang lediglich die Vereinbarung einer harmlosen «Registrierung» konventioneller Waffenlieferungen auf freiwilliger Basis gelungen ist. Wir sehen auch für die Zukunft keine sonderlichen Hindernisse, wenn Regierungen, Dissidentengruppen oder kriminelle Vereinigungen sich Waffen beschaffen wollen, um militärische Angelegenheiten selbst in die Hand zu nehmen. Wir sind einer Meinung mit jenem Experten, der erklärte, der Waffenhandel werde «in den kommenden Jahren auch weiterhin blühen und nur auf geringe Hemmnisse für eine anhaltende Entwicklung und Wachstum» stoßen, auch wenn er sich etwas verlagert haben mag.

Angesichts dieser Lage sollte man den Dingen ihren Lauf lassen, Waffenlieferungen diskret nachhelfen und sie gelegentlich durch Finanzspritzen hier und da ankurbeln. Die Ausbreitung von Waffen auf technisch niedrigerem und höherem Niveau in den weniger entwickelten Ländern ist eine wünschenswerte Entwicklung, solange man sie dort gegeneinander richtet.[5]

Trotz der gezeigten Neigung der «Barbaren», einander «hinzuschlachten», dürften sie in dieser Hinsicht unseren Wünschen nicht völlig und schon gar nicht im erforderlichen Maße nachkommen. Außerdem können sie uns immer noch sehr schaden. Sie werden der westlichen Zivilisation voller Hass gegenüberstehen, besser organisiert sein als früher und reiche Einkünfte aus ihren vielfältigen kriminellen Aktivitäten zur Verfügung haben.

Von Zeit zu Zeit werden westliche Mächte zur Intervention in ihre Angelegenheiten gezwungen sein – die westliche Öffentlichkeit sollte sich an den Gedanken gewöhnen. Es mag zwar vorkommen, dass wir gelegentlich einen Irak zu bekämpfen haben, doch unsere Hauptgegner werden in Zukunft wohl «Gruppen sein, die wir heute Terroristen, Guerillas, Banditen und Räuber nennen, die aber sicher noch zu offizielleren Titeln kommen dürften», wie ein Analyst feststellte.[6]

Einige Kriege der Zukunft werden zwischen traditionellen Staaten und diesen neuen Barbaren stattfinden: Warlords, Drogenbarone und organisierte Banden aller Art, die dann *in Konkurrenz zum Nationalstaat* treten. Auch wenn traditionelle staatliche Stellen sich weigern, diese Tatsache anzuerkennen, haben sie in einigen Fällen schon jetzt den Staat ersetzt oder ihn bis zur Ununterscheidbarkeit durchdrungen. («Immer mehr Staaten werden von einer erstaunlichen Vielfalt krimineller Organisationen und innovativer Strukturen der Wohlstandskontrolle durch Gewalt und Druck gelähmt, geleitet oder verdrängt.»)

Diese Organisationen agieren schnell und mobil und ignorieren Staatsgrenzen. («Die Grenzen, die wir auf Landkarten sehen, existieren immer weniger am Boden.») In den neuen Schusslinien des Westens werden kontinentweite Mafias stehen, seien es russisch-ukrainische, albanische oder kosovarische, nigerianische oder italienische; japanische Yakuza oder chinesische Triaden; kolumbianische oder mexikanische Drogenkartelle oder schlicht die schätzungsweise 1,5 Millionen Bandenmitglieder in den Vereinigten Staaten.

Die wachsende Macht dieser poststaatlichen Organisationen wird den herkömmlichen Staat durch verschiedene transnationale Handelsverbindungen in Frage stellen. Zunehmend werden sie regionale und sogar weltweite Ambitionen entwickeln. Klassische Kriege werden zwar seltener vorkommen, aber massive Gewalt und direkte strategische Bedrohungen werden an der Tagesordnung sein.

Diese Bedrohungen sollten öffentlich gemacht und nicht versteckt oder geleugnet werden, wie es heute oft geschieht. Westliche Staaten irren, wenn sie vorgeben, die Lage gut im Griff zu haben. Statt die Gefahren herunterzuspielen, sollten sie ihre Bevölkerung auf notwendige Interventionen vorbereiten und zu diesem Zweck ihren Bürgern auch das Gefühl der Bedrohung vermitteln.

Da es sich um eine echte Bedrohung handelt, dürfte es relativ leicht sein, die öffentliche Meinung zu beeinflussen. Die neuen Barbaren arbeiten immer raffinierter und dürften wohl kaum zögern, jedes Massenvernichtungsmittel einzusetzen, das ihnen zu Gebote steht. Hätten die Bombenattentäter damals am World Trade Center ihren Lieferwagen mit radioaktivem Material beladen, hätte man das New Yorker Finanzviertel für Jahrzehnte versiegeln müssen. Hätten sie toxische oder biologische Wirkstoffe gewählt, wüsste niemand, wie viele Menschenleben der Anschlag hätte fordern können.

Wir im Westen sind erbärmlich schlecht darauf vorbereitet, es mit solchen poststaatlichen Organisationen und kriminellen Armeen aufzunehmen. Nachdem wir jahrzehntelang Technologien entwickelt haben, um eine möglichst große Distanz zwischen uns und unsere Gegner zu bringen (Langstreckenbomber, Raketen und so weiter), sollten wir aufwachen und uns der Tatsache stellen, dass die militärischen Kampfziele des 21. Jahrhunderts ganz in der Nähe liegen. Die Kriegführung wird mehr Ähnlichkeit mit der *Ilias* als mit Hiroshima haben.

Wir brauchen keine neuen Bomber, U-Boote oder Panzer, es sei denn, um Arbeitsplätze in der Rüstungsindustrie zu erhalten. Vielmehr müssen wir Finanzmittel umlenken und in eine konkrete Verteidigung unserer Interessen sowie die hier aufgezeigten Strategien investieren. Tragisch aber wahr, wir können wesentlich besser ein paar Hundert Menschen in weiter Ferne töten als unsere realen Feinde in der Nähe unter Beschuss nehmen. («Unser gegenwärtiges System läuft darauf hinaus, das Umfeld des Mörders zu strafen und den Mörder ungestraft davonkommen zu lassen.») Dem wäre hinzuzufügen, dass es im Idealfall so aussehen sollte, als käme der Angriff gegen den «Mörder» aus seinem engeren Umfeld, um Ressentiment und Vergeltungsdrang gegen andere Barbaren zu provozieren.

Postmoderne Kriegführung findet aller Wahrscheinlichkeit nach weniger in Wüsten oder auf weiten offenen Flächen statt als in Stadtvierteln, wo der Gegner das Terrain und seine Bewohner wesentlich besser kennt als wir. Da dieses Terrain Hochhausslums, Tunnels, U-Bahnen und Kanalsysteme umfassen dürfte, gestaltet es sich vertikal, während konventionelle Kriegführung fast ausschließlich entsprechend horizontalem Terrain organisiert war. Zudem wird es von Schmutz und Krankheitsherden gekennzeichnet sein. («Die Schlachtfelder sind höchstwahrscheinlich Stadtlandschaften, wo menschliche Abfälle nicht entsorgt werden, die Luft Ekel erregend ist und die Menschen verkommen.»)

Vor allem Amerikaner haben sich daran gewöhnt, dass Maschinen anstelle von Menschen die Drecksarbeit leisten. Sie erwarten heutzutage, dass ein Krieg keine Toten und Verwundeten auf ihrer Seite fordert; in Zukunft wird der Soldat jedoch wieder große Bedeutung erlangen. Das urbane Schlachtfeld lässt sich nicht erkämpfen, einnehmen oder halten, ohne dass Soldaten getötet würden.

Selbst die ethische Einstellung des Westens ist kaum gerüstet für den Kampf gegen die zu erwartenden Feinde. Ohne zu zögern gewähren unsere Gerichte ausländischen Drogenbaronen und anderen Kriminellen rechtlichen und verfassungsmäßig garantierten

Schutz. Wir halten uns an Gesetze und verbindliche Regeln; sie nicht. («Die Welt schert sich kaum noch einen Deut um unsere Gesetze, Sitten und Manieren ... Wir sind gefangen in unseren Vorstellungen aus dem vorigen Jahrhundert, was das gesetzestreue Verhalten von Armee, Polizei und Staat angeht. Unsere Gegner haben diesen ganzen Ballast nicht.»)

Die Schlachtfelder der Zukunft werden durchaus nicht alle im Ausland liegen. Höchstwahrscheinlich sehen wir uns im Inland mit den gleichen Problemen konfrontiert und stehen ihnen ebenso unvorbereitet gegenüber. («In den Vereinigten Staaten zeigt sich ein Archipel des Versagens mit so unentwirrbaren und konzentrierten Problemen, dass der herkömmliche Gesetzesvollzug sich als unfähig erweisen dürfte, sie in den Griff zu bekommen.») Auch in anderen westlichen Ländern sind die Städte gegen solche Verwahrlosung keineswegs immun und erleben hilflos, wie sich ihr eigener Archipel des Versagens ausbreitet.[7]

Wohlhabende Amerikaner spüren die Gefahr bereits und sind in dreißigtausend umfriedete und bewachte Wohnanlagen gezogen. Bis 2005 ist der Bau von weiteren sechzigtausend dieser Enklaven geplant. Doch selbst hinter ihren Mauern dürften die Privilegierten der Vereinigten Staaten wie aller anderen westlichen Länder den Fallstricken der Konflikte des 21. Jahrhunderts nicht entgehen.

Über die Verbindungen, die unsere Auftraggeber zur Führungsspitze westlicher Streitkräfte und Justizapparate geknüpft haben mögen, möchten wir hier keine Spekulationen anstellen. Dennoch fühlen wir uns verpflichtet, gewisse Strategien zu empfehlen, die mit unserem Auftrag in Einklang stehen. Der vorliegende Bericht ist in keinem seiner Teile politische Fiktion oder Science-Fiction. Vielmehr befassen wir uns mit der Bedrohung und dem Feind von *heute*.

Die vertraute Welt des 19. Jahrhunderts mit ihren stabilen Nationen ohne gesetzlose, außerstaatliche, transstaatliche oder poststaatliche Konkurrenten ist im Begriff, vermutlich für immer zu verschwinden. Unsere Militärs müssen aufhören, sich auf einen

Krieg mit der UdSSR oder einen Golfkrieg vorzubereiten, und das 21. Jahrhundert ernst nehmen. Auch die jeweilige Rolle von Politik und Armee ist zu überdenken.

Auf die Notwendigkeit, die überholten Vereinten Nationen durch eine starke internationale Exekutive zu ersetzen, sind wir weiter oben bereits eingegangen. Das «friedenserhaltende» Modell der UN hat sich wiederholt als wirkungslos erwiesen; es ist an der Zeit, ein neues Konzept zu entwickeln. Wie jede Exekutive sollte auch die vorgeschlagene neue internationale Vollzugsgewalt über eine angemessen große, gut ausgebildete und ausgerüstete bewaffnete Eingreiftruppe verfügen, die auf die von uns beschriebenen Kampfeinsätze vorbereitet wird. Für eine solche Truppe sprächen starke Argumente: Sie könnte nicht nur international Kriminalität und Terrorismus bekämpfen und die Welt damit für alle (bis auf die Förderer krimineller Aktivitäten) sicherer machen, sondern würde auch indirekt den Nationalstaat schützen. Für Regierungen, die noch nicht von einer Mafia gekauft oder ersetzt wurden, sollte dies ein überzeugendes Argument darstellen.

Darüber hinaus raten wir westlichen Regierungen dringend, parallel zu ihren regulären uniformierten Truppen den Aufbau und Einsatz *privater Sicherheitskräfte für offensive und defensive Zwecke* ins Auge zu fassen. Embryonale Strukturen dieser Art existieren bereits, etwa die Firma «Executive Outcomes» mit Sitz in Südafrika. Solche Truppen waren früher durchaus üblich und wurden als Söldner bezeichnet. Wir sprechen hier nicht bloß über Wachleute oder «Rent-a-cop-Firmen», sondern über tatsächliche Kampftrupps. Sie sollten staatlichen Zwecken dienen und nicht von Privatleuten anzumieten sein. Ihre einzigen Klienten wären Staaten, einzeln oder im Verbund. Es hätte viele Vorteile, wenn Staaten für solche Truppen auf Privatfirmen zurückgreifen könnten:

- Sie böten arbeitslosen, unzufriedenen und häufig gewalttätigen Jugendlichen einen Ausweg, würden ihnen Disziplin beibringen und eine gesellschaftlich konstruktive Beschäftigung geben.

- Sie müssten um Aufträge konkurrieren. Bei vielen nichttraditionellen Einsatzzwecken würden sie weniger kosten als unsere gegenwärtigen aufgeblähten und übermäßig hoch gerüsteten Streitkräfte.
- Sie wären nicht durch Gesetze und geltende Regeln für Kampfhandlungen behindert, sondern könnten ihre Aufgaben schnell, sauber und effizient erfüllen.
- Da die Beschäftigten dieser Firmen vor Antritt ihrer hoch bezahlten Jobs die Risiken kennen, würden Todesopfer unter ihnen nicht eine so unangemessene Aufmerksamkeit oder Empörung in der Öffentlichkeit auslösen, wie es heute beim Tod des einfachsten Rekruten der Fall ist.

Bewaffnete Kampftruppen (statt Friedenstruppen) im Dienste einer internationalen Exekutive und die Möglichkeit für Staaten, private Kampfunternehmen zu engagieren, das mag wie Zukunftsmusik klingen, doch diese Vorschläge sind keineswegs weit hergeholt, und wir sind überzeugt, dass man ihre Vorzüge bald erkennen wird. Das US State Department hat beispielsweise schon heute einen Vertrag in Millionenhöhe mit dem amerikanischen Unternehmen «Military Professional Resources, Inc.» über die Ausbildung von Streitkräften der moslemischen bosnisch-kroatischen Föderation abgeschlossen. Diese Linie sollte energisch weiterverfolgt werden, bis sie als ganz normal oder zumindest als eine von verschiedenen Standardalternativen gilt.

Realistisch betrachtet dürfte jedoch der größte Teil militärischer Einsätze noch für einige Zeit von traditionellen staatlichen Streitkräften getragen werden, deren Aufgabe es ist, die westliche Gesellschaft und Kultur gegen alle feindlichen Kräfte zu verteidigen. Der scharfsichtige Militär, den wir oben zitierten, stellt fest: «*De facto* wird die Rolle der US-Streitkräfte darin bestehen, die Welt für unsere Wirtschaft sicher und für unseren kulturellen Angriff offen zu halten. Zu diesem Zweck werden wir eine beträchtliche Menge Menschen töten müssen.»[8]

Barbarenkinder?

Wenn getötet werden muss, was kommt dann danach? Werden die «Barbaren» die verlorene Zeit nicht einfach aufholen, sobald der Konflikt beigelegt ist? Werden sie dann nicht schnell einen Nachkommen nach dem anderen hervorbringen? Wir sollten uns kurz mit dem sogenannten «Nachkriegsgeburtensyndrom» beschäftigen, wonach die Geburtenraten im Anschluss an größere Verwüstungen in einer Gesellschaft historisch meist in die Höhe geschnellt sind. Wenn Chinas Bevölkerung sich nach Dschingis Khan erholen konnte, welche letztlichen Auswirkungen können dann heutige Populationsreduktionsstrategien überhaupt haben?

Der reaktive Babyboom scheint eine aus der Geschichte der Antike und des Mittelalters und aus dem Zweiten Weltkrieg übrig gebliebene, jedoch heute kaum noch relevante Vorstellung zu sein. Nach dem Zahlenmaterial der Vereinten Nationen zu urteilen, gibt es sowohl in so unterschiedlichen vom Krieg gezeichneten Ländern wie Vietnam, Nicaragua, Iran, Irak, Mozambique und Südafrika als auch in den Extremfällen von Gesellschaften, die einen Genozid erlebt haben, wie Osttimor und Kambodscha während der Nachkriegsphasen (nach einem kurzen Anstieg) kaum Veränderungen der groben Geburtenraten – außer nach unten. Eine Ausnahme bildet Palästina, wo eine politisch verordnete Geburtenpolitik eindeutig von der Bevölkerung befolgt wird. Ansonsten haben bewaffnete Konflikte und Waffenhandel allem Anschein nach einen für unsere Zwecke ausschließlich positiven Effekt.

Wenden wir uns nun einer anderen Populationsreduktionsstrategie zu, die gleichermaßen Ursache und Folge von Kriegen gewesen ist: dem Faktor Hungersnot.

III. Hungersnot

Der dritte apokalyptische Reiter erscheint auf einem schwarzen Pferd, hält eine Waage und ruft: «Ein Maß Weizen um einen Denar und drei Maß Gerste um einen Denar.» Die Vision des heiligen Johannes vom Hunger ist erstaunlich zeitgemäß: Sowohl in der Bibel als auch in der heutigen Welt entscheiden nicht die Wechselfälle von Witterung, Schädlingsbefall oder auch Krieg darüber, wer zu essen hat und wer verhungert, sondern Politik und Kaufkraft. Wenn die Stimme ruft: «Ein Maß Weizen um einen Denar», so weiß sie, welche Folgen dieser Handel hat. Wer die Macht hat, darüber zu verfügen, und das Geld, dafür zu bezahlen, wird immer leicht an Nahrung kommen.

Über weite Teile der Geschichte waren Nahrungskrisen in allen Gesellschaften nichts Ungewöhnliches. Im Mittelalter brachte ein Maß Saatgut einen Ertrag von vielleicht zwei Maß Korn, die Ernten waren kärglich, Reserven bald erschöpft, und etwa alle zehn bis zwölf Jahre kam es zu einer Hungersnot. Im Großen und Ganzen musste jedoch «niemand verhungern, wenn nicht alle hungerten».

Moderne Hungersnöte ergeben sich wesentlich stärker aus Kräften des Marktes als aus einer absoluten Knappheit und treffen selten die Wohlhabenden. Während der großen Hungersnot in Irland von 1846/47, die annähernd eine Million Menschenleben forderte, exportierten Großgrundbesitzer regelmäßig Nahrungsmittel nach Britannien, während überall um sie herum arme Bauern tot umfielen.

Selbst bei «klassischen» Hungersnöten des 20. Jahrhunderts in der Dritten Welt wie 1943 in Bengalen, als mehrere Millionen Menschen umkamen, blieben die Tische der Reichen gut gedeckt. Während der Hungersnöte der achtziger Jahre in Afrika hörte man nie von Todesfällen erheblichen Ausmaßes unter Bürokraten, Geschäftsleuten und Offizieren. Im Norden wie im Süden bedürfte es eines seltenen Zusammentreffens ungünstiger Umstände – extreme

Missernten und Einstellung des Handels durch Krieg oder andere Katastrophen –, damit Reiche unter Mangelernährung oder gar Hunger zu leiden hätten.

Uns geht es hier um die Frage, ob die traditionelle Geißel des Hungers sich als Mittel zur Bevölkerungsreduktion eignet. Malthus sah in der Unmöglichkeit, dass die Nahrungsproduktion mit der menschlichen Vermehrungskraft Schritt zu halten vermöchte, das *einzige* zuverlässige «Hemmnis» für galoppierende Geburtenzahlen. Wir glauben zwar, die «grüne Waffe» lässt sich heute gezielter einsetzen denn je, doch ist sie keineswegs die einzige, die uns zur Verfügung steht. Man sollte sie nicht isoliert, sondern als Teil eines Arsenals sehen.

Je nachdem, ob Nahrung knapp oder reichlich vorhanden ist, werden die oben analysierten Konflikte (und die Seuchen, auf die wir unten näher eingehen) geschürt oder gedämpft, verschärft oder abgeschwächt werden. Die apokalyptischen Reiter treten gemeinsam an und helfen sich gegenseitig, ihre Opfer niederzutrampeln.

Intellektuelle Verwirrung und unrealistische Sentimentalität vernebeln allzu viele Diskussionen über Hunger und Hungersnöte und durchdringen den in jüngster Zeit aufgekommenen utopischen Begriff der «Nahrungssicherheit».[9] Von der Frage auszugehen – wie viele Experten es tun –, ob «die Welt» in Zukunft genügend Nahrungsmittel für acht, zehn oder zwölf Milliarden Menschen produzieren kann, ist so gut wie sinnlos. Für einen gewissen Preis kann «die Welt» praktisch alles, wenn genügend politische Macht dahinter steht.

Die relevanten Fragen betreffen nicht nur physikalische Ressourcen wie Boden, Wasser, landwirtschaftlicher Input, Saatgut und Ähnliches, so wichtig sie auch sein mögen, sondern auch den politischen und finanziellen Zugang von Staaten, Gesellschaftsschichten und Individuen zu Nahrung und Ackerland. Diese Aspekte betrachten wir im Folgenden nach den herkömmlichen Wirtschaftskategorien von Angebot und Nachfrage.

Angebot

In den letzten ungewöhnlich guten Jahren hat die Welternte an Getreide eine Rekordmarke von 1,9 Milliarden Tonnen erreicht. Rechnet man Knollen und Wurzelfrüchte hinzu, so belief sich die Produktion an Grundnahrungsmitteln (Weizen, Mais, Reis, Hirse, Sorghum, Kartoffeln, Maniok) auf 2,5 Milliarden Tonnen, was eine bemerkenswerte Verbesserung (von fast vierzig Prozent) gegenüber 1980 darstellt. Der stetige Aufwärtstrend in der Produktion scheint sich jedoch bald so stark umzukehren, dass wir für das neue Millennium mit chronischem Nahrungsmangel rechnen.

Trotz der peinlichen Erfahrung früherer Forschungsgruppen, die ebenfalls Nahrungsknappheit prophezeit haben und widerlegt wurden, gehen wir dieses Risiko erneut ein, weil zahlreiche Faktoren in diese Richtung deuten. Nach Jahren eines Kopf-an-Kopf-Rennens kommt die alte malthussche Wahrheit wieder ins Spiel: Das Bevölkerungswachstum übersteigt derzeit den Produktionszuwachs an Nahrungsmitteln.

Getreidereserven sind relativ fragwürdig. Die Food and Agriculture Organisation (FAO) empfiehlt, sie stabil bei zwanzig Prozent oder dreiundsiebzig Tagesrationen des Weltkonsums zu halten. Nach drei Jahren rückläufiger Ernteerträge gingen 1995/96 rote Alarmlampen an. Die weltweiten Lagerbestände sanken auf achtundvierzig Tagesrationen des Weltkonsums und damit auf den niedrigsten Stand in zwanzig Jahren; die Preise für Weizen und Mais schnellten in die Höhe. Als Ernten und Lagerbestände in der Saison 1996/97 wieder anstiegen, kehrten die Preise auf ihr «normales» Niveau zurück. Wir gehen jedoch davon aus, es handelt sich hier um einen vorübergehenden Anstieg und nicht um eine dauerhafte Besserung.

Wahrscheinlicher ist, dass die Produktion stabil bleibt oder abnimmt, während die Bevölkerung weiter wächst. *Per definitionem* verfügt kein Land über unbegrenzte Vorräte an Boden, Wasser, Energie, Düngemitteln und Landwirten. Gegenwärtig sehen sich selbst einige der in dieser Hinsicht am besten Gestellten an ihre natürlichen Grenzen stoßen.

Begrenzte Ackerflächen

Die wichtigsten Getreideproduzenten der Welt sind China, die Vereinigten Staaten, Indien, Russland, Indonesien, Frankreich, Kanada, Brasilien, Deutschland, Ukraine und Australien, in dieser Reihenfolge. Vielleicht abgesehen von Brasilien und den Vereinigten Staaten, haben diese Länder wenig Raum, die landwirtschaftliche Nutzfläche auszudehnen. Im Gegenteil, kontinuierlich wird hervorragendes Ackerland durch Erosion, Umweltverschmutzung, Versalzung und Versiegelung zerstört. Wenn es einen weiteren Produktionszuwachs geben soll, so muss er aus den verbleibenden Anbauflächen herausgeholt werden.

China hat in den letzten fünfzehn Jahren erhebliche Fortschritte gemacht und seine Nahrungsmittelproduktion um fast fünfzig Prozent erhöht. Lag sie 1980 noch gleich auf mit der in den Vereinigten Staaten, so bauen Chinesen heute anderthalbmal so viel Nahrungsmittel an wie die Amerikaner. Diese Meisterleistung erfordert die Arbeitskraft von fast drei Vierteln der erwerbstätigen Bevölkerung, während in den Vereinigten Staaten weniger als drei Prozent der Einwohner in der Landwirtschaft tätig sind.

China zeigt sich fest entschlossen, seine Wirtschaft mit halsbrecherischer Geschwindigkeit zu industrialisieren. Obwohl das Land ähnlich wie die Vereinigten Staaten menschliches Kapital durch vom Menschen produziertes ersetzen kann, hegen wir erhebliche Zweifel, dass es seine jüngsten Leistungen in der Nahrungsmittelproduktion zu wiederholen oder auch nur zu halten vermag. Was andere Produzenten angeht, so bauen die Vereinigten Staaten heute kaum mehr Getreide an als 1980 (allerdings teilweise aufgrund von Subventionen für Brachflächen). Die Hauptanbaugebiete in den Vereinigten Staaten, Kanada und Australien sind auf Regenwasser angewiesen und klimasensibel, was in Zeiten der Erderwärmung heikel ist.

Der Anbau in Russland und der Ukraine fruchtet ebenfalls sehr wetterabhängig, außerdem sank die dortige Produktion, sowie die Subventionen für die sowjetischen Staatsbetriebe ausblieben. Auch in Europa bleibt der intensive Getreideanbau stark auf Subventionen angewiesen, die nach wie vor die größte Belastung für das Budget der Europäischen Union darstellen. Ökologische Katastrophen in Indonesien und ein Nachlassen der Grünen Revolution in Indien werden den Fortschritt weiter bremsen.[10]

In den vergangenen Jahrzehnten war ein Gutteil der höheren weltweiten Getreideerträge auf ertragreiche Pflanzensorten zurückzuführen, die mit hohem industriellem Aufwand angebaut werden und im Rahmen der «Grünen Revolution» eingeführt wurden. Laut Hinweis mancher Experten bleibe noch reichlich Spielraum, solche Sorten (oder genetisch modifiziertes Saatgut) in Gebieten anzubauen, in denen man es noch nie versucht hat, zum Beispiel in Afrika. Auf einigen unberührten Bodenflächen wie der brasilianischen Cerrado könnten neue säurebeständige und windresistente Sorten Brasilien helfen, eines Tages seinen Bedarf an Weizen selbst zu decken und sogar noch zu exportieren.

Diese Experten behaupten zudem, auch andernorts ließe sich Neuland landwirtschaftlich nutzen, und Bewässerungssysteme sowie zwei oder drei Ernten pro Jahr könnten die Erträge in ärmeren Ländern steigern. Sie vertrauen auf die Technik und sehen keinen Grund zur Beunruhigung, übersehen dabei aber oft, dass Entwaldung und Überweidung den Boden der Erosion aussetzen und zwei Ernten den Boden häufig auslaugen. All das trägt zu sinkender Fruchtbarkeit bei.

Derart optimistische Vorhersagen nehmen einige einschneidende Faktoren nicht zur Kenntnis. Selbst wenn die Vereinigten Staaten und Brasilien imstande zu sein vermöchten, ihre Anbauflächen auszudehnen, gilt hier wie überall das Gesetz des abnehmenden Grenzertrags. Jede zusätzliche Produktionsmenge erfordert pro Einheit höhere Produktionskosten als die vorige. Die geringe Bodenfläche, die in ärmeren Ländern noch landwirtschaftlich zu erschließen bleibt, ist von relativ schlechter Bodenqualität und liegt häufig weitab von den Märkten, also in Gebieten, denen es an grundlegenden infrastrukturellen Voraussetzungen fehlt. Mangels besserer Möglichkeiten mögen Kleinbauern bereit sein, solches Land zu besiedeln, aber ohne kostenaufwendige Investitionen in Infrastruktur und Produktionsvorleistungen scheint eine kommerzielle Landwirtschaft großen Stils dort eher unwahrscheinlich.

Begrenztes Wasser

Es heißt, durch Bewässerung ließen sich Ernteverluste andernorts wettmachen und die Produktion steigern, wie es in der Vergangenheit geschehen ist. Weltweit werden nur sechzehn Prozent der landwirtschaftlich genutzten Fläche bewässert (zweieinhalb Mal mehr als 1950), die allerdings ein Drittel der gesamten Nahrungsmittelernte liefern. Doch Frischwasser wird immer knapper, daher verschärft sich die Konkurrenz, um nicht zu sagen, der offene Krieg darum zwischen den Staaten wie auch zwischen den landwirtschaftlichen, industriellen und privaten Verbrauchern. Landwirtschaftsexperten tendieren dazu, soziologische und politische Zwänge zu ignorieren.

Physikalisch gesehen ist Frischwasser zwischen den Ländern und Kontinenten schlecht aufgeteilt. Gegenwärtig verschlingt die Bewässerung annähernd drei Viertel des gesamten Frischwassers. Im Süden fließen neunzig Prozent des Wasserverbrauchs in die Landwirtschaft. Wie lange kann sich diese einseitige Ressourcennutzung noch halten, wenn in der Dritten Welt Menschen scharenweise in die Städte abwandern?

In China leiden schon jetzt zehn Millionen Bauern in den Nordprovinzen unter chronischem Wassermangel, obwohl die Landwirtschaft unverhältnismäßig bevorteiligt wird. Dass Wasser für die Landwirtschaft knapp ist oder wird, beschränkt sich jedoch nicht auf China, auch wenn die Chinesen gezwungen waren, mindestens eine Million Hektar bewässertes Land brachzulegen. Ähnlich geht es auch anderen Ländern von Mexiko bis Algerien. Verschwendung und schlechtes Management tragen zwar erheblich zur Verknappung des Wassers bei, aber die absoluten physikalischen Beschränkungen werden immer spürbarer.

Wasser führende Erdschichten trocknen aus. Der Grundwasservorrat unter den Great Plains in den Vereinigten Staaten ist bereits zur Hälfte erschöpft. Ehemals fruchtbarer Boden in Texas, Israel und Indien liegt wegen Grundwassermangels brach. In der ehemaligen Sowjetunion leitete man die Zuflüsse zum Aralsee ab, um Baumwollfelder zu bewässern, wodurch drei Millionen Hektar Land zur Salzwüste wurden und nicht mehr landwirtschaftlich genutzt werden können.

Es dürfte Staaten schwer fallen, verschwenderische Bewässerungsvorhaben zu rechtfertigen, wenn es Hunderten Millionen Menschen in den Städten an Trinkwasser fehlt. Ein Großteil der Bewässerung ist gleichermaßen ineffizient wie kostspielig, da die angebauten Pflanzen kaum mehr als ein Drittel des zugeführten Wassers aufnehmen. Selbst wenn Bewässerungssysteme noch reichlich über Wasservorräte verfügen, aus denen sie sich speisen können, ist ihr Unterhalt teuer und erfordert die ständige Wartung der Dämme und versandeten Kanäle.

Vom Fiasko am Aralsee bis zu den bis vor kurzem ertragreichen Ackerflächen der Grünen Revolution in Indien bildet Versalzung ein weit verbreitetes Problem, das die Fruchtbarkeit vernichtet. In der Sahelzone hat man auf Verlangen der Weltbank Land, das bis dahin sorgsam als Allmende gepflegt wurde, zu Schleuderpreisen privatisiert. Billiges Land, die Nähe von Flüssen und leicht zugängliche Kredite für bewässerten Reisanbau haben Geschäftsleute angelockt, die auf die Schnelle reich werden wollen und provisorische Bewässerungssysteme ohne Drainage einsetzen, wodurch sie Zehntausende Hektar Ackerland in ein oder zwei Jahren ruinieren können. Kurz, die Grüne Revolution scheint braun zu werden, und die Erderwärmung könnte sie noch weiter welken lassen.

Was andere Produktionsfaktoren angeht, so vergiften ausgespülte Düngemittel und Pestizide schon jetzt das Trinkwasser vieler

Gebiete im Norden, was den Konflikt zwischen landwirtschaftlichen und nichtlandwirtschaftlichen Wasserverbrauchern weiter verschärft.

Begrenzte Geldmittel

Starke wirtschaftliche und soziale Faktoren schränken das Nahrungsangebot ebenfalls ein. Grundbesitz konzentriert sich, wie der Besitz anderer Vermögenswerte auch, in den Händen reicher Großgrundbesitzer, eine Tendenz, die sich in der letzten Generation in dem Maße verstärkte, wie die Grüne Revolution die Reichen noch reicher gemacht hat. Die Armen haben keinen Zugang zu Ackerflächen und könnten die Kultivierung selbst dann nicht intensivieren, wenn sie bereit wären, härter zu arbeiten.

Besseres Saatgut und die nötigen Technologien, um den Nahrungsmittelertrag zu erhöhen, gibt es nicht umsonst. Ähnlich wie bei der ursprünglichen Grünen Revolution werden neue Anbaupraktiken auch weiterhin so kostspielig bleiben, dass nur reichere Bauern sie sich leisten können. Diese Techniken müssen über komplexe institutionelle Netzwerke verbreitet werden, die in Zeiten nationaler Sparmaßnahmen schwer aufzubauen und aufrechtzuerhalten sind. Selbst wenn die Produktion an sich verbessert wird, produzieren teurere Technologien zwangsläufig teurere Nahrungsmittel.

Hoch verschuldete Länder verfügen nicht über die Mittel, in die kostspielige Urbarmachung von Neuland zu investieren und Programme zur Förderung der Landwirtschaft und Verbesserung der Technologie zu subventionieren, die traditionellen Bauern helfen könnten, mehr zu produzieren. Für Ertragssteigerungen in der Nachkriegszeit waren großenteils landwirtschaftliche Forschung und Entwicklung verantwortlich, aber in den neunziger Jahren stagnierten die Ausgaben auf diesem Gebiet, die in den siebziger Jahren noch jeweils um sieben Prozent jährlich gestiegen waren.

Aus all diesen Gründen rechnen wir für die Zukunft mit schweren, vielfältigen und sich selbst verstärkenden Einschränkungen auf der Angebotsseite, die mit eskalierenden Konflikten um Land und Wasser einhergehen. Die Optimisten mögen Recht haben, wenn sie sagen, *in Geldwert ausgedrückt* vermag das weltweite Nahrungsangebot mit der weltweiten Nachfrage insgesamt Schritt zu halten. Aber Geld ist genau das, was die Armen nicht haben. Sie haben Bedürfnisse, sie sind hungrig, für diese Art von «Nachfrage» bleibt der Markt jedoch taub. Wenden wir uns nun diesem Aspekt der Welternährungsgleichung zu.

Nachfrage

Kann «die Welt» ihre Bevölkerung von derzeit sechs Milliarden Menschen mit den gegenwärtigen Ernteerträgen ernähren? Die Beantwortung dieser Frage hängt davon ab, was man unter «ernähren» versteht. Wenn es bedeutet, die Produktion wird so aufgeteilt, dass jeder die gleiche vegetarische Ration an Getreide, Knollen oder Wurzeln und ein Minimum an Proteinen in Form von Erbsen, Bohnen und anderen Hülsenfrüchten erhält, um damit eine knapp ausreichende Menge von insgesamt 2350 Kalorien pro Tag abzudecken, dann lautet die Antwort ja. Unter den Bedingungen völliger Gleichheit und universeller Bereitschaft, mit einer eintönigen, nur knapp ausreichenden Grundnahrung auszukommen, kann «die Welt» ihre derzeitige Bevölkerung und noch ein wenig mehr ernähren.[11]

Wenn es jedoch bedeutet, dass jeder ein Viertel seiner Nahrung mit tierischen Produkten (das heißt «konzentrierten Kalorien») bestreiten und die Menschen zudem verschiedene Sorten Obst, Gemüse und Öl zur Verfügung haben sollen (aus unserer privilegierten Position heraus würden wir dem noch Wein und Bier hinzufügen), dann lautet die Anwort eindeutig nein. In diesem Fall kann «die Welt» bei den gegenwärtigen Ernteerträgen nur knapp über drei Milliarden Menschen ernähren, also nur etwa die Hälfte der derzeitigen Erdbevölkerung. Wie man sich das Szenario auch ausmalen mag, es bleibt rein akademisch, davon auszugehen, das Nahrungsangebot würde jemals gleichmäßig verteilt und alle, die sich etwas Besseres leisten können, würden sich mit kärglichen Portionen an Grundnahrungsmitteln und Gemüse begnügen.

Uns geht es hier nicht um den biologischen Bedarf, oder nur insoweit, als es die Sterblichkeitsrate erhöhen kann, ihn nicht zu decken. Die Nachfrage nach Nahrungsmitteln ist strikt unter dem Aspekt der Kaufkraft zu betrachten, da Nahrung eine Ware darstellt wie jede andere. Wer es sich leisten kann, zu essen, was er möchte, ist selten Vegetarier, statistisch sogar nie. Wenn Menschen höheres Einkommen erzielen, geben sie es in allen Gesellschaften zu allen Zeiten für eine bessere Ernährung aus. In dem Maße, wie die Reicheren ihre Nachfrage nach mehr tierischen Produkten in harter Währung ausdrücken, passt sich die Angebotsseite dieser Nachfrage an.

Folglich wird Ackerland in Weideland umgewandelt. Obwohl viele Menschen in vielen Ländern hungern oder unterernährt bleiben, hat das Diktat der Reichen über die Nahrungsmittel zur Folge, dass der Anbau von Viehfutter den Anbau von Grundnahrungsmitteln verdrängt: Sorghum für Vieh tritt anstelle von Mais für die Menschen in Mexiko, Soja ersetzt schwarze Bohnen in Brasilien, in Thailand wird statt Reis Maniok angebaut und so weiter.

Häufig werden diese Ernten als Futtermittel für Viehbestände im Norden exportiert. Eine veränderte Bodennutzung spiegelt unmittelbar Konflikte zwischen reicheren und ärmeren Konsumenten über Nahrungsmittel wider, wo immer diese auch leben mögen. Die Armen verlieren in doppelter Hinsicht: Tierische Produkte können sie sich nicht leisten, und gleichzeitig steigt der Preis ihrer eigenen Grundnahrungsmittel, für die immer weniger Anbauflächen zur Verfügung stehen.

Moralisten tun weiterhin so, als ob jeder sich mit der gleichen langweiligen Grundnahrung begnügen «müsste», um die Armen irgendwie zu versorgen. Selbst ernannte tugendhafte Sprecher deuten gern vorwurfsvoll auf Haustiere im Westen, die besser ernährt sind als viele Menschen. Das stimmt, da ihre Halter ihr Einkommen ausgeben können, wie sie wollen.

Das Hunde-und-Katzen-Argument ist eine Variante des Themas, aus armen, «hungernden» Ländern doch bitte keine «Luxuslebensmittel» für die Tische der Reichen im Norden zu exportieren. Dabei überrascht es durchaus nicht, dass nie gezeigt wurde, auf welche Weise weniger Hunde und Katzen oder weniger Erdbeeren und Avocados im Dezember auch nur einem mittellosen Menschen, der dafür nicht zahlen kann, zu einer einzigen ordentlichen Mahlzeit verhelfen könnten.

Nahrungsmittelhandel und -hilfen

Was die Gesamtnachfrage solventer Kunden angeht, so haben sich die kommerziellen Getreideimporte über ein Jahrzehnt hinweg erstaunlich stabil bei etwa zweihundert Millionen Tonnen jährlich gehalten. Für Länder, die zwar Defizite, aber nicht die finanziellen Mittel hatten, um auf dem kommerziellen Markt genügend Getreide zu kaufen, gab es in den neunziger Jahren relativ großzügige Nahrungsmittelhilfen (zwischen zehn und fünfzehn Millionen Tonnen pro Jahr).

Nach unserer Überzeugung werden diese Faktoren sich ändern. Kommerzielle Importe solventer Länder mit defizitärer Nahrungsproduktion werden steigen, während Nahrungsmittelhilfen stets abnehmen, sobald das Angebot knapper wird. Die Nahrungsmittelhilfe erreichte im ertragreichen Jahr 1993 Rekordhöhen, als weltweit 16,8 Millionen Tonnen verschenkt oder zu ermäßigten Preisen verkauft wurden.

Schlechtere Ernten ließen die Nahrungsmittelhilfe 1996/97 gegenüber dem Vorjahr um ein Viertel, das heißt auf 7,5 Millionen Tonnen, zurückgehen, was ein Vorbote kommender Entwicklungen sein dürfte. Nach Angaben des U.S. Department of Agriculture brauchen fünfundsechzig Länder, in denen etwa die Hälfte der Weltbevölkerung lebt, schon heute zweiundzwanzig Millionen Tonnen Nahrungsmittelhilfe, um ihren Grundnahrungsbedarf zu decken.

Auch in dieser Gleichung spielt China eine wichtige Rolle. Obwohl das Land der größte Getreideproduzent der Welt ist, belegt es bei den Getreideimporten einen bedenklichen zweiten Platz hinter Japan. Diesen beiden asiatischen Spitzenabnehmern folgen Korea, Ägypten, Brasilien und Mexiko: Alle haben inzwischen ernsthafte Finanzprobleme. Lester Brown, einer der bekanntesten Malthusianer der Gegenwart, führt nachdrücklich und plausibel vor, dass China der größte destabilisierende Einzelakteur der Weltnahrungsszene ist.

Browns anschauliche Beispiele beeindrucken: Wenn China sein offiziell erklärtes Ziel erreichen will, den jährlichen Eierkonsum von hundert auf zweihundert pro Person zu steigern, braucht es 1,3 Milliarden Hennen, die so viel Getreide fressen, wie Australien im Jahr produziert (etwa 26 Millionen Tonnen). Wenn jeder erwachsene Chinese nur drei Bier pro Jahr mehr trinkt, werden dafür zusätzlich eine Million Tonnen Getreide gebraucht.[12]

Für den Rest der Welt hätte es also enorme Folgen, wenn die Chinesen ihre Ernährung verbessern würden. Seit China seine Agrarpolitik 1978 offiziell von «einem System kollektiver Verantwortung auf eines familiärer Verantwortung» umgestellt hat, wurden spektakuläre Fortschritte erzielt. Die Regel, wonach wachsender Wohlstand sich unausweichlich in steigenden Konsum tierischer Produkte umsetzt, wird in China mehr als bestätigt. Zwischen 1978 und 1992 stieg der Pro-Kopf-Verbrauch an Schweinefleisch um das Zweieinhalbfache, obwohl die Bevölkerung um zweihundert Millionen Menschen wuchs. Bei anderen Nahrungsmitteln der höheren Preisklasse stieg die Nachfrage in ähnlichem Maße.

China hat zudem beschlossen, ein vornehmlich auf Kraftfahrzeuge gestütztes Transportwesen zu entwickeln, was unserer Ansicht nach katastrophal ist. Millionen Hektar landwirtschaftlicher Nutzfläche stehen vor der Umwandlung in Straßen und Parkplätze. In Südchina, wo die Industrialisierung rasch fortschreitet, sind schon jetzt riesige fruchtbare Anbauflächen, die regelmäßig zwei bis drei Ernten im Jahr einbrachten, durch Urbanisierung und Umweltverschmutzung verloren gegangen, vermutlich geht es hier um eine Million Hektar jährlich.

China wird also in Zukunft seinen Nahrungsbedarf kaum selbst decken können. Doch es ist überaus zahlungskräftig und kann es sich leisten, Getreide in der benötigten Menge zu den heutigen Marktpreisen zu importieren. Lester Brown stellt einen weiteren erstaunlichen Vergleich auf: Chinas Handelsüberschuss allein aus den Geschäften mit den Vereinigten Staaten – dreißig Milliarden US-Dollar für 1994 – hätte es dem Land ermöglicht, *das gesamte Getreide in diesem Jahr auf dem Weltmarkt zu kaufen*. Chinas Finanzreserven und potenzieller Importbedarf stellen für andere Abnehmer, die auf Nahrungsimporte angewiesen sind, ein erhebliches Problem dar.

Es ist damit zu rechnen, dass Chinas Getreidenachfrage bis 2020 um ein Drittel von derzeit 450 auf 594 Millionen Tonnen steigt. Aufgrund der besseren Ernährungslage dürften sich etwa vierzig Prozent dieser Nachfrage auf Futtermittel beziehen. Man erwartet, dass Chinas Getreideimporte, die 1991 bei lediglich drei Millionen Tonnen lagen, bis 2000 auf vierzig Millionen hochschnellen, bevor sie sich 2010 bei etwa dreiundvierzig Millionen Tonnen stabilisieren werden, so erklären es Experten (zwei Chinesen und ein Amerikaner) in einem Bericht an die OECD.

Ob diese Projektionen zu hoch oder zu niedrig angesetzt sein mögen, hängt von vielen Variablen ab, unter anderem vom Wetter, von der Einführung ertragreicher Sorten, der mehr oder weniger effizienten Umwandlung von Futtermitteln in Fleisch, von Urbanisierungsraten, der Geschwindigkeit der Ernährungsumstellung und vom Bevölkerungswachstum. Dennoch lassen die Vorhersagen den Trend erkennen. Landesverteidigung und Ideologie verlangen es von der chinesischen Regierung, genauestens auf ein ausgewogenes Verhältnis zwischen Selbstversorgung und Importen zu achten.[13]

Hier macht also ein riesiges, mächtiges Land eine schnelle industrielle Entwicklung durch und verfügt schon jetzt über eine erhebliche Mittelschicht. Wird es die Bedürfnisse seiner inländischen

Konsumenten zu befriedigen suchen, ungeachtet der finanziellen oder menschlichen Kosten, die dies für andere Menschen jenseits seiner Grenzen hat? China wird eine ungeheure Macht besitzen, die Getreidevorräte und -preise auf dem Weltmarkt zu beeinflussen.

Wenn Chinas Nachfrage, wie wir erwarten, zwangsläufig zu mittelfristigen Preissteigerungen führt, könnte sich dieser Preisanstieg für eine Reihe der großen westlichen Verbündeten als Belastung, wenn nicht gar als Katastrophe erweisen. Japans Importbedarf hat sich zwar stabilisiert, wird aber nicht zurückgehen. Große Abnehmer wie Korea und Mexiko gehören inzwischen der OECD an; beide sind Opfer von Finanzkrisen, und der Westen kann es sich nicht leisten, sie im Stich zu lassen. Ägypten, ein weiterer Großimporteur, besitzt eine Schlüsselstellung für die Stabilität im Nahen Osten. Vielleicht mit Ausnahme von Korea, dessen Kaufkraft durch Abwertung starke Einbußen erlitten hat, ist bei all diesen Nahrungsmittelimporteuren in dem Maße mit einer steigenden Nachfrage am Markt zu rechnen, wie ihre Bevölkerung wächst.

Die Getreideproduktion reagiert wie jeder andere Produktionsbereich auf Marktsignale. Doch selbst bei lukrativeren Preisen gibt es keine Garantien, dass das weltweite Angebot mit der erheblich steigenden Nachfrage Schritt halten kann. Ein weiterer, wenig beachteter Destabilisierungsfaktor ist die Abwanderung vom Land in die Städte. Aus einem Bauern lässt sich ein Arbeiter machen, aus einem Arbeiter hingegen kein Bauer. Außer in einigen Teilen Afrikas kehrt ein Bauer, der einmal in die Stadt gezogen ist, nicht wieder aufs Land zurück, und wenn er es dennoch versucht, muss er feststellen, dass sein Platz besetzt ist.

Arbeit lässt sich durch Kapital ersetzen. Aus diesem Grund betätigen sich nur noch knapp drei Prozent der Amerikaner in der Landwirtschaft. Dazu müssen Länder jedoch erst einmal über das notwendige Geld verfügen, das sie in Maschinen und Düngemittel investieren können.

Wir erwarten eine steigende Nachfrage und dass solvente Kunden das Angebot rücksichtslos an sich reißen werden, was wiederum höhere Preise nach sich zieht und zu neuen Spannungen zwischen besitzenden und besitzlosen Ländern sowie innerhalb der einzelnen Gesellschaften zwischen Insidern und Outsidern führt.

Lösungen und Empfehlungen

Diese Tendenzen von Angebot und Nachfrage sind für unsere Zwecke fast durchgehend günstig. Wo werden zusätzliche Populationsreduktionsstrategien nötig?

Bodenerosion, Versalzung, Umweltverschmutzung und Urbanisierung werden von selbst fortschreiten. Sie in Gang zu halten und zu stimulieren erfordert kaum mehr, als die gegenwärtige Politik und den finanziellen Aderlass (einschließlich Verschuldung und Schuldendienst) beizubehalten, sodass sie zur Verknappung des Nahrungsmittelangebots und zur Preissteigerung beitragen.

Eine Monopolisierung des Marktes durch einige wenige solvente Abnehmer wie China und Japan dürfte ebenfalls dem Ziel dienlich sein, Nahrung zu verknappen und die Preise steigen zu lassen. Angesichts des freien Marktes und der Fähigkeit dieser zahlungskräftigen Abnehmer, ihren Nahrungsbedarf finanziell abzudecken, können wir nicht genau vorhersagen, wo sich die Hungeropfer konzentrieren werden, klar ist jedoch, dass sie zu unserer Hauptzielgruppe überflüssiger Menschen in armen Ländern gehören dürften.

Trotz der Faktoren, die die Nahrungsmittelproduktion hemmen, könnten bestimmte politische Maßnahmen sie wiederum erheblich fördern. Wir empfehlen daher unseren Auftraggebern, sich darauf zu konzentrieren, diese Wege zu blockieren.

Abhilfe verhindern

Obwohl Land, Wasser und Kapital nur begrenzt zur Verfügung stehen, gibt es verborgene Nahrungsressourcen, die ein echtes Potenzial bergen, das Angebot an Agrarprodukten kostengünstig zu verbessern. Verluste, die nach der Ernte bei Getreide und anderen

Nahrungsmitteln entstehen, belaufen sich je nach Land und Klima zurzeit auf acht bis fünfundzwanzig Prozent der Gesamternte. Tonnenweise verderben Nahrungsmittel durch unzureichende Lagerungstechniken, die den Befall durch Pilze, Insekten, Nagetiere und andere Schädlinge nicht zu verhindern mögen.

Je stärker die Lagerung zentralisiert wird, umso größer sind die Verlustmöglichkeiten. Entwicklungshilfeprojekte und Exporte von Agrartechnologie in abhängige Länder sollten anstreben, die Lagerung von Nahrungsmitteln in den Dörfern und auf den Höfen zugunsten großer städtischer Zentrallager zu reduzieren, wo sich ein Schädlingsbefall schneller ausbreiten und mehr Schaden anrichten kann. Geringere Nahrungsreserven tragen ebenfalls dazu bei, die Preise in die Höhe zu treiben und den Zugang zu Nahrung zu erschweren. Eine drastische Reduzierung der Nach-Ernte-Verluste wäre äußerst kosteneffektiv und sollte verhindert werden.

Der zweite, politische Ansatz, der für viele Menschen den Zugang zu Nahrungsmitteln erleichtern könnte, besteht in Bodenreformen und der Förderung von Kleinbauern, vor allem von Bäuerinnen. Diese Gegenstrategie ist mittlerweile weniger bedrohlich für die Populationsreduktionsstrategien, als sie es noch vor einigen Jahrzehnten hätte sein können, denn die meisten Staaten haben sich inzwischen für weitreichende Programme nach dem Muster der Grünen Revolution entschieden, die politisch einflussreiche kommerzielle Landwirte und besser ausgestattete Regionen begünstigen. Da diese Politik auch von Geberländern aus eigenen Motiven gefördert wurde, sind Kleinbauern heute stärker benachteiligt denn je.

War die Frage der Bodenreform noch vor ein oder zwei Jahrzehnten für viele Länder lebenswichtig, so sehen wir heute kaum noch die Gefahr für ein neues Aufleben dieses Themas. Zum einen gibt es weniger Bauern, zum anderen wurden die politischen Kapazitäten der Bauernschaft, sich Marktkräften zu widersetzen, erheblich geschwächt. Regierungen haben gelernt, sich an stringente Strukturanpassungsregeln zu halten, und unterwerfen die Landwirtschaft heute der gleichen liberalen Politik wie jeden anderen Wirtschaftsbereich.

In Ägypten etwa wurde kürzlich ein Gesetz verabschiedet, das die Bodenreform früherer Jahrzehnte weitgehend aufhebt, sodass die Pacht wieder marktbestimmt gehandhabt wird und Grundbesitzer Pachtverhältnisse, die einmal zeitlich unbegrenzt oder sogar erblich waren, nach Belieben auflösen können.

In Mexiko war die Bodenreform im sakrosankten Artikel 27 der Verfassung verankert, der *Ejidos* oder kommunalen Grundbesitz mit individuellen Nutzungsrechten festschrieb. Mittlerweile wurde Artikel 27 im Rahmen einer Politik «reformiert», die das North American Free Trade Agreement (NAFTA) stützen sollte. Die Verfassungsänderung gestattet nun eine Privatisierung des *Ejido*-Landes und den Erwerb durch Ausländer, was den Boden von Genossenschaften und Kommunen den gleichen Marktkräften aussetzt wie jeden anderen Grundbesitz. Die Auswirkungen zeichnen sich schon ab: Die Produktion von Mais, dem Hauptnahrungsmittel, stagnierte 1995, und Mexiko importierte eine Rekordmenge von zehn Millionen Tonnen Getreide, mehr als ein Viertel seines Jahresverbrauchs.

Einige oppositionelle Bewegungen wie die stark romantisierte Chiapas-Rebellion in Mexiko weigern sich, diese Fakten zu akzeptieren. Wir neigen zu der Ansicht, dass solche Proteste eher ein letztes Aufbäumen als ein Wiederaufleben bedeuten. Bauern müssen sich wie alle anderen dem Wettbewerb am Markt stellen. Die rechtlichen Instrumentarien, diesen Wettbewerb zu erleichtern, sind praktisch alle vorhanden; die meisten Staaten stehen unter Druck, den Nahrungsmittelhandel zu liberalisieren und ihre Märkte den (momentan) billigen Importen zu öffnen. Diese Staaten sehen es jedenfalls lieber, wenn ihre Bauern wertvolle Exportprodukte anbauen als den Rohstoff für Tortillas.

Solange diese Bedingungen anhalten, dürften die Konzentration von Grundbesitz und die Unsichtbarkeit der Kleinbauern weiterhin Stand der Dinge bleiben. Da diese «unsichtbaren Bauern» die

Einzigen sind, die mit technischer und politischer Unterstützung die Ernteerträge und die lokale Nahrungsversorgung erheblich verbessern könnten, steht alles zum Besten.

Ideologisch sollte man die Bodenreform, will man überhaupt darüber sprechen, als Problem von gestern darstellen, das dank der Effizienz der Agrarwirtschaft mittlerweile überholt ist. Den bäuerlichen Ackerbau und seine Techniken sollte man als rückständig und obsolet abtun. Doch welche Techniken sind überhaupt modern? Diese Frage bringt uns auf den wichtigen, häufig missverstandenen Bereich der Biotechnologie und des gentechnisch veränderten Saatguts, zu dem wir eine vielleicht unwillkommene Meinung vertreten.

Die Büchse der Pandora

Viele Beobachter, zahlreiche Unternehmen der chemischen und pharmazeutischen Industrie und Saatguthersteller werben vollmundig für den Einsatz von Biotechnologie und Gentechnik als neuestes Allheilmittel im Kampf gegen den Hunger in der Welt. Wir unterstützen biotechnologisch verändertes Saatgut, *solange es ausschließlich in Ländern der südlichen Hemisphäre angebaut wird, wo das Ziel darin besteht, die verfügbare Nahrung zu reduzieren und Hunger und Hungersnöte als Hemmnis des Bevölkerungswachstums zu mehren.* Bisher wird genau die gegenteilige Strategie angewandt: Gentechnisch modifiziertes Saatgut findet im Norden rasche Verbreitung, gilt aber für den Einsatz im Süden als «zu raffiniert» und «zu teuer».

Auch auf die Gefahr hin, bei unseren Auftraggebern Missfallen zu erregen (insofern möglicherweise Verbindungen zu den betreffenden Industriezweigen bestehen), können wir die eng gefassten, kurzfristigen Interessen eines Teils der transnationalen Wirtschaftsgemeinschaft nicht billigen. Unserer Ansicht nach wird hier gegen die übergeordneten Interessen der globalisierten Wirtschaft gehandelt.

Obwohl es nun den Rahmen sprengte, einen umfassenden Überblick über die wissenschaftliche Literatur zu Biotechnologie und gentechnisch modifizierten Pflanzen zu geben, wollen wir unseren Standpunkt kurz begründen. Die Indizien, mit denen wir uns konfrontiert sahen, haben uns davon überzeugt, dass die gentechnische Behandlung von Pflanzen sich rächen wird – was immer Wissenschaftler im Dienste der Privatwirtschaft auch behaupten mögen.

Solche modifizierten Pflanzen können tatsächlich effiziente Waffen sein, allerdings *gegen jene, die sie einsetzen.* Laborexperimente *in vitro* und begrenzte Feldversuche können die komplexen Umweltbedingungen *in vivo* weder reproduzieren noch ersetzen. Wir halten nicht nur die Risiken, sondern auch die zukünftigen «Nebenwirkungen» für so schwer wiegend, dass sie jegliche Vorzüge, die der Einsatz dieser Varietäten bieten mag, bei weitem überwiegen.

Eine gentechnisch herbeigeführte Herbizidtoleranz bei Pflanzen (ein Merkmal, das es ermöglicht, ganze Felder in jeder Wachstumsphase mit Unkrautvernichtungsmitteln zu behandeln, wobei theoretisch Unkraut vernichtet wird, aber die wertvollen Nutzpflanzen unbeschadet bleiben) wird sehr bald zur Entwicklung einer Resistenz und zu Superunkräutern führen. 36 Prozent aller Feldversuche des Jahres 1993/94 testeten die Herbizidtoleranz von Pflanzen.

Ein «Unkraut» (das unter anderen Bedingungen eine begehrte Pflanze sein mag), welches wiederholt einem bestimmten Unkrautvertilgungsmittel ausgesetzt wird, entwickelt eine Toleranz gegen dieses Mittel und muss folglich mit immer höheren Dosierungen in Schach gehalten werden. Eine ständige Behandlung der Felder mit Herbiziden hinterlässt zunehmend chemische Rückstände im Boden und in den Feldfrüchten. Herbizide beeinträchtigen bekanntermaßen die Fruchtbarkeit des Bodens, töten Erdwürmer und nützliche Insekten und verunreinigen das Grundwasser.

Biologisch modifizierte Pflanzen, die eigene Insektizide freisetzen, statt eine Toleranz gegen ein bestimmtes Herbizid zu entwickeln (32 Prozent der Feldversuche bezogen sich 1993/94 auf dieses Merkmal), sind das pflanzliche Gegenstück zu einer ständigen Behandlung mit Chemikalien. Solche Pflanzen können letzten Endes eine große Bandbreite an Organismen abtöten, darunter auch nützliche. Die Toxine, die sie absondern, können sich lange Zeit im Boden halten und bleiben noch über mehrere Monate nach Ernte der Pflanzen wirksam. Insekten sind ihnen also zeit ihres Lebens ausgesetzt.

Toxinen ständig ausgesetzt zu sein erzeugt einen starken Selektionsdruck in Richtung auf resistente «Superkäfer», die sich dann möglicherweise auf andere Nutzpflanzen verlegen als jene, die bis dahin ihre ausschließliche Nahrung bildeten. Nach Angaben ihres Herstellers (Monsanto) tötet eine gentechnisch modifizierte Baumwollpflanze, die Insektizide freisetzt und in weiten Teilen der Südstaaten der USA angebaut wird, achtzig Prozent der *Cotton bollworms*, eines Baumwollschädlings. Ein Wissenschaftler merkt jedoch an: «Eine Sterblichkeitsrate von achtzig Prozent entspricht genau dem, was Forscher einsetzen, wenn sie resistente Insekten züchten wollen.»[14]

Früher glaubten Wissenschaftler, ein Gentransfer über Artgrenzen hinweg sei unmöglich; mittlerweile weiß man, dass so etwas häufig vorkommt. Da Gene nicht bleiben, wo sie sind, könnten sich Resistenzeffekte auf eine große Vielfalt von Organismen ausbreiten – auf Pflanzen, Tiere und möglicherweise auch auf Menschen. Wandernde Gene könnten, mit Superunkräutern gekreuzt, invasive Hybriden hervorbringen. Ist ein Gen erst einmal in die weitere Umgebung entwischt, lässt es sich nicht mehr zurückholen. Auf ähnliche Weise können gegen bestimmte Viren resistent gezüchtete Pflanzen durch Rekombination zur Entwicklung neuer Viren führen, die ansteckender wirken als die natürlich vorkommenden.

Bei einer «harmlosen» Bakterienart *(Klebsiella planticola)* entdeckte man durch Zufall vor der allgemeinen Freigabe, dass sie in genetisch modifizierter Form unerwartete Veränderungen im Ökosystem des Bodens hervorrief. Das Bakterium förderte eine explosionsartige Vermehrung von Nematoden, die Saatgut zerstören können. Zum Glück beschränkten sich die Feldversuche in diesem Fall auf experimentelle Anbauflächen.

Es gibt bereits eine auf Antibiotikaresistenz gezüchtete Getreideart; ob diese Resistenz auf andere Organismen weiter oben in der Nahrungskette, einschließlich den Menschen, übertragbar ist, weiß man bislang noch nicht. Unser derzeitiges Wissen über ökologische Systeme und unbeabsichtigte Nebenwirkungen steckt noch in den Anfängen.

Unserer Ansicht nach sind unerwünschte Folgewirkungen gentechnisch veränderter Pflanzen eine Frage des «Wann», nicht des «Ob». Auch wenn schon viele dieser Pflanzen «entwischt» sind und viele für die Industrie tätige Wissenschaftler uns heftig widersprechen werden, raten wir dringend, den Einsatz gentechnisch veränderten Saatguts, wenn man es denn überhaupt kultiviert, auf arme und bevölkerungsreiche Länder zu beschränken, da diese Länder sonst zuletzt lachen.

Weniger beschrittene Wege

Unter den Populationsreduktionsstrategien, die auf Hunger und Hungersnöten basieren, möchten wir folgende besonders hervorheben:

- *Weitreichende Liberalisierung des Handels.* Freihandel im Agrarbereich setzt ärmere, schwächere Bauern der Dritten Welt einem wesentlich unmittelbareren Wettbewerb mit hoch mechanisierten Landwirten im Norden aus, die zudem trotz der internationalen Regelungen vermutlich auch weiterhin offene oder verdeckte Subventionen erhalten werden. Innerhalb weniger Jahre dürften große Mengen an Getreideimporten zu Niedrigpreisen viele anfällige Kleinbauern, die im Grenzbereich der Wirtschaftlichkeit arbeiten, von den örtlichen Märkten verdrängt haben.
- *«Moderne» Agrartechnik und Reduktion der Getreidesorten.* Der Tendenz von Kleinbauern, einen Teil ihrer Ernte als Saatgut aufzuheben, um die genetische Vielfalt zu erhalten, ist entgegenzuwirken, wenn nötig, indem man genetisch einheitliches «modernes» Saatgut unter Preis oder kostenlos an jene abgibt. Unter

homogenen Bedingungen gedeihen Schädlinge, und Monokulturen sind anfälliger für Krankheiten als Mischkulturen. Der Anbau von Nutzpflanzen für den Export basiert fast immer auf Monokulturen, die man auch beim Getreideanbau für Nahrungsmittel durchsetzen sollte.

- *Verstärkte Förderung der «Grünen Revolution»*. Die Anbautechniken der Grünen Revolution steigern zunächst die Ernteerträge, erfordern jedoch den Kauf von Saatgut und den Einsatz von Industrieerzeugnissen, die für arme Kleinbauern unerschwinglich sind. Auch durch höhere Pachtzinsen, die Kündigung des Pachtverhältnisses und andere Gegen-Bodenreformmaßnahmen lassen sich diese Bauern entmutigen.
- *Nahrungsmittelhilfen* gehen zwar zurück, lassen sich aber immer noch wirkungsvoll einsetzen, wenn man genau den richtigen Zeitpunkt abzupassen versteht. Nahrungsmittelhilfen sollten kurz vor oder zeitgleich mit der örtlichen Ernte eintreffen. Selbst wenn dort die Ernteerträge niedriger als erwartet ausfallen, drückt die Zufuhr erheblicher Mengen ausländischer Nahrungsmittel die örtlichen Preise unter ein Niveau, das für die ansässigen Bauern noch rentabel wäre. Zur Verteilung kann man Wohltätigkeitsorganisationen heranziehen. Dort, wo man sich mittlerweile auf importiertes Saatgut verlässt, sollte die Lieferung zeitlich so abgestimmt werden, dass sie außerhalb der Saatperioden liegt.

Hungersnot

Im Gegensatz zur landläufigen Meinung sind wirkliche Hungersnöte relativ selten. Deshalb haben wir uns stärker auf die Möglichkeiten konzentriert, das Nahrungsangebot einzuschränken und damit Hunger und Unterernährung zu provozieren, welche zwar nicht unmittelbar zum Tode führen, aber günstige Voraussetzungen für den vierten apokalyptischen Reiter schaffen, nämlich die Seuchen, auf deren moderne Ausprägungen wir im nächsten Abschnitt eingehen werden.

Dennoch können Hungersnöte für begrenzte Gebiete immer noch ein wichtiges Instrument der Populationsreduktionsstrategien darstellen. Ein ebenfalls weit verbreiteter Irrglaube sieht Hungersnöte durch Dürre, Flutkatastrophen und andere Naturdesaster «verursacht». Eine Dürre in Iowa ist etwas völlig anderes als eine Dürre in Afrika; zur Hungersnot kommt es nur dort, wo eine große Anzahl von Menschen ihre Reserven – an Nahrung, Geld oder Körperkraft – ohnehin schon erschöpft hat. Die Frühwarnzeichen für Hungersnöte sind hinreichend bekannt: drastisch steigende Marktpreise für Nahrungsmittel, Verkäufe von Schmuck und anderen Wertreserven, Auswanderungen auf der Suche nach Arbeit, der Genuss von Nahrungsmitteln, die nicht zur üblichen Ernährung gehören.

Bei solchen Anzeichen darf vor allem *nicht* eingegriffen werden. An diesem Punkt kann eine Naturkatastrophe zusätzlich dazu beitragen, eine Nahrungskrise auszulösen. Es lohnt sich also, darüber nachzudenken, wie Vorkehrungen gegen solche Beschleunigungsfaktoren wie Überschwemmungen oder die Bekämpfung von Heuschrecken torpediert werden können. Wie wir gesehen haben, sind auch Kriege ein überaus wirksames Mittel, große Menschenmengen anfällig zu machen.

Gut fünfzig Millionen Menschen wurden 1996 durch natürliche oder menschlich verursachte Katastrophen zu Inlands- oder Auslandsflüchtlingen. Vier Fünftel dieser Menschen waren auf internationale Hilfe angewiesen, um zu überleben. Die wirtschaftlichen Kosten für Noteinsätze aller Art beliefen sich in den sechziger Jahren auf etwa eine Milliarde US-Dollar, in den siebziger Jahren auf drei Milliarden Dollar und in den achtziger Jahren auf neun Milliarden Dollar. Für die neunziger Jahre liegen die Schätzungen noch höher.

Schon jetzt geben die Vereinten Nationen mehr als die Hälfte ihres Budgets für Katastrophenhilfe aus, während es 1989 nur fünfundzwanzig Prozent waren. In den kommenden Jahren stellt sich die Aufgabe, mit allen Mitteln – intellektuellen, politischen und praktischen – kostspieligen Interventionen entgegenzuwirken, die der Rettung unrettbarer Menschen dienen.

Ein weiteres Argument gegen «humanitäre Hilfe» bei Hungersnöten liefert das Verhalten der örtlichen Machteliten. Man kann sich darauf verlassen, dass die besser gestellten Landsleute der Notleidenden unsere Populationsreduktionsstrategien unterstützen und weichherzige Hilfsmaßnahmen fordernde Menschen im Norden entmutigen dürften. Grundbesitzer und Getreidegroßhändler verdienen in Zeiten von Nahrungskrisen ein Vermögen und werden ihre Vorräte wohl kaum verschenken. Warlords nehmen ihr eigenes Volk möglicherweise als Geiseln, um humanitäre Hilfe zu erzwingen. Sobald sie eintrifft, bringen sie diese unter ihre Kontrolle.

Früher konnten die Führer solcher Splittergruppen den Kalten Krieg nutzen, um sich von der einen oder anderen Seite ihre expansionistischen Aktivitäten finanzieren zu lassen. Seit diese Möglichkeit nicht mehr existiert, haben sie entdeckt, dass Hungersnöte und internationales Mitleid ihnen die gleichen Dienste erweisen können. Die humanitären Hilfsorganisationen, die theoretisch die Hilfsmittel verteilen, sind in ihren Möglichkeiten, den Opfern zu helfen, nicht so frei, wie es den Anschein haben mag. Sie erkennen zwar durchaus, wie man sie missbraucht, sitzen aber in der Falle. Wenn sie die Warlords anprangern, wird man sie zwingen, das Land und die Hungeropfer zu verlassen. Lassen sie die Warlords ungeschoren, dann verschaffen sie dem dortigen Diktator internationale Beachtung und liefern ihm den Deckmantel einer falschen Legitimität.

Wir empfehlen, der Öffentlichkeit zu erklären, dass es schlimmer ist, kläglichen Diktatoren solche Bestechungsgelder zukommen zu lassen, als gar nichts zu geben und «humanitär» nicht zwangsläufig «gut» bedeutet. Aus Sicht der Warlords sollte eine Hungersnot – und die entsprechende internationale Hilfe – natürlich so lang wie möglich andauern. Wir vertreten hingegen: «Bringen wir sie so schnell wie möglich hinter uns.»

IV. Seuchen

Der vierte apokalyptische Reiter heißt in der Offenbarung des Johannes schlicht der «Tod», sein «fahles Pferd» hat die Farbe verwesender Leichen, und «die Hölle folgte ihm nach», um die Pestopfer zu verschlingen. Er ist der schrecklichste und für unsere Zwecke nützlichste der vier Reiter. In der Geschichte hatten Epidemien großen Ausmaßes einen weitaus stärkeren Einfluss auf die Bevölkerungsdynamik als Kriege oder Hungersnöte.

Seuchen beschneiden unausweichlich gleichermaßen lebendes wie totes Holz; es sterben manche, die besser verschont geblieben wären; Seuchen unterscheiden nicht immer zwischen arm und reich, fähig und unfähig, nützlich und überflüssig. Statistisch gesehen treffen sie jedoch die Anfälligeren zuerst.

Überall in der heutigen Welt, ob in entwickelten Ländern oder in der Dritten Welt, steigt die Lebenserwartung mit Einkommen und Bildungsgrad. In Großbritannien lagen die Sterberaten aller Altersgruppen am unteren Ende der sozialen Skala schon lange zwei bis drei Mal höher als am oberen Ende, eine Kluft, die zwischen 1981 und 1991 noch größer wurde. In den Vereinigten Staaten weisen die Bundesstaaten mit der ungleichmäßigsten Verteilung der Haushaltseinkommen auch die höchsten Sterberaten durch Herzkrankheiten, Krebs und Mord auf.

Selbst in den Zeiten der Pest war es für Reiche einfacher als für Mittellose, aufs Land zu fliehen. Als 1974 in Brasilien eine Meningitisepidemie ausbrach, packten reiche Brasilianer ihre Sachen und gingen ins Ausland, bis die Gefahr verzogen war. Um einen indischen Arzt zu zitieren: «Krawattenträger bekommen keine Cholera.»

In der Kolonialzeit und besonders nach dem Zweiten Weltkrieg führten westliche Verwaltungen in der Dritten Welt einige grundlegende Maßnahmen im Gesundheitswesen und Sanitärbereich ein; hier hatten die Menschen über Jahrhunderte hinweg ihre Lebensweise beibehalten, ungeachtet hoher Geburtenraten, hoher Sterblichkeit und krankheitsfördernder Bedingungen. Darüber hinaus brachten die Kolonialherren neue Feldfrüchte und bessere Anbaumethoden mit, die für ein reichlicheres Nahrungsangebot sorgten. Die Auswirkung war dramatisch.

Diese scheinbar geringfügigen Veränderungen senkten die Mortalität in bislang ungekanntem Maße. Da die Geburtenraten jedoch unverändert blieben und die Sterberaten häufig weit übertrafen, war die Folge ein massives Bevölkerungswachstum. Die Insel Mauritius im Indischen Ozean hatte beispielsweise 1935 unter britischer Verwaltung fast gleich hohe Geburten- und Sterberaten; 1966 lag die Geburtenrate kaum höher als dreißig Jahre zuvor (36/1000 gegenüber 31/1000), doch die Sterberate war von 30/1000 auf 9/1000 gesunken, und die Bevölkerung hatte sich in dreißig Jahren fast verdoppelt.[15]

Die Einführung besserer sanitärer Einrichtungen, hygienischer Vorkehrungen und Ernährungsmaßnahmen im England des 19. Jahrhunderts oder in New York um die Jahrhundertwende sind eine historische Bestätigung für den unverhältnismäßig großen Einfluss, den solche einfachen Maßnahmen auf die Säuglings- und Kindersterblichkeit in den Ländern der südlichen Hemisphäre ausüben.

Solche Eingriffe hatten keineswegs rein philanthropische Hintergründe. Als in Britisch Indien die Pest ausbrach, leitete man dort eine umfassende Kampagne im öffentlichen Gesundheitswesen ein. Sobald man die unter der britischen Bevölkerung aufgetretenen Krankheitsfälle unter Kontrolle gebracht hatte, erklärte man die Epidemie für «endemisch» in der Eingeborenenbevölkerung, woraufhin es den Indern schlechter ging als zuvor.

Rangfolge

Ebenso wie Menschen unterschiedlicher Schichten, die in denselben physikalischen (nationalen oder gar lokalen) Breiten leben, ihrer gesundheitlichen Verfassung nach völlig unterschiedlich sein können, so herrschen auch bei den Haupttodesursachen erhebliche Unterschiede zwischen reichen und armen Ländern. Allerdings

Tabelle 1: Todesursachen für 1990 nach Krankheiten (in Tsd.)

Entwickelte Länder		Entwicklungsländer	
Herz-Kreislauf-Erkrankungen	5245	Infektionen / Parasitenbefall	9166
Krebs	2413	Herz-Kreislauf-Erkrankungen	9082
Unfälle	834	Unfälle	4251
Atemwegserkrankungen	389	Atemwegserkrankungen	3992
Diabetes	176	Krebs	3611
Infektionen / Parasitenbefall	163	Mütterliche / Perinatale Störungen	2812
Mütterliche / Perinatale Störungen	85	Mangelernährung	604
Mangelernährung	30	Diabetes	396

Quelle: *British Medical Journal*, Bd. 314, 10. Mai 1997, S. 1367 (auf Basis von Datenmaterial der WHO).

scheint bei diesen Zahlen eine gewisse Vorsicht angebracht zu sein, da die Todesursachen in unterentwickelten Ländern häufig falsch angegeben werden.

Die Weltgesundheitsorganisation (World Health Organisation, WHO) hat inzwischen neuere Zahlen über Todesursachen vorgelegt, die jedoch etwas weniger genau aufgeschlüsselt sind.

Die groß angelegte Studie zur «Globalen Krankheitsbürde» (Global Burden of Disease, GBD), die WHO, Harvard School of Public Health und Weltbank gemeinsam durchführen ließen, liefert uns das detaillierteste und umfassendste Zahlenmaterial, das wir uns nur wünschen können. Die Autoren der Studie rechnen zwischen 1990 und 2020 mit folgenden Veränderungen in der Rangfolge der fünfzehn Hauptursachen für die Krankheitsbürde, nicht zu verwechseln mit Todesursachen (vgl. Tabelle 3).[16]

Abschließend ist es interessant, die Todesursachen unter dem

Tabelle 2: Todesursachen für 1996 nach Krankheiten (in Tsd. und %)

Entwickelte Länder	12116		Entwicklungsländer	39921	
Kreislauferkrankungen	5600	46 %	Infektionen/Parasitenbefall	17200	43 %
Sonstige/unbekannt	2800	23 %	Kreislauferkrankungen	9600	24 %
Bösartige Neubildungen	2500	21 %	Perinatale/Mütterliche Störungen	4400	11 %
Chronische Erkrankungen der unteren Atemwege	970	8 %	Bösartige Neubildungen	4000	10 %
Perinatale/Mütterliche Störungen	120	1 %	Sonstige/unbekannt	3200	8 %
Infektionen/Parasitenbefall	120	1 %	Chronische Erkrankungen der unteren Atemwege	2000	5 %

Quelle: WHO

Aspekt der Lebensweise zu betrachten. Auch hier liefert uns die WHO Zahlenmaterial (vgl. Tabelle 4).

Diese Tabellen bieten grobe Anhaltspunkte, in welchen Bereichen wir unseren Auftraggebern empfehlen, mit Populationsreduktionsstrategien nachzuhelfen. Detaillierte Kommentare zu allen möglichen Todesursachen – die GBD-Studie führt 107 Kategorien und Subkategorien an – können wir hier nicht geben, aber auf bestimmte Bereiche, die für unsere Zwecke von besonderer Bedeutung sind, können wir näher eingehen.

Die Autoren der Studie *The Global Burden of Disease* schlagen eine praktische Kategorisierung von Krankheit und Tod vor: Gruppe I besteht aus übertragbaren, mütterlichen, perinatalen und ernährungsbedingten Störungen; Gruppe II aus nicht übertragbaren Erkrankungen und Gruppe III aus Verletzungen (einschließlich selbst beigebrachten) und Unfällen. In der entwickelten Welt ent-

Tabelle 3: Auftreten von Krankheitsfaktoren (weltweit)

Erkrankung oder Verletzung	Rang 1990	Rang 2020
Infektionen der unteren Atemwege	1	6
Durchfallerkrankungen	2	9
Perinatale Störungen	3	11
Unipolare Depression	4	2
Koronare Herzerkrankungen	5	1
Zerebrovaskuläre Erkrankungen	6	4
Tuberkulose	7	7
Masern	8	25
Straßenverkehrsunfälle	9	3
Angeborene Anomalien	10	13
Malaria	11	25
Chronische Erkrankungen der unteren Atemwege	12	5
Stürze	13	19
Eisenmangelanämie	14	39
Proteinmangelernährung	15	37

Quelle: *The Global Burden of Disease*, Bd. 1, S. 375.

fallen 86 Prozent der Todesfälle auf Gruppe II, also die nicht übertragbaren Krankheiten. Erstaunlicher ist, dass diese Krankheiten auch in vielen Entwicklungsländern einschließlich Lateinamerika und vor allem China weitaus stärker ins Gewicht fallen als ansteckende Krankheiten.

Die Forschungsergebnisse der GBD-Studie rechtfertigen es, den Faktoren des Lebensstils mehr Aufmerksamkeit zu widmen, vor allem solchen, die für Herzerkrankungen und Schlaganfälle relevant werden.

Einen viel versprechenden Ansatz bieten die Raucher. In Dritte-Welt-Ländern wie China, die zunehmend reicher werden, breitet

Tabelle 4: Todesfälle, zugeordnet verschiedenen Risikofaktoren nach Rangfolge von 1990 (in Tsd.)

Risikofaktor	Weltweit	Todesfälle %	Entwickelte Länder	Entwicklungsländer
Mangelernährung	5881	11,7	0	5881
Tabak	3037	6,0	1577	1460
Bluthochdruck	2918	5,8	1406	1512
Wasser / Hygiene	2668	5,3	35	2665
Bewegungsmangel	1991	3,9	1099	892
Beruf	1129	2,2	230	899
Ungeschützter Geschlechtsverkehr	1094	2,2	87	1007
Alkohol	773	1,5	136	637
Luftverschmutzung	568	1,1	275	293
Drogen	100	0,2	38	62

Quelle: *The Global Burden of Disease,* Bd. 1, Tabellen 6.2 bis 6.12, S. 311 ff.

sich die Sucht rasch aus, und die Tabakindustrie konzentriert ihre Werbe- und Promotion-Etats auf Gebiete, in denen die Öffentlichkeit ihrer Botschaft weniger feindlich gegenübersteht. Die Weltbank geht als Norm für das erste Jahrzehnt des neuen Jahrhunderts von etwa zwei Millionen Todesfällen in Folge des Rauchens aus. Nach Ansicht der WHO wird die Tabakepidemie im Jahr 2020 mehr vorzeitige Todesfälle und Behinderungen verursachen als jede andere Krankheit, vor allem in China und den ehemals sozialistischen Ländern, aber auch in den entwickelten Ländern.

Auch die Todesfälle infolge verunreinigten Wassers, schlechter sanitärer Einrichtungen und mangelnder häuslicher und persönlicher Hygiene dürften zunehmen. (Auf das Wasserproblem gehen wir unten näher ein.) Weitere 3 250 000 Todesfälle waren ebenfalls auf schlechte Gewohnheiten wie Bewegungsmangel, ungeschützten

Sex, Alkohol und Drogen zurückzuführen, achtzig Prozent davon in den entwickelten Ländern. Die Autoren von GBD sagen zudem eine Zunahme der Straßenverkehrsunfälle, selbst beigebrachter Verletzungen, Gewalt- und Kriegsopfer voraus.

Am viel versprechendsten für unsere Zwecke sind eindeutig die unter Gruppe I erfassten Todesursachen, zu denen ansteckende, perinatale, mütterliche Erkrankungen und Ernährungsbedingungen gehören. Besonderen Spielraum bietet die Bandbreite der Infektions- und Parasitenerkrankungen, auf die laut WHO 1996 über siebzehn Millionen Todesfälle zurückzuführen waren. Ein gewisses Potenzial bergen auch mütterliche und perinatale Sterblichkeit.

Im Kapitel über Hungersnöte haben wir betont, wie wichtig es ist, die Verfügbarkeit von Nahrung einzuschränken, auch wenn nur relativ wenige Menschen unmittelbar an Hunger sterben. Das bestätigt Tabelle IV, wonach Mangelernährung bei nur 11,7 Prozent der Todesfälle eine entscheidende Rolle spielt. Strategien, die das Nahrungsangebot reduzieren, tragen dennoch erheblich zum Gesamtkonzept einer Bevölkerungsreduzierung bei, da Mangelernährung und Hunger den Boden für Krankheiten und Epidemien bereiten.

Der Lauf der Geschichte

Das Ziel der Populationsreduktionsstrategien geht über eine bloße Reduzierung der Gesamtzahlen hinaus, so ambitioniert an sich schon dies sein mag. Es gilt vielmehr, im Süden zu prä-kolonialen Bedingungen zurückzukehren und im Norden zu einer prä-aufklärerischen Mentalität, was noch schwieriger sein dürfte. Der Mythos, ja Kult eines unausweichlichen Fortschritts muss abgeschafft werden.

Nach zwei Jahrhunderten medizinischer Weiterentwicklung und besonders seit Aufkommen der Antibiotika nach dem Zweiten Weltkrieg glauben die Menschen, jede Krankheit sei heilbar. Die schlichte Wahrheit ist jedoch, dass dies für viele Krankheiten nicht mehr gilt. In vielen Fällen zeigt sich die Medizin resistenten Parasiten, Bakterien und Viren nicht gewachsen. Die Medizin kann keine Wunder vollbringen und muss sich auf Gruppen und geographische Regionen konzentrieren, in denen sie weiterhin den Schnitter Tod in Schach zu halten vermag.

Weltweit müssen Wissenschaft und Medizin das Verfahren der *Triage* anwenden, entwickelt von Sanitätern im Ersten Weltkrieg, die hoffnungslose Fälle beiseite schoben, um sich auf noch zu rettende Soldaten zu konzentrieren. Es ist völlig normal, dass jene Krankheiten die größte Aufmerksamkeit erfahren sollten, die dort vorkommen, wo man sich komplexe Forschung und hochwertige medizinische Versorgung leisten kann. Unterdessen muss die Öffentlichkeit im Norden, und noch mehr im Süden, lernen, gegenüber Krankheiten einen größeren Fatalismus an den Tag zu legen und sich dem Unausweichlichen zu beugen, wie die Menschen es jahrhundertelang getan haben.

Andererseits neigen Menschen ganz selbstverständlich dazu, sich einen «Sündenbock» zu suchen, was man diskret fördern kann. Seit der Antike schob man die Schuld für Epidemien einer verachteten Gruppe zu, Minderheiten oder «unreinen Elementen», die häufig Frauen waren. Gesellschaften, die von Seuchen heimgesucht werden, sehen darin schnell eine göttliche Strafe für spirituelle Defizite ihrer Führer oder aber Machenschaften mächtiger Ausländer. Man sollte darauf vorbereitet sein, solche Verdächtigungen und Spaltungen zu nutzen.

Urbanisierung, Überbevölkerung und unzuträgliche sanitäre Verhältnisse werden auch weiterhin einen fruchtbaren Boden für die Ausbreitung von Krankheiten schaffen. Obwohl Afrika von den armen Kontinenten den geringsten Urbanisierungsgrad aufweist, leben dort schon jetzt dreißig Prozent der Bevölkerung in Städten, die tagtäglich mehr Menschen anlocken. Um diese Situation bestmöglich zu nutzen, empfehlen wir ausdrücklich die vollständige Privatisierung öffentlicher Versorgungsbetriebe, besonders der Abwasserentsorgung, Kläranlagen, Wasserversorgung und Müllabfuhr.

Weltbank und IWF waren früh mit dabei, öffentliche Dienste in den privaten Sektor zu überführen. In der Praxis hat die Politik der Weltbank mittlerweile mehr Einfluss auf das Gesundheitswesen in der unterentwickelten Welt als die Weltgesundheitsorganisation oder die örtlichen Gesundheitsministerien, die erheblich an Boden und Initiativkraft verloren haben. Wie die Weltbank feststellte, hängt ein Drittel der «globalen Krankheitsbürde» mit Gesundheitsrisiken der Armen zusammen, zu denen «schlechte sanitäre Verhältnisse, unsichere Wasserversorgung, geringe persönliche Hygiene und Lebensmittelhygiene, unangemessene Müllentsorgung und schlecht belüftete, beengte und minderwertige Wohnungen» gehören.

Als Lösung rät die Bank den Regierungen, «einen regulatorischen und administrativen Rahmen zu schaffen, der effizienten und eigenverantwortlich wirtschaftenden Versorgungsbetrieben (oft im privaten Sektor) Anreize schafft, Haushalten die Dienstleistungen anzubieten, die sie brauchen und *für die sie zu zahlen bereit sind*, einschließlich Wasserversorgung, sanitäre Einrichtungen, Müllabfuhr, sauber brennende Öfen und Wohnungen».[17]

Die Erfahrung lehrt jedoch, dass solche Dienstleistungen für Slumbewohner und arme Wohngegenden völlig unerschwinglich sind, wenn ihr Preis die realen wirtschaftlichen Kosten abdecken und auch noch Gewinne abwerfen soll; somit unterstützen sie Krankheitsvektoren. Gegen offene Abwasserkanäle, unsauberes Wasser und Ratten lässt sich nur ein gewisses Maß an Immunabwehr aufbauen. Das marktorientierte Herangehen der Weltbank an das Gesundheitswesen hat sich mittlerweile durchgesetzt und dürfte die Privatisierung der Medizin nach US-amerikanischem Modell, angepasst an die Verhältnisse im jeweiligen Land, überall dort vorantreiben, wo dieser Prozess noch nicht vollständig erfolgt ist.

Staaten, die eine Strukturanpassung durchmachen, können sich ein kostenloses Gesundheitswesen jedenfalls nicht leisten. Seit Indien sich Anfang der neunziger Jahre erstmals zur Strukturanpassung verpflichtete, wurde sein Gesundheitsetat (bis auf minimale

Mittel für AIDS) um dreißig Prozent gekürzt, wie es vorher bereits ein Land nach dem anderen erfahren hatte. Während Malaria in Indien um sich greift wie nie zuvor, wurde das Anti-Malaria-Programm um über vierzig Prozent zurückgeschraubt.

In dem Maße, wie die Etats für den öffentlichen Dienst gekürzt werden, müssen Staaten über kurz oder lang zu einem Gebührensystem übergehen und ihren Bürgern die Vorstellung austreiben, dass sie ein Recht auf Gesundheitsversorgung hätten. Die Menschen müssen lernen, Klienten oder zahlende Mitglieder einer kollektiven Krankenversicherung zu sein statt passive Nutznießer einer öffentlichen Verteilungsmaschinerie.

Neue Möglichkeiten zu Synergieeffekten sollten genutzt werden. So können zum Beispiel Projekte der Weltbank im technischen und landwirtschaftlichen Bereich Malaria fördern, wie es in Indien durch die Schaffung von stehenden Gewässern und Sumpfgebieten geschehen ist, die hervorragende Brutstätten für Moskitos bilden. Alle umweltbedingten Krankheiten, die sich individuell nicht erfolgreich behandeln lassen, werden durch Privatisierung gefördert.

Die Haushaltskürzungen im Gesundheitswesen und die Beschaffenheit des Weltmarktes, zu dem auch der Markt der medizinischen Versorgung gehört, dürften medizinisch qualifiziertes Personal veranlassen, Arbeitsmöglichkeiten im Ausland zu suchen. Dreißigtausend Afrikaner und sehr viele Inder, Pakistani und andere Ärzte asiatischer Herkunft haben dies bereits getan. Zu den üblichen Strukturanpassungsmaßnahmen gehört eine Abwertung der Währung, die importierte Arznei und medizinische Geräte verteuert. Billigmedikamente, die für Patienten die Kosten senken könnten, sollte man mit der vernünftigen Begründung ablehnen, dass Unternehmen, die aus Medikamenten, deren Patentschutz ausgelaufen ist, keine Gewinne mehr ziehen, nicht mehr in die Forschung für dringend benötigte neue Medikamente investieren werden.

Die Privatisierung öffentlicher Dienste, ärztlicher Versorgung, medizinischer und pharmazeutischer Einrichtungen ist hilfreich, kann aber nicht alles leisten. In vielen Stadtvierteln und den meisten Dörfern fehlen solche Einrichtungen ohnehin völlig. Hier wäre eine Strategie vorzuziehen, die kostengünstige, technisch wenig aufwendige Interventionen verhindert, bei denen einige der effektiveren Entwicklungshilfeorganisationen Pionierarbeit geleistet haben. Die meisten Durchbrüche im Gesundheitswesen, etwa die Ausrottung der Pocken oder weit reichende Schutzimpfungen bei Kindern, wurden weniger von den jeweiligen Staaten als von den internationalen Brigaden der UNICEF und WHO erzielt.

So schwierig es auch sein mag, das Kinderhilfswerk der Vereinten Nationen in Misskredit zu bringen, muss man UNICEF dennoch als ernst zu nehmenden Gegner im Kampf für eine Bevölkerungsreduzierung erkennen. Es gilt, die Regierungen nördlicher Staaten von Beitragszahlungen abzubringen (was in den Vereinigten Staaten und Japan bereits auf bestem Wege ist). Die Finanzberichte der Außendienstmitarbeiter sollten genauestens unter die Lupe genommen werden, um eventuelle betrügerische oder verschwenderische Praktiken aufzudecken und öffentlich zu machen. Eine Medienkampagne zum Thema «Wo geht Ihre Weihnachtsspende *wirklich* hin?», die Praktiken und Verwaltungsaufwand der Organisation im ungünstigsten Licht erscheinen lässt, könnte recht dienlich sein.

UNICEF legt den Schwerpunkt auf Immunisierung, orale Salzlösungen gegen Dehydrierung bei Säuglingen mit Durchfallsyndromen und billige Antibiotikabehandlungen gegen verbreitete Infektionskrankheiten. Das Hilfswerk behauptet, fünf Millionen Todesfälle jährlich zu verhindern, und versichert, mit einer flächendeckenderen Arbeit weitere acht Millionen Leben retten zu können. Es mag unkonventionelle Methoden erfordern, die Arbeit von UNICEF und einiger effektiver Nichtregierungsorganisationen wie OXFAM in den Zielländern zu stören oder besser noch völlig zu unterbinden. Infiltratoren, Sabotage, Störmanöver und selektive Angriffe auf Einzelne, die gegenwärtige und zukünftige Mitarbeiter und ehrenamtliche Helfer abschrecken könnten, möchten wir zwar nicht völlig ausschließen, doch sie sollten lediglich als letztes Mittel zum Einsatz kommen.

Weitere Einsatzkräfte

Die MEDFLAG-Programme, die die US-Armee 1994 und 1995 in Ghana, an der Elfenbeinküste und in Botswana durchführte, hat man klugerweise nicht fortgesetzt. Diese «Blitzeinsätze» im Gesundheitswesen, die in Zusammenarbeit mit örtlichem Militär- und Gesundheitspersonal durchgeführt wurden, waren in der Öffentlichkeit, den Medien und der Regierung äußerst populär.

Große Spezialistenteams gingen jeweils für drei Wochen in ein Land, um dort in Städten und Provinzen human- und tiermedizinische Dienste zu leisten, in großem Stil Schutzimpfungen gegen die vorherrschenden Krankheiten durchzuführen und einheimisches medizinisches Personal so auszubilden, dass es mit Gesundheitsnotständen und -katastrophen umgehen konnte. Andererseits verschafften diese Programme dem US-Personal wertvolle Praxiserfahrungen vor Ort und zwangen Nichtregierungsorganisationen, die ein anderes Vorgehen vertraten, mit den von den örtlichen Behörden aufgestellten Zielen im Gesundheitswesen zu kooperieren.

Sorgfältige Koordination mit diesen Behörden vor und während der MEDFLAG-Übungen baute Misstrauen ab und veränderte die Einstellung zu den Vereinigten Staaten und zum Militär überhaupt. Sollten solche Einsätze in Afrika und andernorts allgemein üblich werden, könnten sie eine ernsthafte Bedrohung für die Populationsreduktionsstrategien darstellen. Mit Genugtuung stellen wir fest, dass das Pentagon an solchen Programmen offenbar kein Interesse mehr zeigt und die betreffenden Sanitätseinheiten wieder in Osteuropa stationiert hat.[18]

Einen ähnlichen Effekt dürfte es haben, die nationalen Etats im Gesundheitswesen auf die klinische Medizin und Krankenhausbehandlung statt auf Prävention zu konzentrieren. Die meisten Regierungen in Dritte-Welt-Ländern braucht man gar nicht erst in diese Richtung zu drängen, da ihre Ausgaben im Gesundheitswesen seit Jahren auf deren wohlhabendere Schichten entfallen. Den Reichen stehen moderne Kliniken zur Verfügung, während Krankenhäuser in ländlichen Gegenden und verwahrlosten Stadtvierteln Injektionsnadeln wiederverwenden müssen und selbst einfache Labortests nicht durchführen können. Die Krankenhäuser der öffentlichen Hand dürften selbst zu den effektivsten Krankheitsvektoren zählen, die man sich nur vorstellen kann.

Was immer Kritiker auch behaupten mögen, es bringt nichts zu lamentieren, anstelle einer Tertiärversorgung für die Reichen «müsse» eine medizinische Grundversorgung für die Armen gewährleistet werden. Und es ist utopisch, wie die WHO zu behaupten, «Gesundheit für alle» sei in unserer oder sonst einer Zeit machbar.

Derart naive Behauptungen ziehen weder die Marktwirtschaft noch das Machtverhältnis zwischen den Institutionen in Betracht. Die Definition der WHO von «Gesundheit» ist an sich schon so umfassend, dass sie praktisch bedeutungslos wird: «Gesundheit ist ein Zustand völligen physischen, mentalen und sozialen Wohlergehens und nicht bloß das Fehlen von Krankheit oder Gebrechlichkeit.» Im Vergleich zu dieser allumfassenden Definition nimmt sich der weinerliche Utopismus der Allgemeinen Erklärung der Menschenrechte geradezu restriktiv aus! Wir bezweifeln, dass sich im Sinne der WHO überhaupt jemand aufrichtig als «gesund» bezeichnen kann.

Doch selbst nach einer strengeren Definition bleibt Gesundheit kostspielig, und zwar mit zunehmender Tendenz. Nach Angaben der Weltbank erreichten die öffentlichen und privaten Ausgaben für Leistungen im Gesundheitsbereich eine Rekordhöhe von 1,7 Billionen Dollar, was acht Prozent des Weltwirtschaftsprodukts ausmacht. Neunzig Prozent davon wurden in den reichen Ländern aufgewandt, in denen weniger als zwanzig Prozent der Weltbevölkerung leben. Die restlichen zehn Prozent werden sich zunehmend auf die Elite der Dritte-Welt-Länder beschränken, die sich ihren Anteil an den weltweiten Gesundheitsausgaben finanziell leisten kann. Es besteht kein Grund zu der Annahme, diese Verhältnisse dürften sich in den kommenden Jahren erheblich ändern.

Wie wir bereits betont haben, lassen sich Infektionskrankheiten und Parasiten nicht völlig auf arme Länder und arme Wohngegenden beschränken. Es dürfte zwangsläufig zu einem gewissen «Überschwappen» kommen. Doch auch wenn «Dritte-Welt-Krankheiten» im Westen einige Menschenleben fordern, bleiben sie ein wichtiger Bestandteil des Bevölkerungsrückschnitts. Zudem dürften vereinzelte, exotische Todesfälle in Los Angeles oder London den Angstfaktor lebendig halten und die Dichotomie zwischen Zivilisierten und Barbaren verstärken. Die wahre Bedrohung für die reichen Länder ist jedoch völlig anderer Art.

Superkäfer

Auf einer Meldepflicht besteht die WHO nur bei drei tropischen Krankheiten: Cholera, Pest und Gelbfieber. Für die nördliche Hemisphäre stellen sie gegenwärtig wohl kaum eine ausgeprägte Gefahr dar. Die scheinbar besser geschützten Länder haben mit eigenen typischen Leiden zu kämpfen, und damit meinen wir nicht Herzprobleme, Übergewicht und andere Wohlstandskrankheiten, sondern das drohende Aufkommen von «Superkäfern».

Diese mutanten Spielarten wachsen und gedeihen auf einem Nährboden, den die jahrzehntelange Versorgung mit Antibiotika ihnen beschert. Es gibt inzwischen bereits einige Mikroben, die völlig auf Antibiotika angewiesen sind und ohne diese Medikamente, die ursprünglich zu ihrer Abtötung entwickelt wurden, buchstäblich nicht leben können. Dass ein Gift zur Nahrungsquelle werden kann, ist eine besonders alarmierende Entdeckung, wenn es sich dabei um das Antibiotikum handelt, das als letzte Rettung gilt: Vancomycin. Die Resistenz gegen diesen früheren Mikrobenkiller kann von einem Erreger auf einen anderen überspringen, wie zum Beispiel die Enterokokken ihre Vancomycin-Resistenz auf die Staphylokokken übertragen haben.

Bakterien der Gattung *Staphylococcus* bilden die Hauptursache für Krankenhausinfektionen; schon jetzt hat man hoch resistente Stämme des *Staphylococcus aureus* in japanischen, britischen und amerikanischen Krankenhäusern entdeckt. Konzentrieren sich viele Menschen mit geschwächtem Immunsystem an einem Ort, wie es in Krankenhäusern ja der Fall ist, haben solche «Superkäfer» leichtes Spiel. Bisher hat noch niemand ihre verheerende Wirkung präzise erfasst, weil es problematisch ist, die unmittelbare Todesursache bereits kranker Patienten festzustellen.

Nicht alle Krankheitserreger haben schon so weit gehende Mutationen durchgemacht, dass sie sich von Antibiotika ernähren. Doch ebenso wie bei genmanipulierten Nutzpflanzen verhalten sich auch hier allzu viele Politiker und Wissenschaftler, die es eigentlich besser wissen müssten, als hätte es Darwin nie gegeben und als seien Lebensformen statisch und unveränderlich. Die natürliche Selektion betrifft jedoch alle Lebensformen, auch die niedrigsten, deren kurze Lebensdauer und hohe Reproduktionsgeschwindigkeit es ihnen ermöglicht, wesentlich schneller zu mutieren als höher entwickelte Organismen.

Laut WHO sind Antibiotika, «die von zu vielen Menschen zur Behandlung der falschen Infektionen in falscher Dosierung und über die falsche Dauer hinweg eingenommen werden», der Hauptgrund für die starke Vermehrung medikamentenresistenter Stämme. Andere Studien zeigen die Tendenz, dass kostensenkende Maßnahmen in Krankenhäusern ebenfalls zur Resistenzbildung bei Bakterien beitragen, wenn Dosierungen unzureichend oder Antibiotika nacheinander statt zusammen verabreicht werden. Ungeachtet der Ursachen steht das Phänomen wachsender Resistenz bei Mikroben außer Frage.

Die natürliche Selektion dieser Krankheitserreger beschleunigt sich, da sie nicht mehr ausschließlich von zufälligen genetischen Vorteilen abhängt. Manche Mikroben sind mittlerweile praktisch darauf programmiert, unter Stress zu mutieren. Einige legen kollektive Verhaltensweisen an den Tag, die das Überleben der Gruppe sichern. Andere «durchsuchen ihre Umgebung nach potenziell nützlichem Genmaterial», das in DNA-Segmenten, den sogenannten «Plasmiden» oder «Transposons» zu finden ist und sie gegen

Dutzende Medikamente resistent machen kann.[19] Sauberkeit im herkömmlichen Sinne bietet ebenfalls keinen Schutz: Zahlreiche Erreger haben gelernt, mit Seife, Desinfektionsmitteln, Säuren und hohen Temperaturen zu leben.

Im Kampf gegen solche neuen Erreger werden nur wenige Medikamente entwickelt oder patentiert, vor allem, wenn die Krankheiten, gegen die sie eingesetzt werden könnten, mehr oder weniger auf arme Länder und Wohngegenden beschränkt bleiben, wo nur schwer Profit zu machen ist. Während solche resistenten Krankheitserreger auf dem Vormarsch sind, hat sich die Entwicklung neuer antibakterieller Medikamente drastisch verlangsamt, weitgehend weil die Kosten von der Laborentwicklung bis zur Markteinführung eines neuen Antibiotikums bis zu 350 Millionen Dollar betragen können.[20]

Der Markt für Antibiotika dürfte im Jahr 2000 einen Umsatz von vierzig Milliarden Dollar erreicht haben. Je weiter sich das Phänomen der Resistenz gegen bewährte Antibiotika ausbreitet, umso größer wird in der medizinischen Versorgung die Kluft zwischen Reichen und Armen, da die Behandlung des neuesten Superkäfers mit dem neuesten Supermedikament leicht bis zu fünfhundert Dollar am Tag kosten kann. In diesen Kosten spiegelt sich das Recht der Unternehmen wider, ihre Forschungs- und Entwicklungsausgaben zu amortisieren und ihre Risiken abzusichern, vor allem, da viele Medikamente gleichartig sind und um ihre Vermarktung ein heftiger Wettbewerb herrscht. In Japan suchen 43 000 Pharmavertreter die Ärzte durchschnittlich mehr als einmal am Tag auf. (Britische Ärzte kommen mit durchschnittlich zweiundsechzig Vertreterbesuchen im Jahr leichter davon.)

Pharmazeutische Unternehmen und Ärzte müssen sich eine stärkere Kontrolle auferlegen. Allzu oft verschreiben Ärzte Arzneien, die als «letzte Rettung» gelten, bereits als erste Medikation oder setzen teure Breitbandantibiotika zur Behandlung einfacher Infektionen wie Entzündungen der Nasennebenhöhlen ein. Unternehmen behaupten für ihre Antibiotika eine Breitbandwirkung, der keine Substanz gerecht zu werden vermag.

Medikamente, die in Europa oder den Vereinigten Staaten nicht zugelassen sind, finden regelmäßig Absatz in anderen Ländern. Antibiotika werden pharmazeutischen Cocktails beigemengt, wo sie nichts zu suchen haben (zum Beispiel bei Mitteln gegen Durchfallerkrankungen). Als Anreiz, Medikament X statt Medikament Y zu verschreiben, erhalten Ärzte Provisionen. Innerhalb eines Unternehmens kann sich der Preis eines Medikaments vom Hersteller zur Vertriebsgesellschaft vervielfachen. Solche Praktiken sind durchaus üblich.

In dem Maße, wie die Resistenz bei Bakterien zunimmt – und man kann nur staunen, auf wie vielen Wegen Bakterien eine Resistenz gegen antibakterielle Medikamente zu entwickeln vermögen –, werden Krankheiten einer Behandlung weniger zugänglich. Und in dem Maße, wie die Öffentlichkeit die Gründe für das Resistenzphänomen und seine Konsequenzen für die eigene Gesundheit zu begreifen beginnt, dürften pharmazeutische Unternehmen – und wahrscheinlich auch Ärzte – zunehmend unter Beschuss geraten. Wieder einmal müssen wir in Bezug auf einen Wirtschaftssektor «diagnostizieren», dass er sich wenig für das System interessiert, von dem er lebt, und sich nicht darum kümmert. Pharmazeutische Unternehmen brauchen dringend interne Kontrollen.

Verbreitete Seuchen

Im Folgenden untersuchen wir in einer knappen Übersicht die Krankheiten, die unserer Erwartung nach am meisten zur Sterbeziffer in der Dritten Welt beitragen werden (AIDS bildet eine Kategorie für sich). Die spektakulären neuen und neuen-alten Krankheiten, die in letzter Zeit Schlagzeilen machen, sind keineswegs die größten Killer. Ein einziger Fall von Ebola, Lassafieber, Marburg-Virus-Krankheit oder einer ähnlich exotischen Virusinfektion mag zwar ausreichen, Panik auszulösen und Aufmerksamkeit in Hollywood zu erregen, aber für die Zwecke der Bevölkerungsreduktion liegen die wirklichen Neuigkeiten auf anderen Gebieten.

Tuberkulose
Die tödlichsten Krankheiten finden sich unter den neuen Ausprägungen altbewährter Übel. Die seit der Antike bekannte Tuberkulose entwickelt mit hoher Geschwindigkeit tödliche Stämme, die gegen zahlreiche Medikamente resistent sind. Insgesamt starben 1995 daran über drei Millionen Menschen. Ihr Mortalitätspotenzial und ihre bevorzugten Zielgruppen machen sie für die Zukunft zu einem überaus viel versprechenden Instrument der Bevölkerungsreduktion.

In dem Maße, wie die Krankheit um sich greift und an Schwere gewinnt, könnte die Gesellschaft beschließen, Infizierte zwangsweise zu internieren und medizinisch zu versorgen oder sogar zu inhaftieren wie die mit Typhus infizierte Köchin «Typhoid Mary», die 1907 in New York verhaftet wurde und für die meiste Zeit ihres Lebens eingesperrt blieb. Wenn die Tbc-Fälle in New York weiter zunehmen (1994 waren es viertausend, davon ein hoher Prozentsatz in Harlem), werden sie mit Sicherheit zu größerer sozialer Kontrolle führen. Schon jetzt können in New York Patienten verhaftet werden, die zu Untersuchungsterminen nicht erscheinen oder sich weigern, ihre Medikamente zu nehmen.

Es mag sein, dass man wieder strenge Quarantänemaßnahmen (*Quarantina* bedeutet vierzig Tage) einführt, um Ansteckung zu verhindern, vor allem an den Staatsgrenzen. Solche Zwangsmaßnahmen würden die «individuellen Menschenrechte» des Patienten zugunsten des Überlebens der Gemeinschaft schwächen, und eben diese Mentalität möchten wir fördern.

Unter den vielen Vorzügen der Tuberkulose als Instrument der Bevölkerungsreduktion möchten wir folgende besonders hervorheben:

- Tbc hat offenbar selbst in ihren neuen resistenten Formen ihre Schockwirkung verloren. Obwohl sie in Europa früher für jeden siebten Todesfall verantwortlich war, bringen die Menschen heute sie nur noch mit Opernheldinnen des 19. Jahrhunderts in Verbindung, die in Mansardenstübchen ihr Leben aushauchen.

- Nach Schätzungen von Gesundheitsexperten würde ein wirkungsvolles weltweites Vorgehen gegen Tuberkulose jährlich etwa hundert Millionen Dollar verschlingen. Internationale Fonds zu ihrer Ausrottung und Behandlung bringen zurzeit lediglich sechzehn Millionen Dollar auf.
- Der BCG-Impfstoff zeigt im Norden noch bei etwa zwei Dritteln der geimpften Kinder eine Wirkung, während Feldversuche in Afrika ergeben haben, dass er dort keinerlei Schutz mehr bietet, vermutlich weil die Betreffenden mit Bakterien infiziert sind, die es im Norden nicht gibt. Damit ist der Süden dieser Krankheit ohne jeden Impfschutz ausgesetzt.
- Im Norden hat man in den siebziger Jahren des 20. Jahrhunderts viele Sanatorien und Kliniken geschlossen, weil man Tuberkulose für überwunden hielt. Im Süden hören viele Menschen auf, ihre Medikamente gegen Tbc zu nehmen, sobald sie sich besser fühlen; so können sie andere anstecken und tragen dazu bei, die Resistenz der Bazillen zu erhöhen.
- Die Diagnose ist zeitraubend: Labortests brauchen bis zu einem Monat, um eine normale Tbc zu erkennen, und bei medikamentenresistenten Formen auch zwei Monate. Bis dahin hat der Krankheitsträger seine Infektion bereits weitergegeben.
- Tuberkulose birgt, besonders in ihren virulenteren Ausprägungen, eine hohe Anfälligkeit für unerwünschte Bevölkerungsschichten: HIV-Infizierte sind besonders anfällig, gegenwärtig ist Tbc die führende Todesursache bei AIDS-Kranken. In der ehemaligen Sowjetunion ist sie stark verbreitet unter Gefangenen und ehemaligen Gefangenen, die zu Tausenden infiziert sind. In den unteren Einkommensschichten von New York und London kommt Tbc in signifikantem Maße vor. Stark gefährdet sind auch Flüchtlinge, da sie umherziehen und, selbst wenn sie richtig diagnostiziert wurden, die Behandlung nur selten abschließen.

- Die Behandlung von Tbc ist kostspielig. Nach Angaben der WHO belaufen sich die Behandlungskosten in den Vereinigten Staaten bei einem ambulanten Tbc-Patienten auf zweitausend Dollar, können aber bei der Behandlung eines medikamentenresistenten Stammes nach modernsten Verfahren auch astronomische Summen von 250 000 Dollar erreichen. Der soziale Hintergrund der Patienten (AIDS-Infizierte, Gefangene, Bewohner ärmerer Stadtviertel) dürfte die Gesellschaft wohl davon abbringen, noch wesentlich länger solche Summen zu investieren.

Paradoxerweise behauptet die WHO, dass zumindest in der Dritten Welt einzelne Tbc-Kranke mit Medikamenten im Wert von dreizehn Dollar geheilt werden könnten. In diesen Ländern beziehen sich aber nur 0,2 Prozent der Ausgaben im Gesundheitswesen auf die Bekämpfung von Tuberkulose, obwohl sie häufig eine der Haupttodesursachen darstellt. Und von der Auslandshilfe an Dritte-Welt-Länder fließt nur ein verschwindend geringer Anteil von 0,4 Prozent in die Bekämpfung von Tbc. Wie die Weltgesundheitsorganisation zudem feststellt, kommt es in vielen armen Ländern zu «Störungen bei der Versorgung mit Medikamenten gegen Tbc. Solche Störungen sind ein sicherer Weg, die Ausbreitung medikamentenresistenter Tbc-Stämme zu fördern.»

Angesichts all dieser Faktoren, die für eine zunehmend ungezügelte Ausbreitung der Infektion sprechen, halten wir Tuberkulose für einen wichtigen Beitrag zur Populationsreduktionsstrategie. Denn zum einen stehen für die Forschung und andere Maßnahmen gegen Tbc nur kärgliche Mittel zur Verfügung, und zum anderen wird jedes Handeln, wenn die Gesellschaft die Notwendigkeit dazu schließlich erkennt, umso schwieriger und kostspieliger, je länger die Epidemie vernachlässigt wird. Allein von 1994 bis 1995 stieg die Zahl der Todesfälle durch Tbc um dreizehn Prozent. Diese Prozentzahlen dürften durch Koinfektionen mit HIV und Tbc sowie durch die oben beschriebenen Synergieeffekte vermutlich gleich bleiben oder sogar steigen.

Malaria

An zweiter Stelle der tödlichen Infektionskrankheiten in der Dritten Welt steht neben AIDS die Malaria, eine weitere uralte Plage. Wie die Tuberkulose hat auch die Malaria besonders tückische medikamentenresistente Stämme entwickelt. Die massive, flächendeckende Anwendung von DDT und anderen starken Insektiziden führte zur Selektion hoch resistenter Anopheles-Mücken, deren Stiche jene vier verschiedenen Arten von Plasmodium-Parasiten übertragen, die jährlich dreihundert bis fünfhundert Millionen Menschen infizieren und fast drei Millionen töten. Wie bei der Tuberkulose führte auch hier ein anfänglich starker Rückgang der Infektionen in den siebziger Jahren zu einem falschen Gefühl der Sicherheit. Die Zahl der Plasmodium-Träger ging weltweit auf vier bis fünf Millionen zurück, und durch die anschließende Selbstzufriedenheit konnten die Parasiten wieder die Oberhand gewinnen.

Anfang der neunziger Jahre stießen Ärzte in Indochina zum ersten Mal auf einen Malariastamm, der gegen alle bekannten Therapien resistent war. Das Gleiche gilt mittlerweile für Regionen von Gabun und Kenya. Auch in anderen Teilen Afrikas sowie in Indien und Lateinamerika gewinnt die Resistenz an Boden. Zudem breiten sich durch die Erderwärmung die Malariagebiete aus. Vierzig Prozent der Weltbevölkerung lebt in hoch gefährdeten Zonen.

Der großflächige Insektizideinsatz vom Flugzeug aus ist nicht mehr machbar; heute müsste jedes sinnvolle Kontrollprogramm und wirkungsvolle Vorgehen universell und von der Weltgesundheitsorganisation international koordiniert sein sowie über großzügige Finanzmittel verfügen. Viele Faktoren, die wir bereits bei der Tuberkulose angeführt haben, machen auch die Malaria zu einem nützlichen Hemmnis für das Bevölkerungswachstum, mit dem zusätzlichen Vorteil, dass sie wesentlich weniger Menschen im Westen als Bewohner tropischer Gebiete befällt. Für unsere Zwecke genügt es praktisch schon, die Finanzmittel zu kürzen oder völlig zu streichen, da viele Behandlungswege bereits weitgehend blockiert sind.

Pharmakonzernen mangelt es notorisch an Bereitschaft, in die gezielte Medikamentenforschung für Armutsgebiete zu investieren. Und ohnehin verlieren neue Mittel gegen Malaria sehr bald ihre Wirkung: beim letzten, lautstark angepriesenen Mittel hielt sie etwa drei Jahre an. Das Medikament Mefloquine, das zur Heilung und Prävention eingesetzt wird, erzeugt bei vielen Patienten schwere, schwächende Nebenwirkungen, und mit der Zeit dürften auch solche neuen Medikamente die Resistenz fördern. Derzeit konzentriert sich das Interesse auf Stickoxide und Cocktails aus Anti-Malariamitteln und Antibiotika.

Ein chinesisches Kräuterpräparat, hergestellt aus Wermut und indischem Zedrach, wirkt anscheinend ebenfalls viel versprechend gegen Malaria, aber auf Naturheilmittel entfallen nur spärliche Forschungsmittel, weil sie nicht patentfähig sind und keinen Gewinn abwerfen. Ein kolumbianischer Arzt hat einen Impfstoff entwickelt, der nach eigenen Angaben einen Schutz von sechsunddreißig bis fünfundfünfzig Prozent bietet, da er jedoch die Formel und die Rechte der Weltgesundheitsorganisation geschenkt hat, statt sie an einen Konzern zu verkaufen, wird der Stoff nicht entwickelt, solange dafür keine öffentlichen Mittel bereitgestellt werden.

Das einzige quasi dauerhafte Mittel gegen Malaria besteht vermutlich in verschiedenen Umweltmaßnahmen (etwa Fische und andere natürliche Feinde von Moskitos und Larven auszusetzen), aber auf diesem Gebiet steht die Forschung noch ganz am Anfang. Die gegenwärtigen Aussichten, Malaria einzudämmen oder gar auszurotten, sind eher trübe.

Wir empfehlen daher, einerseits der Natur ihren Lauf zu lassen und andererseits vor den Gefahren des Reisens zu warnen. Von Reisen ins Grenzgebiet zwischen Thailand und Birma ist schon heute westlichen Touristen dringend abzuraten, da es das Epizentrum einer resistenten Malaria ist, die sich bereits auf Nordthailand und weite Teile Kambodschas und Birmas ausgedehnt hat. Um die Ausbreitung zu beschleunigen, sollte man Flüchtlingslager in diesem Gebiet schließen, damit das Plasmodium weiterwandern kann. Die Mücken brauchen nicht zu wandern; die Übertragung erfolgt durch Menschen, die mit resistenten Parasiten infiziert sind und erneut gestochen werden.

US-Soldaten sollte man von Malariagebieten fern halten. Jedes Mal, wenn ein GI sich infiziert, erhöht die US-Armee ihre Investitionen in die Malariaforschung. Ohne dieses amerikanische Interesse werden eher noch weniger Mittel für die Forschung zur Verfügung gestellt, was den Fortschritt in Bezug auf neue Heilmittel erheblich verzögern dürfte.

Exotika

Welche Aussichten bestehen für «exotische» Krankheiten? Innerhalb weniger Jahre haben isolierte Epidemien, erschreckende Symptome und talentierte Autoren es geschafft, dass ehemals unbekannte Krankheiten wie «Ebola» heute in aller Munde sind. Für die Populationsreduktionsstrategien erwarten wir von diesen in «heißen Zonen» beheimateten Viren relativ wenig, ob es sich nun um Filoviren (Vektor unbekannt, möglicherweise Fledermäuse oder Affen: Ebola, Marburg, Reston), um Arenaviren (Verbreitung durch Nagetiere: Machupo, Choriomeningitis, hämorrhagisches Fieber, Lassafieber) oder um Bunyaviren handelt (Verbreitung durch Zecken: hämorrhagische Fieber wie Kongo-Krim-Fieber oder Renalsyndrom). Eben weil diese Krankheiten so spektakulär sind, wurde ihr Ausbruch genauestens beobachtet und zumindest bisher schnell eingedämmt.

Kulturelle Praktiken, die es im Westen nicht gibt, fördern die Ansteckung. In den meisten afrikanischen Gesellschaften ist Körperkontakt zu Toten üblich, da Leichen gewaschen und Urin und Fäkalien entfernt werden müssen, was eine Übertragung von Viren auf Familienangehörige und andere Trauernde praktisch garantiert. Wir schließen die Möglichkeit zwar nicht aus, dass der Träger eines tödlichen Virus mit dem Flugzeug nach New York oder Paris fliegt, dennoch sehen wir diese Krankheiten nicht als Verursacher eines möglichen Massensterbens. Der gefürchtete Ebolavirus reagiert zum Beispiel extrem empfindlich auf Ultraviolettlicht. Sollten diese exotischen Viren sich jedoch weit genug ausbreiten, um schnell zu mutieren, ließen sich die Folgen natürlich nicht absehen.

In gewisser Weise kann der Ausbruch einer erschreckenden ungewöhnlichen Krankheit der Sterblichkeitsziffer über die eigentliche Vernichtungskraft des Virus hinaus nachhelfen. Da es die Menschen im Westen aus langer Erfahrung und mit gutem Grund gewohnt sind, dass ihre Ärzte und Krankenschwestern ein hohes Maß an Professionalität und Aufopferungsbereitschaft mitbringen, tendieren sie dazu, ein derart altruistisches Verhalten automatisch bei medizinischem Fachpersonal auf der ganzen Welt vorauszusetzen. Diese Einstellung sollten sie überdenken.

Als 1994 in Surat, Westindien, die Pest ausbrach (*Yersinia pestis*), flohen zwei Drittel der niedergelassenen Ärzte aus der Stadt, und nur ein Bruchteil des Krankenhauspersonals erschien zum Dienst. Hundert Pestkranke, die ins Krankenhaus kamen und feststellten, dass medizinische Hilfe nicht zur Verfügung stand, gingen wieder nach Hause und verbreiteten die Krankheit weiter. Man musste das Militär hinzuziehen, um die anderen Patienten im Krankenhaus zu halten und eine weitere Ansteckung zu verhindern. In manchen Fällen kann das Verhalten der medizinischen Fachkräfte also tatsächlich dazu beitragen, eine Krankheit zu verbreiten.

Altbewährtes

Kinder- und Säuglingssterblichkeit lässt sich durch Flaschennahrung fördern. In der Dritten Welt garantiert der Muttermilchersatz, dass ein hoher Prozentsatz der so ernährten Säuglinge nicht die ausreichende Nahrungsmenge erhält (zu teuer) und unsauberes Wasser aus nicht sterilisierten Fläschchen und Saugern zu trinken bekommt.

Durch die Luft übertragene Atemwegserkrankungen wie die medikamentenresistente Lungenentzündung kehren ebenso zurück wie Masern (eine Million Todesfälle jährlich) und Keuchhusten

(300 000). Bei der hohen Geschwindigkeit, mit der überall um uns herum Viren mutieren, lässt sich nicht ausschließen, dass eine neue «spanische Grippe» ausbricht (die eigentlich aus Asien kam). Damals, 1917/1918, starben daran fünfundzwanzig Millionen Menschen, drei Mal so viele wie im Ersten Weltkrieg.

Unter den durch Wasser übertragenen Erkrankungen ist die Diarrhö die grundlegendste und zuverlässigste. Wenn es an oraler Rehydration fehlt, kann sie Kleinkinder innerhalb von Stunden umbringen und rafft alljährlich zweieinhalb Millionen Kinder und eine halbe Million Erwachsene dahin. Zurzeit sind etwa achtzig Millionen Menschen endemischer Cholera ausgesetzt

Einige wenige Krankheiten gehen rapide zurück, darunter die Lepra und der Guineawurm. Die WHO glaubt, bis 2005 Polio ausrotten zu können, obwohl Kriege, minderwertige Impfstoffe und ein Mangel an gekühlten Lagermöglichkeiten bewirken könnten, dass sie ihr Ziel verfehlt. Bislang gibt es immer noch 100 000 Polio-Fälle pro Jahr.

Diese kleineren Teilerfolge lassen sich durch eine Intensivierung bewaffneter Auseinandersetzungen und die Förderung von Ballungsgebieten leicht zunichte machen. Jeder lokale Konflikt bedeutet ein Plus für die Populationsreduktionsstrategie, da er die tagtägliche Arbeit im öffentlichen Gesundheitswesen erschwert und das Eingreifen schwieriger und gefährlicher macht. Alle Maßnahmen, die weite Teile des Globus zu Niemandsland machen, steigern zwangsläufig die Sterbeziffern.

Die Gewalt in Algerien hat zur Schließung von Krankenhäusern geführt und staatliche Maßnahmen im Gesundheitswesen wie Schutzimpfungen schwierig werden lassen. Die Kindersterblichkeit ist nach zwanzig Jahren ständig sinkender Raten erstmals wieder gestiegen. Das weite Seengebiet Afrikas, das unter einer großen Zahl von Flüchtlingen und anderen Auswirkungen der Massaker in Ruanda leidet, entpuppt sich als eine Fallstudie zu Gewalt und Chaos als günstigen Vektoren für Krankheiten von Masern bis Malaria. Unzählige Leichen wurden in den Kivusee geworfen, aus dem Menschen ihr Trinkwasser holten. Die Folge waren 50 000 Cholera-Opfer.

Falls es jemand bezweifelt haben sollte, hat die «Habitatstudie» der Vereinten Nationen nun wissenschaftlich bewiesen, dass die «Gefährdungsintensität» – Kinder, die sich ein Bett teilen oder mit Haustieren wie Schweinen unter einem Dach leben – das Auftreten von Krankheiten weit stärker erhöht, als man es allein von schlechten hygienischen Verhältnissen erwarten dürfte. Der Intensitätsfaktor gilt für Tbc, Masern, Keuchhusten und Diarrhö, die sich in beengten Wohnverhältnissen und überbevölkerten Wohnvierteln schneller ausbreiten und häufiger zum Tode führen.

AIDS

So mannigfaltig die Möglichkeiten von Tuberkulose, Malaria, exotischen oder altbekannten Krankheiten auch sein mögen, AIDS wird die Lage der Menschheit weit stärker verändern als jede dieser Krankheiten. Auch wenn AIDS noch nicht die erste Stelle unter den tödlichen Krankheiten dieser Erde einnimmt, trägt die Infektion schon jetzt in ungewöhnlich hohem Maße zur Sterbeziffer bei, besonders in den Ländern der südlichen Hemisphäre. Im Norden stecken sich immer weniger Menschen mit der erworbenen Immunschwäche AIDS an. Über neunzig Prozent aller neuen Fälle treten in der Dritten Welt auf, drei Viertel davon in Afrika.

Wie viele Menschen haben AIDS? Mitte 1997 betrug die offizielle Zahl der an die WHO *gemeldeten* Fälle lächerliche 1,65 Millionen. Das UN-Programm für HIV/AIDS schätzte die wahre Zahl der Virusträger schon 1996 auf 30,6 Millionen und die Neuinfektionen auf täglich 16 000, jährlich 5,8 Millionen. Hier haben wir also einen beispiellosen Verbündeten der Bevölkerungsreduktion: Ein jährlicher Zuwachs von neunzehn Prozent, davon über zwei Drittel in Schwarzafrika und zweiundzwanzig Prozent in Asien. Neuinfektionen konzentrieren sich auf junge Menschen zwischen fünfzehn und vierundzwanzig Jahren, davon zehn Prozent Kinder.

An die zwölf Millionen Menschen sind bereits an AIDS gestorben, vier Fünftel davon in Afrika. Und die Sterbezahlen nehmen in gewaltigen Schritten zu: Die AIDS-Toten des Jahres 1997 machen ein Fünftel aller AIDS-Toten seit Beginn der Epidemie aus, eine Steigerung von fünfzig Prozent gegenüber 1996. Diese Fakten zeigen, dass sich die Krankheit ausbreitet wie ein Lauffeuer.

Soweit die Zahlen. Doch auch die AIDS-Soziologie arbeitet für die Populationsreduktionsstrategie. Offizielle und religiöse Einstellungen zur Sexualität befördern weiterhin die Ausbreitung von AIDS. Prüde öffentliche Verwaltungen weigern sich anzuerkennen, dass in ihrer Gesellschaft Homosexualität, außerehelicher Geschlechtsverkehr, Prostitution, Promiskuität und Drogensucht weit verbreitet sein können.

Ob es sich um moslemische Staaten, China, Japan, Russland, Indien oder Afrika handelt, kollektives Leugnen und die Überzeugung «Hier kann das nicht passieren» verzögern eine öffentliche Aufklärung und Prävention. So bekommt die Krankheit Zeit, tiefe Wurzeln zu ziehen.

Moslemische Kleriker behaupten, islamische Werte würden die Menschen vor der Krankheit bewahren, und wer sich dennoch infiziere, bekäme lediglich, was er verdiene. Nach Ansicht einiger Kleriker müssten diese infizierten Menschen geächtet werden. Ein Mufti in Dubai beruft sich auf den Rat des Propheten zu Infektionskrankheiten: «Lauf vor ihnen davon wie vor einem Löwen» und bekundet: «Wer mit diesem Virus infiziert ist, steht auf Kriegsfuß mit Gott und dem Propheten und wird für seine Sünden bestraft (es sei denn, er hätte sich ohne eigenes Verschulden infiziert). Man sollte diese Menschen daher um jeden Preis meiden.»

Ebenso wie katholische Geistliche können auch die moslemischen Kleriker nicht für die Benutzung von Kondomen eintreten, die ihrer Ansicht nach die «sexuelle Freizügigkeit» fördern. Ein anderer islamischer Schriftgelehrter erklärt: «AIDS-Kranke sind weder heilbar noch von irgendeinem Nutzen für die Gesellschaft, außer dass sie diese schreckliche Krankheit verbreiten. Man sollte sie in eigenen Dörfern isolieren wie Leprakranke.»[21]

Prävention wird vernachlässigt, weil man das Problem entweder leugnet oder die verschuldeten Staaten kein Geld für Aufklärungskampagnen haben. Und was die Behandlung angeht, so kostet die medizinische Versorgung eines Patienten in Afrika ebenso viel wie eine Grundschulbildung für zehn Kinder in einem Jahr. In Zimbabwe, wo jede Woche schätzungsweise neunhundert Menschen an AIDS sterben, hat der Staat teure Behandlungen wie die Dialyse bei Nierenkranken eingestellt, weil er sein knappes Geld nicht für Sterbende aufwenden kann.

Auch kulturbedingte Einstellungen des Einzelnen, vor allem das Machoverhalten, begünstigen die Ausbreitung des Virus. In Afrika spotten Männer höhnisch über Kondome, nach der Maxime: «Du duschst ja auch nicht im Regenmantel.» Im französischsprachigen Afrika wird SIDA, die französische Abkürzung für AIDS, hämisch ausgelegt als *Syndrome Imaginaire pour Décourager les Amoureux* (Eingebildetes Syndrom zur Abschreckung Liebender) und damit als Erfindung der «Weißen» gegen die afrikanische Sexualität abgetan.

Vor allem auf dem Land gilt es keineswegs als erwiesen, dass die Ursache dieser Krankheit ein Virus oder überhaupt körperlicher Natur ist: Manchmal heißt es, sie käme von «Nachtmenschen» oder «Hexen» und ließe sich durch die Einhaltung festgelegter Riten und Gebräuche vermeiden. Dass man eine AIDS-Infektion nur durch ein entsprechendes Sexualverhalten verhindern kann, ist in Afrika und der übrigen Dritten Welt keineswegs Allgemeinwissen.

In vielen Gesellschaften sind die Frauen wirtschaftlich völlig von Männern abhängig und ohne jede Kontrolle über ihre Sexualpartner einschließlich ihrer Ehemänner, die ungeschützten Sex verlangen, auch wenn sie außerhalb der Ehe Umgang mit Prostituierten pflegen. Die meisten infizierten Frauen in arabischen Ländern wurden von ihren Ehemännern angesteckt. In Extremfällen sehen sich Frauen zur Prostitution gezwungen, um ihren Lebensunterhalt zu sichern. Weibliche Sexarbeiterinnen sind offenkundig am stärksten gefährdet, da ihnen gewöhnlich die Mittel fehlen, um auf geschütztem Verkehr zu bestehen. Seit Mitte der achtziger Jahre sind die Fernfahrerrouten in Afrika als Brutstätten für AIDS berüchtigt.

Nur wenige Jahre nach der ersten bekannt gewordenen HIV-Infektion in Indien Anfang der neunziger Jahre gibt es dort mehr AIDS-Fälle (drei Millionen) als in jedem anderen Land. Bei einer Bevölkerung von 950 Millionen mögen drei Millionen unbedeutend erscheinen, aber Experten rechnen bis zu Beginn des neuen Jahrhunderts mit mindestens zehn, vielleicht sogar zwanzig bis fünfzig Millionen Virus-Trägern und sehen Indien als das kommende AIDS-Zentrum der Welt.

Zum Teil mag dies an den fünf Millionen Fernfahrern des Landes (die im Jahr durchschnittlich hundertfünfzig bis zweihundert Mal Geschlechtsverkehr mit wechselnden Frauen und Mädchen haben) und an den zehn Millionen Prostituierten liegen. Hunderttausend von ihnen arbeiten als «Käfigmädchen» in Bombays berüchtigtem Rotlichtbezirk an der Falkland Road. Über die Hälfte von ihnen sind bereits HIV-infiziert. Auch hier greift die Epidemie schon auf Familien über und erreicht Frauen, die erklärtermaßen nie mit einem anderen als ihrem Ehemann verkehrten.

Über kurz oder lang tendiert die Epidemie in jedem Land letztlich zu den am stärksten marginalisierten und verachteten Gruppen der Gesellschaft, ganz gleich, wie und wo sie auch eingesetzt haben mag. In Brasilien wütet die Epidemie, die unter Kokain schnupfenden Jetsettern mit wechselnden Sexualpartnern ausbrach, mittlerweile in den Favelas. In Afrika gehörten die ersten Infizierten ebenfalls der Oberschicht an, doch mittlerweile verlagert sich die Epidemie auf die Unterschicht. Auch in den Vereinigten Staaten finden sich neue AIDS-Opfer nicht mehr unter reichen Homosexuellen, sondern in armen Stadtvierteln. AIDS eignet sich hervorragend für Populationsreduktionsstrategien, weil es dem Bedürfnis nach einer Bestrafung der «Sünder» entgegenkommt und die Spreu vom Weizen der Gesellschaft trennt. Ein indischer Intellektueller erklärte gegenüber einem westlichen Reporter, der über

AIDS in Bombay recherchierte, die Krankheit werde seinem Land gut tun, da sie die «breite Unterschicht entvölkern» werde. Eine solche Mentalität, die für unsere Zwecke wie geschaffen ist, lässt sich auch in Gesellschaften fördern, die nicht wie Indien von Kastendenken geprägt sind. Überall gilt eine AIDS-Infektion als «selbst verschuldet», und letzten Endes werden sich die Opfer in den untersten sozialen Schichten konzentrieren.

Die AIDS-Forschung verfügt im Vergleich über erstaunlich hohe Finanzmittel, weitgehend weil die ersten, gut organisierten AIDS-Kranken in den Vereinigten Staaten erheblichen Druck auf die Bundesregierung ausüben konnten. Der US-Etat für die AIDS-Forschung stieg zwischen 1982 und 1996 von null auf 1,4 Milliarden US-Dollar. Tausende Wissenschaftler erforschen HIV und das mit diesem Virus verknüpfte Syndrom; viele sprechen bereits von einem Heilmittel, zumindest aber von einem Mittel, das den Virus über Jahre hinweg in Schach halten kann, vorausgesetzt die Patienten halten sich an strikte Regeln.

Doch zu welchem Preis? Eine Tripeltherapie für ein Jahr kostet in den Vereinigten Zeiten zurzeit mindestens zehntausend bis fünfzehntausend US-Dollar und bleibt somit für viele HIV-Infizierte ohne Krankenversicherung unerschwinglich. Die Hersteller von AIDS-Medikamenten (Merck, Abbott, Roche, Glaxo Wellcome) weisen darauf hin, dass die medikamentöse Behandlung wesentlich weniger kostet als die Pflege eines sterbenden AIDS-Kranken, was durchaus stimmt: in den Vereinigten Staaten würden sich jährliche Krankenhauskosten auf mindestens sechzigtausend Dollar belaufen.

Für sämtliche AIDS-Kranken der Dritten Welt wird die Behandlung praktisch unerschwinglich bleiben. Indiens AIDS-Budget beläuft sich auf armselige zwanzig Millionen Dollar, das sind pro Kopf etwa zwei Cent. Schon den ungeschützten Geschlechtsverkehr betreffend, sind die Kosten ein entscheidender Faktor. Nach Schätzungen der WHO könnten sich die Kosten für Kondome, die Dritte-Welt-Länder aus ihren Mitteln kaufen, von 1995 bis 2005 auf 1,3 Milliarden Dollar addieren – eine Summe, die sie nicht annähernd aufbringen dürften.

Unterdessen wenden sich Moralpuristen gegen großflächige klinische Versuche mit Impfstoffen und Medikamenten in armen Ländern, weil einige Teilnehmer Placebos erhalten werden. Doch gerade weil die Infektion in Schwarzafrika so weit verbreitet ist, könnten Wissenschaftler hier an genügend Versuchspersonen Studien vornehmen, um in wesentlich kürzerer Zeit signifikante Ergebnisse zu erzielen, als es ihnen in entwickelten Ländern möglich wäre. Außerdem möchten sie die Wirkung verschiedener Medikamente auf «naive» Patienten testen, die nie eine medizinische Behandlung erhalten und daher auch keine Medikamentenresistenz entwickelt haben.

Die Ethiker führen außerdem an, dass arme Menschen von den Medikamenten nicht profitieren werden, für deren Erprobung sie ihre Gesundheit riskiert haben. Sobald die Testreihen abgeschlossen seien, würde man ihnen keine Medikamente mehr geben, sofern sie nicht den Marktpreis zahlen könnten, und deshalb sollten diese Versuchsreihen auch gar nicht in diesen Bevölkerungsgruppen erfolgen. Solange die klinischen Tests nicht westlichen Vorschriften genügten, sollten sie auch nicht bei Menschen der Dritten Welt angewandt werden.

Für unsere Zwecke stellen wir uns auf die Seite der Ethiker: Langsamere, kostspieligere Testreihen schaffen mehr zeitlichen Spielraum für die Ausbreitung von AIDS. So kann sich der Virus nicht nur unter Versuchspersonen ausbreiten, die Placebos erhalten, sondern unter all jenen Menschen, die ansonsten vielleicht eine effektive Therapie erhalten hätten. Ein neues Medikament gegen AIDS auf den Markt zu bringen kostet über fünfhundert Millionen Dollar.

Was die Kontamination unerwünschter Bevölkerungsgruppen in reicheren Ländern angeht, so bilden infizierte Nadeln offenbar den kürzesten und effizientesten Weg. In den USA gibt es schätzungsweise ein bis zwei Millionen Abhängige, die Drogen intravenös nehmen und nur selten Zugang zu sterilen Nadeln haben. Zweihunderttausend Süchtige leben allein in New York, und die Hälfte von ihnen wurde 1995 HIV-positiv getestet. Eine Studie in einer ukrainischen Stadt ergab, dass die Infektionsrate bei Abhängigen von intravenös verabreichten Drogen innerhalb eines einzigen Jahres von fünf auf sechzig Prozent anstieg.

Politiker scheuen den Gedanken, Austauschprogramme für Injektionsnadeln zu finanzieren, da sie Wahlkampfspots fürchten, die einen Heroinabhängigen beim Spritzen zeigen, unterlegt mit dem Kommentar: «So gibt Herr X Ihre Steuergelder aus». Wo Austauschprogramme für Injektionsnadeln durchgeführt wurden wie in Großbritannien, den Niederlanden und sogar in Katmandu, haben sie zu einer Stabilisierung der HIV-Infektionen unter Drogenabhängigen geführt.

Nach unserer Ansicht wird AIDS einen entscheidenden Faktor der Populationsreduktionsstrategie darstellen und dazu beitragen, dass eine existentielle Umgewichtung der «Bio-Politik» erfolgt, weg von der Sorge um das (statistische) Wohlergehen einer gegebenen Bevölkerung und hin zur Reduzierung einer verseuchten Unterschicht. Der «Souverän» braucht sich um die einzelnen Mitglieder dieser Schicht nicht zu kümmern, da ihr eigenes Sexualverhalten sie auf äußerst kosteneffektive Weise zum Tode verurteilt.

In dem Maße, wie AIDS unweigerlich auf der sozialen Skala nach unten drängt, wird der «Bio-Politiker» lernen, das mit Finanzierungsprogrammen für den Bodensatz der Menschheit nur wenige Stimmen zu gewinnen sind. Mitleid mit diesem Abschaum mag zwar eine Tugend sein, wie Mutter Teresa sie an den Tag gelegt hat, doch es bleibt eine heldenhafte Tugend. Und zum Glück sind Politiker in den seltensten Fällen Helden.

2.4 Prävention

Eroberung, Krieg, Hunger und Seuchen haben seit urdenklichen Zeiten dazu beigetragen, die Menschheit in ihrem Wachstum zu beschneiden, und bis heute nicht an Bedeutung verloren. Wir haben zu zeigen versucht, wie sie sich an die modernen Verhältnisse anpassen lassen.

Wenden wir uns nun den Populationsreduktionsstrategien zu, die der heilige Johannes und Malthus sich nie hätten ausdenken können, weil sie präventiv sind und Politik und Technologie des 21. Jahrhunderts erfordern, zwei Faktoren, die sich nicht völlig voneinander trennen lassen. Während Malthus keine Alternative zur «moralischen Zurückhaltung» sah, besitzen präventive PRS von heute ein ebenso großes, wenn nicht gar größeres Potenzial, die Gesamtzahl der Weltbevölkerung zu reduzieren, als die schon beschriebenen kurativen Verfahren. Dieses Kapitel befasst sich mit den Möglichkeiten, die eine Geburtenkontrolle bietet.

Fertilia und Sterilia

Beginnen wir mit einem Gleichnis: Zwei Länder, Fertilia und Sterilia, haben eine ähnliche Geschichte des Kolonialismus hinter sich, eine vergleichbare Bevölkerung und gleiche Fruchtbarkeitsraten, als sie Ende der fünfziger Jahre unabhängig werden. In beiden Ländern ist die Sterblichkeit dank der Verbreitung medizinischer

Kenntnisse und grundlegender Hygienemaßnahmen bereits drastisch gesunken.[1]

Das postkoloniale Sterilia wird von einer nach außen orientierten Schicht aus Geschäfts- und Kaufleuten regiert, die sofort mit Nachdruck ein Familienplanungsprogramm verfolgen, das erhebliche institutionelle Unterstützung erhält und den Menschen materielle Anreize bietet. Sichere Abtreibungen und Sterilisationen werden bei Bedarf ermöglicht und Verhütungsmittel von Gesundheitszentren an strategisch günstigen Orten umsonst abgegeben. Die Kinder, die geboren werden, sind erwünscht und werden geliebt.

Fertilia wiederum wird angeblich von Großgrundbesitzern regiert, doch hinter diesen steht ein traditionalistischer Geistlicher, der die Ansicht vertritt, die Natur solle ihren Lauf nehmen, was sie natürlich auch tut. Und wie nicht anders zu erwarten, ist in Fertilia vier Jahrzehnte nach Erlangen der Unabhängigkeit die Bevölkerung im erwerbsfähigen Alter vier Mal so groß wie vorher. Angesichts der vielen Kinder wäre eine Verbesserung des Status quo unter jeglichen Umständen schwer zu erreichen, aber Fertilia braucht schon wesentlich mehr Geld als Sterilia, um auch nur den früheren Lebensstandard beizubehalten.

Wenn eine Bevölkerung jährlich um zwei Prozent wächst und die Menschen weiterhin ebenso gut leben wollen, müssen alljährlich auch zwei Prozent mehr Schulen, Krankenhäuser, Lehrer, Ärzte, Maschinen und Anlagen in jedem Industriezweig, Arbeitsplätze in jedem Beruf und so weiter her. Das geschieht jedoch nicht. Vor allem Ackerland weigert sich hartnäckig, um zwei Prozent im Jahr zu wachsen, was zu chronischer Arbeitslosigkeit auf dem Land und Massenabwanderung in die von Kriminalität geplagte Hauptstadt führt. Ihr geringes Einkommen brauchen die Menschen für das Lebensnotwendige. Da nicht nur die Rücklagen gering, sondern auch die Steuereinnahmen spärlich ausfallen, kann der Staat sich kaum Investitionen in die Infrastruktur leisten. Schulen haben den Versuch, auch nur Grundkenntnisse in Lesen und Schreiben zu vermitteln, schon lange aufgegeben, und Mädchen erhalten so gut wie gar keine Schulbildung. Fertilia kann nicht mehr genügend Nahrungsmittel produzieren, um seine Bevölkerung zu ernähren, und ist gezwungen, von Jahr zu Jahr mehr Nahrung zu importieren. Die Auslandsverschuldung wird zur schweren Bürde. Das Leben gerät völlig aus dem Lot.

Sterilia hat seit dem Abzug der Kolonialherren seine Bevölkerung im schulpflichtigen Alter stabil gehalten und sein Bildungswesen erheblich verbessert. Die Bevölkerung kann lesen und schreiben und mit ihrer Kompetenz eine Fülle angemessen komplexer Arbeiten übernehmen; das gilt auch für Frauen, die die Schule besucht haben und nicht mehr Kinder bekommen, als sie haben wollen. Ersparnisse und Investitionen haben Modernisierung, angemessene Gesundheitsversorgung und Verbesserungen der Infrastruktur ermöglicht. Die Landbevölkerung hat entweder eine anständig bezahlte Arbeit in der Landwirtschaft oder eigene Bauernhöfe. Die Nahrungsproduktion stellt kein Problem dar. Die Abwanderung vom Land in die Städte hält sich in Grenzen, und die urbane Landschaft ist beherrschbar. Das Leben mag zwar kein Paradies sein, aber mit Sicherheit besser als in Fertilia.

Genug der Fabel. Wollten wir fortfahren, würden wir feststellen, dass in Fertilia die Krankheiten gedeihen und importierte Nahrungsmittel für die Armen zu teuer sind, die häufig an Unterernährung und Hunger leiden. In absehbarer Zukunft wird Fertilia vermutlich versuchen, Sterilia zu erobern, seine Wirtschaftsgüter zu stehlen und die Bevölkerung zu versklaven oder abzuschlachten, denn Fertilia investierte einzig und allein in die Staatsarmee. Die Masse der arbeitslosen, unzufriedenen Jugendlichen wird ihrer Führung bereitwillig folgen, wenn sie in die Armee eingezogen werden, weil sie so wenigstens zu essen haben.

Länder wie Sterilia sind in der Dritten Welt rar, wie wir wissen. Ziel unserer Arbeitsgruppe und, wie wir vermuten, auch unserer Auftraggeber ist es, die Lebensqualität in der ganzen Welt zu verbessern, Ländern dabei zu helfen, mehr wie Sterilia zu werden, und so die freie Marktwirtschaft zu erhalten, die ansonsten von den ausufernden Massen der Fertilias überschwemmt wird.

Wenn die Lebensverhältnisse sich *tatsächlich* bessern sollen, reichen die korrektiven Populationsreduktionsstrategien, die wir aufgezeigt haben – die apokalyptischen Reiter – nicht aus. Darüber hinaus muss die Fortpflanzung durch Anreiz und Zwang in Bahnen gelenkt werden, die einem zivilisierten Dasein förderlich sind.

Fortpflanzungsarithmetik

Untersuchen wir zunächst die arithmetischen Eckdaten des Problems. Vor dreißig Jahren betrieben in der Dritten Welt lediglich zehn Prozent der Ehepaare Empfängnisverhütung.[2] Inzwischen soll die Zahl zwar angeblich auf sechzig Prozent gestiegen sein, doch das Bevölkerungswachstum nimmt den katastrophalen Verlauf, den wir bereits aufgezeigt haben.

Die Gründe für diesen traurigen Stand der Dinge sind wirtschaftlicher, politischer, sozialer und kultureller Natur, also sehr komplex. Allerdings wäre es durchaus möglich, im Bereich der Geburtenkontrolle einschneidende Maßnahmen zu ergreifen, da heute in der Dritten Welt:

- 120 Millionen Paare, die behaupten, sie wollten keine Kinder mehr oder nur in größeren Abständen, keinerlei Geburtenkontrolle betreiben;
- dreihundert Millionen weitere Paare Methoden der Geburtenkontrolle anwenden, die sie selbst für unbefriedigend oder unzuverlässig halten, was zu schätzungsweise dreißig Millionen unerwünschten Schwangerschaften im Jahr führt;
- alljährlich durchschnittlich vierzig bis fünfundvierzig Millionen Abtreibungen vorgenommen werden;
- die Folge sind 175 Millionen Schwangerschaften jährlich, abzüglich (+/–) zweiundvierzig Millionen Abtreibungen, ergibt 133

Millionen Lebendgeburten (nach Schätzungen der UN für 1995–2000);

- von diesen lebend geborenen Kindern kommen dreizehn Millionen (9,8 Prozent) in den entwickelten und 120 Millionen (90,2 Prozent) in den unterentwickelten Ländern zur Welt.

Laut WHO und anderen Organisationen ist ein hoher Anteil dieser 175 Millionen Schwangerschaften von den betroffenen Frauen (oder Paaren) nicht gewollt. Zu dreißig Millionen unerwünschten Schwangerschaften kommt es bei den dreihundert Millionen Paaren, die irgendeine Form (unzuverlässiger) Geburtenkontrolle praktizieren. Nehmen wir nach vorsichtigen Schätzungen an, dass von den 120 Millionen Paaren im fortpflanzungsfähigen Alter, die keinerlei Geburtenkontrolle praktizieren, aber sagen, dass sie es tun würden, wenn sie könnten, etwa ein Drittel schwanger wird. Auf diese beiden Gruppen entfielen also insgesamt siebzig Millionen unerwünschter Schwangerschaften, das sind vierzig Prozent aller erwünschten und unerwünschten Schwangerschaften, zu denen es jährlich kommt.

Selbst wenn man diese konservativen Schätzungen zugrunde legt und zudem annimmt, dass alle gegenwärtig vorgenommenen Abtreibungen ausschließlich innerhalb dieser beiden Gruppen vorkommen, ließen sich die Schwangerschaften von derzeit 175 Millionen auf 105 Millionen reduzieren, wenn man den Bedarf an Geburtenkontrolle bei diesen siebzig Millionen Paaren decken würde. Und selbst wenn all diese Schwangerschaften zu Lebendgeburten führten, würden somit jährlich achtundzwanzig Millionen Kinder weniger zur Welt kommen als gegenwärtig 133 Millionen. In Wirklichkeit wären die Auswirkungen wesentlich stärker, denn diese Kalkulation bezieht sich lediglich auf die beiden Gruppen, die nach eigener Aussage gar keine Kinder mehr bekommen wollen oder nur in größeren Abständen. Diese 420 Millionen Frauen stellen mit etwa fünfunddreißig Prozent nur einen Bruchteil der insgesamt ungefähr 1,2 Milliarden Frauen zwischen fünfzehn und neunundvierzig Jahren in der Dritten Welt dar. Und wenn man auch die übrigen 780 Millionen Frauen im fortpflanzungsfähigen Alter mit Methoden zur Geburtenkontrolle erreichen könnte?

Wenn die Frauen in der Dritten Welt die gleiche Geburtenrate hätten wie Frauen in den entwickelten Ländern, würden sie statt jährlich 120 Millionen nur dreiundfünfzig Millionen Babys zur Welt bringen; damit würde die Gesamtzahl der jährlichen Geburten weltweit nur noch 66,5 Millionen statt 133 Millionen betragen. Wenn gleichzeitig die jährlichen Sterbezahlen um nur ein Drittel zunähmen, würde sich die Weltbevölkerung sofort verringern.

Wir erwarten keine Wunder, möchten aber nachdrücklich auf den Spielraum für erhebliche, um nicht zu sagen spektakuläre Fortschritte hinweisen. Wie ließe sich eine solche Verbesserung der Geburtenkontrolle erreichen?

Mittel und Wege

Die Methoden zur Geburtenkontrolle sind hinlänglich bekannt: eine Möglichkeit ist die Abtreibung, Sterilisation und Empfängnisverhütung bei Mann und Frau sind die anderen.

Abtreibung

Auch wenn wir die Behauptung der Vereinten Nationen, wonach jährlich durchschnittlich fünfundvierzig Millionen Abtreibungen vorgenommen werden, ungeprüft unseren Kalkulationen zugrunde gelegt haben, bleibt bei diesen Zahlen, wie erwähnt, eine gewisse Skepsis angebracht. Etwa vierundzwanzig Millionen dieser Eingriffe erfolgen legal; den Rest bezeichnet die WHO als «unsicher», was keineswegs bedeutet, «legal» heiße in der Praxis auch «sicher». Von den «unsicheren» Abtreibungen werden neunzig Prozent in der Dritten Welt vorgenommen. An ihren Folgen sterben mindestens

70 000 Frauen, davon 40 000 in Asien und 23 000 in Afrika. Frauen kennen die Risiken. Von den bolivianischen Frauen, die nach Abtreibungskomplikationen Krankenhäuser aufsuchten, hatten lediglich sieben Prozent jemals empfängnisverhütende Mittel benutzt, doch 77 Prozent erklärten, sie würden gern verhüten.[3]

Vielerorts, vor allem in den ehemals kommunistischen Ländern Osteuropas, wird Abtreibung als Form der Verhütung praktiziert, was zum Teil so weit geht, dass auf jede Lebendgeburt eine Abtreibung kommt. In Lateinamerika beträgt das Verhältnis angeblich eins zu zwei oder drei. In Indien gab es 1990 offiziell 4,3 Millionen Abtreibungen, während China keine meldete ... Die Hindernisse für genaue Erhebungen sind uns bekannt, dennoch erscheinen uns die Gesamtzahlen der Vereinten Nationen für die Welt entweder zu hoch (Gesamtzahl der Abtreibungen) oder zu niedrig (Gesamtzahl der Todesfälle).

Wie dem auch sei, wenn die Zahlen korrekt sind, zeigen sie, welch ungeheure Verschwendung Abtreibungen als Populationsreduktionsstrategie oder als Geburtenkontrolle darstellen, auch wenn sie angeblich fünfundvierzig Millionen Geburten pro Jahr verhindern. «Sichere» genauso wie «unsichere» Abtreibungen bleiben als Todesursache bei Frauen für unsere Zwecke unbedeutend und sowohl finanziell als auch in Hinblick auf den Zeitverlust und die medizinischen Komplikationen kostspielig für Frauen, Familien und den Staat. Für den Preis – im weitesten Sinne – von fünfundvierzig Millionen Abtreibungen könnte man sehr viele Männer und Frauen mit echten Verhütungsmitteln wie Kontrazeptiva und Sterilisationsmaßnahmen versorgen. Abtreibungen sind nicht nur wirtschaftlich eine Verschwendung, sondern auch physiologisch ineffektiv, da es schon nach der nächsten Menstruation zu einer erneuten Schwangerschaft kommen kann. Man sollte sich diese Möglichkeit offen halten und sie überall, wo es noch nicht der Fall ist, legalisieren, doch gewiss sollte man sie als strategische Möglichkeit zurückfahren und nicht als wirkliche Populationsreduktionsstrategie verfolgen.

Sterilisation

Wir empfehlen, die militanten Abtreibungsgegner in den Vereinigten Staaten für die Finanzierung und möglicherweise auch für die Beteiligung an Sterilisationskampagnen in der Dritten Welt zu gewinnen. Das würde ihren erklärten Zielen entsprechen, da die Sterilisation eine absolute Gewähr gegen Abtreibung bietet und die Zahl der legalen und illegalen Schwangerschaftsabbrüche weltweit signifikant reduzieren könnte. Zurzeit sind Indien und China weltweit führend in der Zahl der Sterilisationen, doch auch in anderen Ländern wie Mexiko gewinnt diese Methode an Bedeutung.

Perus Sterilisationsprogramm könnte ebenfalls als Modell dienen. An Markttagen fahren mobile medizinische Einsatzgruppen in die Dörfer, machen Frauen mit Plakaten und Spruchbändern auf sich aufmerksam und bieten ihnen Kleidung, Schuhe und Nahrungsmittel als Prämie für eine kostenlose, schmerzfreie Ligation der Eileiter an, die nur zehn Minuten dauert. Mittlerweile werden jährlich 100 000 solcher Eingriffe vorgenommen und außerdem 10 000 Vasektomien. Manche peruanische Parlamentarier und Frauengruppen protestieren gegen dieses Vorgehen, weil viele der sterilisierten Frauen arme Indios sind, die weder lesen noch schreiben können und daher nicht verstehen, was sie unterzeichnen, doch das Gesundheitsministerium kann in der Familienplanung große Erfolge vorweisen und erklärt, dass neben den Sterilisationen Millionen Antibabypillen und Kondome kostenlos verteilt wurden, wodurch Millionen Paare unerwünschte Schwangerschaften verhüten konnten. Für Apotheken und Beschäftigte im Gesundheitswesen besteht ein Anreiz, die Zielvorgaben zur Geburtenkontrolle zu erfüllen, insofern ihre Arbeitsplätze davon abhängen. Sie erhalten Prämien bei Übererfüllung der Sterilisationsquoten.

Im benachbarten Brasilien verfolgt man genau die umgekehrte Politik. Dort sind Sterilisationen bei Frauen nur erlaubt, wenn ihre Notwendigkeit «im Verlauf eines anderen operativen Eingriffs» angezeigt scheint. Die Folge sind Tausende unnötiger Kaiserschnittgeburten; ein Drittel aller Entbindungen erfolgen in Brasilien durch Kaiserschnitt, sogar mehr als in den Vereinigten Staaten, wo die Bequemlichkeit des Geburtshelfers normalerweise an erster Stelle steht. Doch in Brasilien besteht darin die einzige Möglichkeit für eine Frau, sich nach einer Entbindung legal sterilisieren zu lassen.

In Schweden gab es von 1934 bis 1974 ein (eugenisches) Sterilisationsprogramm, das innerhalb von vier Jahrzehnten 62 000 solcher Eingriffe vornahm. Als eine führende Tageszeitung 1997 eine Untersuchung darüber veröffentlichte, kam es zu einem Aufschrei der Entrüstung, obwohl man besagtes Programm in diesen vierzig Jahren in aller Öffentlichkeit ausgeführt und es allgemein als fortschrittlich gegolten hatte. Es senkte die Kosten für den Sozialstaat, da die Zielgruppe Menschen waren, die wegen körperlicher Degeneration oder antisozialem Verhalten hohe Zuwendungen erhielten. Ähnliche eugenische Programme gab es in geringerem Umfang auch in anderen nordischen Ländern, in der Schweiz und den Vereinigen Staaten.

Manche dieser Eingriffe erfolgten sicherlich missbräuchlich. Ein schwedisches Mädchen, das als unheilbar debil galt, wurde sterilisiert; in Wirklichkeit konnte sie im Klassenzimmer die Tafel nicht lesen und hätte eher eine Brille als eine Sterilisation gebraucht. Statistisch zielten diese Programme jedoch tatsächlich auf körperlich und geistig Behinderte. Für die Zwecke der Bevölkerungsreduktion ist es, wie wiederholt betont, unmöglich, sich durchgehend mit Individuen zu befassen. Man muss sich mit statistisch signifikanten Methoden begnügen. Ein Land wie Schweden braucht ein solches Programm jedenfalls nicht mehr oder nur noch in sehr geringem Umfang.

Betont sei die humanitäre Wirkung von Sterilisationen, da derzeit alljährlich annähernd 60 000 Frauen an den Folgen von Abtreibungen oder von Komplikationen während der Schwangerschaft oder Entbindung sterben, was etwa vier Jumbo-Jet-Abstürzen pro Tag entspricht. Diese Todesfälle sind ein weiterer Beleg für die wirtschaftliche und physiologische Ineffizienz von Abtreibungen (zurückbleibende Waisen, überlastete Krankenhäuser, Männer verstorbener Frauen, die nun andere Frauen schwängern und so weiter). Für die betroffenen Frauen wäre es besser gewesen, sich sterilisieren zu lassen, als zu sterben.

Die WHO besteht darauf, dass eine Sterilisation, da sie einen irreversiblen Eingriff darstellt, «ohne äußeren Anreiz» erfolgen muss, um die sachlich begründete Zustimmung der Frau zu gewährleisten. Wir sehen allerdings gute Gründe, armen Frauen, die viele Kinder bekommen, Anreize zur Sterilisation zu bieten, und schlagen im Gegenteil vor, diese Praxis zu verallgemeinern.

Besonders betonen möchten wir die Notwendigkeit, Sterilisationen wie in Peru bei einem einmaligen Arztbesuch vornehmen zu können, damit eine Frau den Eingriff *mit oder ohne Einwilligung ihres Ehemannes* durchführen lassen kann. Entscheidend ist die Frage der Vertraulichkeit. Manche Studien zeigen, dass bis zur Hälfte aller Geburten (von den Frauen) ungewollt sind, während zahlreiche Nachkommen, vor allem Söhne, für Männer häufig Macht bedeuten («ein richtiger Mann zu sein»). Da das Leben der Männer durch zahlreiche Schwangerschaften und risikoreiche Entbindungen nicht gefährdet wird, werden sie für ihr Machoverhalten niemals sanktioniert. Millionen glücklose Frauen stehen auch durch ihre Schwiegermütter unter dem enormen Druck, Kinder zu bekommen.

Verhütung

An solchen sozialen Zwängen und den Bedürfnissen armer Frauen in bevölkerungsreichen Ländern sollte sich unsere Einschätzung der gegenwärtigen Möglichkeiten zur Empfängnisverhütung orientieren. Es ist grausame Realität, dass Millionen Frauen, vor allem mittellose, über ihr eigenes Leben und ihren eigenen Körper nur wenig zu befinden haben. Für die meisten käme es in ihrer prekären Lage zudem der ultimativen Katastrophe gleich, unfruchtbar zu sein. Ihre Männer könnten sie dann verlassen, und sie ständen mittellos und ohne jede Perspektive da (außer vielleicht der Prostitution). Selbst ihre Herkunftsfamilien würden sie nicht wieder aufnehmen. Ein häufiger Scheidungsgrund ist auch, dass eine Frau keine Söhne zur Welt bringt. Schauen wir uns einige typische Probleme an, vor die Frauen in armen, bevölkerungsreichen Ländern gestellt sind:

- Chandra ist Inderin, fünfundzwanzig Jahre alt und die zweite Frau eines recht wohlhabenden Mannes, der seine erste Frau verlassen hat, um sie zu heiraten. Sie hat drei Töchter; nach der Geburt der dritten Tochter machte seine erste Frau sich über Chandra lustig, weil sie wohl keine Söhne bekommen könne, und so wurde Chandra sofort wieder schwanger. Bei der Entbindung setzten starke Blutungen ein, aber ihr viertes Kind wurde endlich ein Junge. Chandra wollte sich während ihres Krankenhausaufenthaltes sterilisieren lassen, doch gerade in dieser Zeit bekam ihre jüngste Tochter Malaria. Gegen den ärztlichen Rat verließ sie das Krankenhaus, um ihr Kind zu pflegen, das schließlich dennoch starb. Chandra möchte sich eigentlich immer noch sterilisieren lassen, fürchtet nun aber, dass auch ihr Sohn sterben könnte. Und sie hat Angst vor einer erneuten Schwangerschaft, die sie vielleicht das Leben kosten könnte. Ihr Mann ist, wie sie sagt, «sehr anspruchsvoll».
- Die dreizehnjährige Sadia lebt bei Bangladesch auf dem Land und ist mit einem Mann verlobt, den sie nie gesehen hat. Seit kurzem bekommt sie ihre Menstruation und hat bereits gelernt, während ihrer Periode gewisse Tabus einzuhalten, um starke Blutungen und Krämpfe zu vermeiden. Sie geht nicht mehr zur Schule, da sie bald heiraten wird. Wie viele Frauen im Dorf lebt sie völlig zurückgezogen in ihrem Elternhaus, doch das macht ihr nichts aus, da Frauen, die sich allein in die Welt hinaus wagen, leicht das Angriffsziel von Kritik, Belästigung und Gewalt werden und als Prostituierte ohne jeden Schutz enden können.
- Die zwanzigjährige Philippinin Tina hat einen Freund, den sie

> liebt, aber die beiden sind zu arm für eine Heirat. Wie fast alle Philippiner ist sie katholisch, was sie jedoch ebenso wenig daran hindert, mit ihrem Freund intim zu sein, wie über eine Million anderer junger, unverheirateter Frauen. Zum Pech für Tina schränkt ein Abkommen zwischen Kirche und Staat seit 1989 den Zugang zu den vorhandenen Leistungen zur Familienplanung auf verheiratete Paare ein. Wie etwa dreizehn bis 37 Prozent der philippinischen Frauen hat auch Tina bereits eine illegale Abtreibung hinter sich. Sie ist froh, dass es dabei keine Komplikationen gab, und findet, sie hatte noch Glück im Vergleich zu ihrer besten Freundin, die nach einer Vergewaltigung einen Schwangerschaftsabbruch vornehmen lassen musste. Die Zahl der Vergewaltigungen in der U-Bahn von Manila ist im letzten Jahrzehnt um achtzehn Prozent gestiegen.[4]

Um empfängnisverhütende Mittel zu benutzen oder sich sterilisieren zu lassen, brauchen Frauen in der Dritten Welt drei Dinge, über die gegenwärtig nur die wenigsten verfügen: Wissen, Geld und Macht. Unsere Auftraggeber können diese drei Dinge sicher nicht allen Frauen der Dritten Welt bieten, aber sie können und sollten sich darüber im Klaren sein, dass es vielen Programmen zur Geburtenkontrolle heute an mindestens einem dieser Faktoren, meist an allen dreien mangelt.

Millionen Frauen wissen nur wenig über den Fortpflanzungsprozess und die verfügbaren Möglichkeiten zur Geburtenkontrolle. Selbst wenn sie theoretisch Zugang zu Mitteln der Familienplanung haben, stehen ihnen die entsprechenden Dienste oft nur sporadisch zur Verfügung, und die Versorgung erfolgt unregelmäßig. Was die Frage der Macht angeht, so muss eine Frau schon ungewöhnlich mutig sein, um sich ihrem Mann (oder ihrer Schwiegermutter) offen zu widersetzen. In der Praxis hat die Geburtenkontrolle also eine Fülle von Hindernissen zu überwinden.

Doch angenommen, man würde tatsächlich mehr Zeit, Anstrengung, Geld und Druck aufwenden, um die oben beschriebenen Probleme zu lösen, welches Verhütungsmittel wäre dann für die Millionen Frauen ideal, die keine Kinder mehr bekommen wollen oder sollten? Als Erstes muss man eingestehen, dass es dieses Wundermittel zur Geburtenkontrolle nicht gibt.

Eingehende kulturübergreifende Studien unter Tausenden Frauen der Dritten Welt haben ergeben, dass ein solches Verhütungsmittel folgende Merkmale besitzen müsste: 1. Es müsste eine Langzeitwirkung (von fünf bis sieben Jahren) haben, aber reversibel sein; 2. es dürfte weder für die Frau noch für ihren Sexualpartner spürbare Nebenwirkungen haben; 3. es müsste sich auch heimlich einnehmen, injizieren, einführen oder implantieren lassen und 4. müsste es erschwinglich und zuverlässig sein.

- *Reversible Langzeitwirkung:* Dieses Merkmal erfüllen derzeit Intrauterinpessare und Norplant am besten. Intrauterinpessare wirken zehn Jahre und länger; Norplant (ein Stäbchen, das langsam Hormone freisetzt und in den Arm implantiert wird) wirkt fünf Jahre, aber beide haben gewisse Nebenwirkungen.
- *Keine Nebenwirkungen:* Frauen erklären, Beratungsstellen zur Familienplanung ignorierten ihre Beschwerden über Nebenwirkungen häufig und täten so, als sollten sie sie einfach lächelnd hinnehmen. *Wir möchten darauf hinweisen, dass jede unzufriedene «Kundin» gleich welcher Methode einen unmittelbar abschreckenden Einfluss auf eine ganze Reihe ihrer Freundinnen ausübt, die aufgrund ihrer Geschichten zu Recht oder Unrecht auf Empfängnisverhütung verzichten werden.* Umgekehrt wird jede zufriedene Benutzerin von Verhütungsmitteln ihr weibliches Umfeld ermuntern, es ebenfalls auszuprobieren. Auf diesem Gebiet können wir es uns nicht leisten, rein statistische Methoden anzuwenden. Langfristig zählt die individuelle Zufriedenheit.

  Injizierbare Kontrazeptiva wie Depo-Provera wirken nur einen Monat lang und lösen häufig starke Blutungen aus. Wenn die Injektionsnadeln nicht ausgewechselt oder sterilisiert werden, können sie versehentlich auch HIV übertragen. Blockademethoden (Diaphragma, Vaginalkondom) haben die geringsten Nebenwirkungen, und das Vaginalkondom schützt außerdem vor AIDS, aber ihre Anwendung lässt sich nicht sonderlich geheim halten, und außerdem kann es sein, dass Frauen es aus kulturellen Gründen ablehnen, Derartiges in ihre Vagina einzuführen.

- *Vertraulichkeit:* Hormonelle Verhütungsmittel (Antibabypille) lassen sich diskret handhaben, doch viele Studien haben gezeigt, Methoden, die eine regelmäßige, tägliche Anwendung erfordern, funktionieren nicht, zumindest nicht im notwendigen Umfang.

  Immunologische Kontrazeptiva wären in Hinblick auf die vertrauliche Anwendung ideal und würden sechs bis zwölf Monate wirken, in ihre Entwicklung werden jedoch nur spärliche Mittel investiert, sodass ihre allgemeine Markteinführung als wirkliche, weit verbreitete Möglichkeit vermutlich noch fünf bis sieben Jahre auf sich warten lässt.
- *Erschwinglichkeit und Zuverlässigkeit:* Die billigste und sicherste Methode zur Geburtenkontrolle ist zugleich auch die älteste – der *coitus interruptus*, der jedoch niemandem Spaß macht. Die meisten anderen Methoden bieten eine Sicherheit von zweiundneunzig bis achtundneunzig Prozent. Die Erschwinglichkeit hängt entscheidend vom jeweiligen Staat ab, der Verhütungsmittel und Sterilisation kostenlos anbieten kann, wenn er will. Auch die pharmazeutische Industrie könnte hier einen Beitrag leisten. Wir schlagen vor, dass unsere Auftraggeber jene dazu ermuntern.

Empfehlungen

Vor einigen Jahren waren immer wieder fantasievolle Szenarien im Gespräch, zum Beispiel hormonelle Kontrazeptiva zu ihrer massenhaften Verbreitung dem Trinkwasser oder Mehl beizumengen. Solche Vorstellungen sind reinste Science-Fiction. Man könnte wohl kaum eine Fabrik bauen, die groß genug wäre, die hormonellen Kontrazeptiva in den erforderlichen Mengen herzustellen, um sie dem Trinkwasser beizugeben; in Lebensmitteln wiederum würden die Wirkstoffe degenerieren und so weiter. Da eine von außen erzwungene massenhafte Geburtenkontrolle nicht infrage kommt, sollte man von dem ausgehen, *was die Frauen selbst wollen*. Als Nächstes stellt sich das Problem, ihnen das, was sie wollen, in einer Form zu bieten, die sie anwenden können. Allerdings dürfen wir nicht alles dem Willen des Einzelnen überlassen und die Notwendigkeit einer *statistisch effektiven Geburtenkontrolle* ignorieren. Implantate hormoneller Kontrazeptiva können ein wirkungsvolles Mittel zur Geburtenkontrolle bei verantwortungslosen und sozial unerwünschten Gruppen darstellen.

Manche Bundesstaaten der USA verlangen schon jetzt von Frauen, die wegen Drogenmissbrauchs verurteilt wurden, sich ein solches Implantat einsetzen zu lassen. Außerdem wurden Anreize für junge schwarze Mädchen und Wohlfahrtsempfängerinnen geschaffen, die Implantate zu nutzen. Aus finanzieller Sicht wird es, wie man in Kansas errechnet hat, für den Staat günstiger, einer Frau fünfhundert Dollar für Norplant-Implantate zu zahlen, als 205 000 Dollar für ein Kind auszugeben, das auf Staatskosten aufwächst. In Indonesien haben Soldaten Frauen aus Osttimor zusammengetrieben, damit man ihnen zwangsweise solche Implantate einsetzen konnte.

Viel versprechend, wenn auch von kürzerer Wirkung, wären Immun-Kontrazeptiva, auch «fruchtbarkeitshemmende Impfstoffe» genannt, die zurzeit erforscht werden und in einigen Fällen sogar schon im klinischen Versuchsstadium sind. Wir ziehen den Begriff «Immun-Kontrazeptiva» vor, da «fruchtbarkeitshemmende Impfstoffe» viele Frauen abschreckt, insofern Fruchtbarkeit hier mit einer ansteckenden Krankheit gleichgesetzt wird. Außerdem ließe sich diese Bezeichnung so missverstehen, dass die Fruchtbarkeit auf Dauer verloren ginge, was Anti-PRS-Aktivisten wiederum für ihre Propaganda nutzen könnten. Wie man es auch nennt, das wissenschaftliche Prinzip bleibt das Gleiche: Das Immunsystem der Frau wird angeregt, gegen eine Empfängnis und die Einnistung einer befruchteten Eizelle zu reagieren. Diese Immunreaktion kann entweder gegen Spermien oder gegen Eizellen gerichtet sein.

Es wird kaum überraschen, wenn die «Menschenrechtskämpfer» mit ihrem individualistischen Ansatz wieder einmal gegen die langfristige Gesundheit des Planeten und der Frauen in der Dritten Welt antreten, die sich mehrheitlich wirkungsvollere Methoden zur Kontrolle ihrer Fruchtbarkeit wünschen.

Kritiker behaupten, diese innovative Methode, die man als potenziell revolutionäres Instrument für das Überleben des Einzelnen wie auch der gesamten Menschheit sehen sollte, biete «noch nie da gewesene Möglichkeiten des Missbrauchs» einzelner Benutzerinnen, weil man Immun-Kontrazeptiva angeblich «in der Darreichungsform von Spritzen, Tabletten oder Tropfen massenhaft mit oder ohne Wissen und Einwilligung einer Person verabreichen» könne.[5]

Diese Immun-Kontrazeptiva sind in ihrer Wirkung auf einen Zeitraum von sechs bis zwölf Monaten eingestellt, allerdings hoffen die Forscher, die Wirkungsdauer demnächst auf einen effektiven Schutz von zwölf bis achtzehn Monaten zu verlängern. Feministische Aktivistinnen glauben anscheinend, Frauen müssten sich jeden Tag neu entscheiden können, und jede Methode einer längerfristigen Schwangerschaftsverhütung schränke den freien Willen der Frau ein.

Wir halten solche dogmatischen Reaktionen für irregeleitete Panikmache, vor allem angesichts der Tatsache, dass *Frauen selbst* einen großen Bedarf anmelden, der nicht gedeckt ist. Die gute Annahme langfristiger Verhütungsmittel wie Norplant, Intrauterinpessare und Sterilisation zeigt, dass «Entscheidungsfreiheit» ein dehnbarer Begriff ist. Der feministischen Prämisse, wonach eine Frau sich von Tag zu Tag müsse entscheiden können, lässt sich entgegenhalten, dass man den Frauen diese langfristigen Lösungen *nicht vorenthalten darf*; denn sie geben ihnen in einem Kontext, in dem Missbrauch nicht von außerhalb der eigenen vier Wände kommt, zumindest ein bisschen mehr Macht über ihre Fruchtbarkeit. Je mehr Methoden zur Geburtenkontrolle Frauen zur Wahl stehen, umso besser.

Diverse Studien haben gezeigt, dass ein rezeptfreier Verkauf und Vertrieb billiger oraler Verhütungsmittel über die Ladentheke zu deren stärkerer Verbreitung sowohl in den ärmeren Vierteln US-amerikanischer Städte als auch in der Dritten Welt beitragen könnte; also dort, wo es nur wenige Ärzte gibt, die sie verschreiben könnten und wo derzeit nur achtunddreißig Millionen Frauen die Pille nehmen. Man sollte auch über kulturspezifische Wege nachdenken, ihre regelmäßige Einnahme sicherzustellen. So erklärte man Frauen in einem indischen Großversuch, sie sollten die Pille jeden Abend mit einem Glas Milch einnehmen. Die Frauen nahmen ihre «Milchpille» regelmäßig und weigerten sich, auf andere Verhütungsmittel umzusteigen, weil «sie sich damit um das einzige Glas Milch gebracht hätten, das ihre Schwiegermütter ihnen nun täglich geben mussten».[6]

Das beste «Verhütungsmittel» wäre eine weitgreifend bessere Erziehung für Frauen, auch wenn wir wissen, dass diese Möglichkeit unter den gegenwärtigen Bedingungen nicht praktikabel ist. Immer wieder hat sich gezeigt, der Geburtenkontrolle wird am besten gedient, wenn Mädchen länger zur Schule gehen und Frauen Fortbildungschancen bekommen. Die Weltbank wiederholt dieses Mantra ständig, doch selbst ihre eigenen Strukturanpassungsprogramme wirken dem entgegen. Wenn eine Familie die Schulbildung nicht für alle Kinder finanzieren kann, gehen die Jungen vor. In einer Welt, in der eine aufgeklärte Entscheidung und Kontrolle über die eigene Fruchtbarkeit einen Luxus bedeuten, stellen daher die peruanischen Verhütungsanreize und das Norplant-Modell wohl oder über die praktikabelsten Möglichkeiten dar.

Und die Männer?

Männer sind bekanntermaßen empfindlich bei allem, was ihre Sexualität betrifft; sie hegen irrationale Ängste, dass eine Vasektomie ihrer Potenz schaden könnte. Männern, die selbst Verantwortung für die Verhütung übernehmen wollen, bleibt ansonsten nur das Kondom oder der Rückzug; die meisten bürden die Last der Geburtenkontrolle aber ohnehin vollständig den Frauen auf. «Es war ihr Risiko und ihre Entscheidung», lautet ein Leitmotiv. Ein anderes zitieren türkische Ärzte, die Paare zu Hause aufsuchen, um mit ihnen über Familienplanung zu sprechen: «Achten Sie gar nicht auf sie, sie ist wie ein Stuhl. Ich entscheide unsere Familienplanung», sagt der Ehemann und lässt seine Frau gar nicht erst zu Wort kommen.

Die WHO entwickelt derzeit auch ein hormonelles Kontrazeptivum für Männer, das die Zahl der Spermien unter die Nachweisgrenze senkt. Eingeschränkte Versuche mit 401 Paaren in neun Ländern haben gezeigt, dass die Methode sicher und zuverlässig ist. Alle Kinder, die nach Absetzen der Behandlung geboren wurden, waren gesund und normal.

Diese Methode erfordert wöchentliche Injektionen – ein schwer wiegender Nachteil. Die WHO sucht nach Kombinationen mit längerer Wirkungsdauer und geringeren Hormondosierungen, aber diese Forschung leidet wie viele Projekte zur Geburtenkontrolle unter dem Mangel an Forschungsgeldern. Und würden Frauen den Männern zutrauen, die Pille für den Mann auch zu nehmen, falls sie je entwickelt werden sollte? Meinungsumfragen zeigen, dass sie sich mutmaßlich nicht darauf verlassen würden.

Wir empfehlen die medizinische und sozialwissenschaftliche Forschung zur Geburtenkontrolle wie auch zu den tatsächlichen Verteilungsprogrammen großzügiger zu finanzieren. Medizinisches Personal im Bereich der Geburtenkontrolle muss in großer Zahl ausgebildet werden und Anreize erhalten, Zielvorgaben zur Geburtenkontrolle einzuhalten oder zu übertreffen. Diese Empfehlung gilt sowohl für arme Stadtviertel im Norden als auch für die Dritte Welt.

Viele Ansätze nach dem Prinzip von Zuckerbrot und Peitsche ließen sich sofort in die Praxis umsetzen. Es würde zum Beispiel Familienplanungsprogramme auf nationaler Ebene erheblich stärken, wenn man sie in die jeweiligen Strukturanpassungsprogramme einbezöge. Länder, denen der IWF «hilft», sollten nach ihrer Effizienz beurteilt werden, die Wachstumsraten ihrer Bevölkerung zu reduzieren, und ihre Kredite gekürzt bekommen, wenn sie die Zielvorgaben nicht erfüllen. Die Geberländer für Flüchtlingsprogramme sollten darauf bestehen, dass man Frauen in den Lagern Anreize bietet, sich dort sterilisieren zu lassen.

Ganz allgemein sollte die Politik darauf abzielen, Frauen und Paare mit einem oder keinem Kind zu belohnen (zum Beispiel indem man sie bei der Vergabe von Arbeitsplätzen, Beförderungen, Schulplätzen und Wohnungen bevorzugt, ihnen reduzierte Fahrpreise im öffentlichen Personenverkehr und andere wichtige Vorteile einräumt) und solche mit vielen Kindern zu strafen. Im Augenblick schwingt China zwar die Peitsche, doch ohne Zuckerbrot. Vernünftiger wäre es für alle Länder, den wirtschaftlichen Wert von Kindern zu reduzieren und Familien, die ihre Größe einschränken, konkret und merklich zu belohnen.

2.5 Problemfälle

Manche Bereiche der globalen Szene verdienen Erwähnung, weil sie in keine zweckmäßige Kategorie passen oder nur in mehrere sich überlappende Kategorien; außerdem werfen sie besondere Probleme oder Ambiguitäten für eine Populationsreduktionsstrategie auf.

Auf drei dieser Bereiche möchten wir kurz eingehen.

Das Chinaproblem

Eines der größten Hindernisse für das umfassende Ziel der Bevölkerungsreduktion lässt sich in einem Wort zusammenfassen: China. Jeder fünfte Mensch der Erde ist Chinese. Was dort auch geschieht ist für den Rest der Welt von großem Belang. Würde man jedem Land eine Reduktionsquote zuweisen, um bis 2020 auf eine Weltbevölkerung von vier Milliarden zu kommen, müsste China seine Bevölkerungszahl von 1,2 Milliarden auf achthundert Millionen reduzieren. Diese Aufgabe wirkt in ihrer Größenordnung geradezu atemberaubend. Doch irgendwie muss China sich der Populationsreduktionsstrategie unterwerfen.

Das Land umfasst ein größeres Gebiet der Erdoberfläche als jedes andere außer Kanada und Russland; es ist ein hochgradig strukturierter Staat mit 3500 Jahre alten Traditionen. Trotz erheblicher politischer Fehlschläge wie dem «Großen Sprung nach vorn» erweist sich China zur Jahrhundertwende als weniger anfällig für die traditionellen Geißeln der apokalyptischen Reiter als die meisten Entwicklungsländer.

Obwohl China eine schlagkräftige Berufsarmee mit einer Truppenstärke von drei Millionen Mann besitzt, wird das Land kaum den Lockungen eines *Krieges* erliegen. Hongkong kehrte bereits heim ins Vaterland, ohne dass auch nur ein Schuss gefallen wäre, und Macao wird bald folgen. Und die Besatzung Tibets sieht China als «Rückeroberung eines früheren Besitzes». Ein gewisses Konfliktpotenzial liegt im Verhältnis zu Taiwan, das China nach wie vor als eine seiner Provinzen ansieht; möglicherweise auch zu Vietnam und den Philippinen wegen der kleinen, unbesiedelten Spratly-Inseln im Südchinesischen Meer, die es als Teil seines «Heiligen Territoriums» beansprucht. Wichtiger ist wohl, dass man bei diesen Inseln Ölvorkommen festgestellt hat. Im Inland gibt es keinen offenkundigen zivilen oder ethnischen Konflikt. Wenn Taiwan sich jedoch weiter seinem Zugriff entzieht, dann fürchtet China, moslemische und buddhistische Regionen könnten sich ermuntert fühlen, die Unabhängigkeit anzustreben.

Eine Provokation und mögliche Explosion erscheint zwar nicht als ausgeschlossen, aber gegenwärtig bietet ein Krieg für den Durchschnittschinesen wenig Verlockendes. Nur mit großer Vorsicht sollte man dort Konflikte schüren, vor allem wegen möglicher Auswirkungen auf Japan. Man sollte Japan erlauben, sein militärisches Potenzial voll zu entfalten, da das Land als ein wichtiger Stabilisierungsfaktor in Asien fungiert und möglicherweise Gewalt einsetzen muss, wenn sich der Konkurrenzkampf um Nahrungsmittel und örtliche Energievorräte als Voraussetzung für anhaltendes Wachstum mehr und mehr verschärft.[1]

Da China derzeit der größte Getreideproduzent der Welt ist, dürfte eine Hungersnot, wie sie Anfang der sechziger Jahre noch dreißig bis vierzig Millionen Menschenleben forderte, keine wahrscheinliche Bedrohung mehr darstellen. Dennoch wird China zunehmend auf Nahrungsimporte aus dem Westen angewiesen sein, was sich als wichtiges Druckmittel des Westens erweisen könnte.

Was *Seuchen* angeht, so kommen gegenwärtig ein Viertel der weltweiten Tuberkulosefälle in China vor. Der Staat schafft finanzielle Anreize zur Bekämpfung der Krankheit, indem er «Barfußärzten» einen Dollar für jeden entdeckten Krankheitsfall und fünf Dollar für jede erfolgreiche Behandlung zahlt. Die hohe Rate der Tbc-Infektionen wird sich jedoch als Pluspunkt erweisen, da man AIDS bisher kaum wahrhaben will und diese Krankheit sich ausbreiten dürfte, bevor die Regierung sie als Problem zugibt. Bis heute gibt es keine genauen Zahlen über chinesische AIDS-Fälle, doch vermutlich bewegen sie sich im Bereich von einigen Zehntausend.

Nach Schätzungen der WHO wird die Zahl der Todesfälle durch HIV und Tbc in Asien bis zum Jahr 2000 die in Afrika noch übersteigen; ein Mitarbeiter der WHO behauptet: «In Asien gibt es Millionen und Abermillionen Menschen, die mit Tbc infiziert sind und nur darauf warten, dass HIV die Krankheit aktiviert. Da lauert schon die Katastrophe.» Wir können zwar keine Einschätzung abgeben, wie hoch die Zahl der HIV/Tbc-Infektionen in China sein wird, aber das übliche Syndrom der Verleugnung dürfte dafür sorgen, dass die Krankheit dort Fuß fasst.

Den wichtigsten Beitrag zur Sterbeziffer in China wird keiner der apokalyptischen Reiter leisten, sondern der Kollaps der Umwelt. Als Bevölkerungsregulatoren sind Umweltschäden ein zweischneidiges Schwert. Manche Quellen von Umweltverschmutzung lassen sich auf die Landesgrenzen beschränken; andere stellen eine zunehmende Bedrohung für die gesamte Erde dar. Berichte über eine schwer wiegende Verschmutzung von Boden, Luft und Wasser mit schädlichen Gesundheitsfolgen sickern aus China durch. Ein amerikanischer Journalist schildert in einem hervorragenden Augenzeugenbericht die verheerenden ökologischen Kosten der schnellen Industrialisierung.[2]

Die Entscheidung für den Autoverkehr, saurer Regen, verbleites Benzin, ungewaschene Kohle, Bodenerosion, Entwaldung, Giftmüll, verschmutzte Flüsse – die Liste ließe sich beliebig fortführen. Bevor die Umweltverschmutzung nicht jedoch wahrhafte Krisendimensionen erreicht hat, ist der Staat nicht bereit, etwas zu unternehmen, da er weiß, dass jede Verbesserung des Umweltschutzes unmittelbar mit Arbeitsplatzverlusten und daraus erwachsenden sozialen Spannungen zu bezahlen ist.

Erst als Tausende Menschen, die ihr Trinkwasser aus dem Fluss Huai bezogen, erkrankt waren, bequemte sich der Staat, endlich zu handeln und Papiermühlen und Fabriken zu schließen, die ihr Abwasser ungeklärt in den Huai geleitet hatten. Solange die Situation lediglich an eine Krise grenzt, vertritt der Staat die Haltung: «Starke Umweltverschmutzung mag euch in hundert Tagen töten, aber ohne Wärme und Nahrung sterbt ihr in drei Tagen.»

Nach Angaben dieses Reporters glauben die meisten und selbst gebildete Chinesen tatsächlich, man könne gegen schlechte Luft eine gewisse «Toleranz» oder Immunität entwickeln, und sind durchaus bereit, den ökologischen Preis für eine industrielle Entwicklung zu zahlen, die ihre finanzielle Bereicherung garantiert. Schon jetzt geht ein Viertel der Todesfälle in China auf Erkrankungen der Atemwege zurück. Die Auswirkungen der starken Umweltverschmutzung werden durch epidemischen Tabakgenuss noch verschlimmert.

Die Degradation der Umwelt kann nur schlimmer werden, da das Land seinen enormen Energiebedarf durch die Verbrennung minderwertiger schwefelhaltiger Kohle deckt. China beabsichtigt, seine Stromproduktion von 150 gW im Jahr 1991 auf 430 gW bis 2010 zu steigern und in den nächsten Jahren die Zahl der Pkws zu verdoppeln. Das bedeutet einen CO_2-Ausstoß, der Klimaveränderungen bewirkt und damit auch viele Menschen außerhalb Chinas betrifft.

Wie groß ist die chinesische Bevölkerung? Offiziell beträgt sie 1,2 Milliarden; in Wirklichkeit kennt niemand die genauen Zahlen. China führte 1979 seine so genannte «Ein-Kind-Politik» ein und verbreitet im Ausland die Illusion, diese Politik tatsächlich durchzusetzen. Besonders in ländlichen Gegenden ist dies aber keineswegs der Fall. Staatliche Funktionäre mögen gezwungen sein, sich an die Vorschriften zu halten, da sie leicht zu bestrafen sind, aber zig Millionen Bauernfamilien kümmern sich kaum um staatliche Erlasse: «Die Berge sind hoch und der Kaiser weit.» Zudem liegt es im Karriereinteresse der Parteifunktionäre, niedrige Geburtenraten aus ihrem Distrikt zu melden.

Die Kombination aus beängstigender Umweltverschmutzung und unkontrolliertem Bevölkerungswachstum könnte sich paradoxerweise als Schlüssel zur Lösung des chinesischen Dilemmas erweisen. Wenn man China klarmachen könnte, wie sehr ein Programm zur Bevölkerungsreduzierung in seinem ureigensten Interesse liegt, wäre eine chinesische *Kooperation* denkbar. Es bestünde jedoch die Gefahr, dass China hier ein westliches Komplott zur Schwächung des Landes witterte, was um jeden Preis zu vermeiden wäre. Schon jetzt erkennen die chinesischen Funktionäre die Gefahr eines riesigen Arbeitskräfteüberschusses. Die Zahl der Arbeitslosen in ländlichen Gebieten wurde von staatlichen Stellen bereits Mitte der neunziger Jahre auf 150 Millionen geschätzt und dürfte bis 2000 auf etwa 370 Millionen und bis 2010 auf 450 Millionen anwachsen. Das könnte zu einem überwältigenden Migrationsdruck auf Klein- und Großstädte führen. Die Industrie in ländlichen Gegenden nahm zwischen 1988 und 1994 lediglich 5,3 Millionen Menschen auf und kann unmöglich mit der bevorstehenden Arbeitskräfteflut fertig werden, zumal der Staat sich endlich entschlossen hat, gegenüber der aufgeblähten, ineffizienten staatlichen Industrie eine Politik des «Überlebens der Tauglichsten» zu praktizieren.

Die Zielvorgabe lautet, die derzeit 130 000 staatlichen Betriebe auf 512 große, strategische Konglomerate zu reduzieren, die für ausländisches Kapital geöffnet werden. Schon jetzt haben Ausländer vierundsechzig Milliarden Dollar in China investiert. Nach staatlichen Angaben macht mindestens ein Drittel der jetzigen Staatsbetriebe Verluste. Diese künstliche Wirtschaft aufrechterhalten zu wollen gestaltet sich, um es mit einem anschaulichen chinesischen Sprichwort zu sagen, «so unmöglich wie mit zehn Fingern hundert Flöhe zu halten».

In dem Maße wie die Globalisierung in China greift und sich dort die gleichen Gewinner-Verlierer- und Insider-Outsider-Regeln durchsetzen wie überall, werden sich Millionen chinesische «Flöhe» ohne Arbeit wiederfinden. Für 1996 gab die Regierung die Gesamtzahl der Erwerbstätigen mit 688 Millionen an, diese Zahl kaschiert jedoch den stetigen Rückgang sicherer Beschäftigungsverhältnisse über ein Jahrzehnt hinweg und den starken Anstieg von befristeten Arbeitsverhältnissen und Heimarbeit. In der Textilindustrie, der Schwerindustrie und bei der Eisenbahn kommt es zum Abbau von Millionen Stellen. Das ehemals führende Industriegebiet Harbin nordöstlich von Peking verkommt zusehends zum Rostgürtel, eine Entwicklung, wie wir sie ganz ähnlich aus den USA und Großbritannien kennen. Viele der entlassenen Arbeitskräfte erhalten keinerlei finanzielle Unterstützungen.

Ausländische Unternehmen beschäftigen nur wenige Arbeitskräfte direkt, sondern ziehen Subunternehmer vor. Nike zum Beispiel stieß wegen seiner Beschäftigungspolitik auf harsche Kritik, besitzt aber tatsächlich keine Fabriken in China. Letzten Endes werden Chinesen ihre Regierung für die sinkende Zahl der Arbeitsplätze und die zunehmend schlechteren Arbeitsbedingungen für die verbleibenden Erwerbstätigen verantwortlich machen.[3]

Die Chinesen hegen die vage Hoffnung, dass ihre Millionen Arbeitslosen irgendwie Rettung im «Dienstleistungssektor» finden. Für manche mag das auch zutreffen, doch die meisten dürften zu Emigranten werden. Dieser überschüssige Bevölkerungsanteil, der auf dem Arbeitsmarkt nicht unterzubringen ist, steckt den Bereich für eine Zusammenarbeit mit dem Westen ab. Die reiche Welt kann technisches Fachwissen und Gelder für die Lösung von Problemen bieten, die für beide Seiten von Interesse sind, nicht zuletzt für die Reduzierung der riesigen chinesischen Bevölkerung. Ansonsten werden wir und das Weltklima den Preis dafür zahlen.

Und wenn China eine Zusammenarbeit ablehnt? Wenn nichts geschieht, wird die chinesische Bevölkerung nach offiziellen Schätzungen bis 2010 auf 1,4 Milliarden und bis 2025 auf 1,7 Milliarden anwachsen. Diese Minimalschätzungen basieren auf der gegenwärtigen Bevölkerungszahl von 1,2 Milliarden, die auch erheblich zu niedrig angesetzt sein kann. Wie immer die realen Zahlen auch aussehen mögen, dieser Bevölkerungsdruck wird sämtliche derzeitigen Probleme Chinas intensivieren. Die Umwelt wird eine Belastung nach der anderen erfahren, was schließlich zum lokalen, wenn nicht gar nationalen Kollaps führen wird, vor allem in Hinblick auf die Wasserreserven (dazu unten mehr). Bis 2010 wird der Staat eine Bevölkerung, die mittlerweile eine bessere Ernährung gewöhnt ist, mit über fünfhundert Millionen Tonnen Nahrungsmitteln und Getreide versorgen müssen.

Insofern sich Chinas Fähigkeit, das ökologische Gleichgewicht zu erhalten und für eine angemessene Ernährung zu sorgen, bestenfalls «problematisch» entwickelt, kann das Land sich überlegen, entweder schnellstens Populationsreduktionsstrategien umzusetzen oder *Lebensraum* (im Orig. dt.) suchen. Wir gehen davon aus, dass westliche Militärexperten sich der Gefahren vollauf bewusst sind und einen chinesischen Expansionismus aufgrund erheblicher Überbevölkerung, Ressourcenknappheit und ökologischem Missbrauch erwarten.

Wir halten es für dringend geboten, der chinesischen Führung unumwunden klarzumachen, wie wenig ratsam die zweite Option wäre und welche militärischen Folgen sie letztlich nach sich zöge. China hat viel eher jedes Interesse, bis hin zum Überleben des Staates, sich an der Bevölkerungsreduktion zu beteiligen. Es sollte oberste diplomatische Priorität haben, China zur Einsicht in diese Realität zu verhelfen.

Das Wasserproblem

China steht auch an oberster Stelle, wenn es um die unverzichtbarste Ressource der Welt geht. Einige Fragen zum Wasser haben wir bereits im Zusammenhang von Nahrungsmittelversorgung und

Krankheiten angesprochen, sind dabei aber der strategischen Bedeutung dieses Problems nicht ganz gerecht geworden. Wasser wird nicht umsonst als «blaues Gold» bezeichnet. In vielen Ländern wird es bald zu den kostbarsten Gütern gehören. Eine Substanz, die unverzichtbar, durch keine andere zu ersetzen ist und zugleich zunehmend knapper wird, liefert das Szenario für unglaubliche Profite, aber auch für Konflikte.

Wasser ist zwischen und innerhalb der Staaten sehr ungleichmäßig verteilt, und an vielen Orten wird Trinkwasser schon jetzt äußerst knapp. Nach Angaben der Weltbank leiden achtzig Länder, in denen etwa vierzig Prozent der Weltbevölkerung leben, unter Wassermangel, während gerade mal neun Länder über sechzig Prozent aller Frischwasserreserven verfügen.

In Afrika müssen nicht nur Frauen in ländlichen Gegenden meilenweit gehen, um Wasser zu holen, auch in den Städten stehen sie für Wasser Schlange, das sich oft nicht als Trinkwasser eignet. Die einzigen Alternativen sind, Wasserleitungen illegal anzuzapfen oder es von Tanklastern zu kaufen. Neben dem Zugang zu Nahrung wird auch der Zugang zu Wasser ein Faktor, der der menschlichen Existenz enge Grenzen setzt, auch wenn bislang noch keine UN-Stelle «Wassersicherheit» definiert hat.

Ein einschlägiges Beispiel ist die Stadtbevölkerung Chinas. In Peking sind bereits ein Drittel der Brunnen trocken gefallen, weil zu viel Wasser für die Weizen- und Hirseproduktion umliegender Gebiete verbraucht wurde. Der Grundwasserspiegel ist um fünfzig Meter unter den Meeresspiegel gesunken, was ernsthafte Subsistenzprobleme schafft. Auch weiterhin sinkt er um ein bis zwei Meter jährlich, bis man irgendwann Chinas Hauptstadt vielleicht verlegen muss. Chinas Wasserminister hat öffentlich eingeräumt, dass die Hälfte der mittleren und großen Städte Chinas unter Wasserknappheit zu leiden haben; bei mehr als hundert von ihnen wird der Mangel als ernst eingestuft.

Die Lage wird durch die Tausende chinesischer Fabriken nicht gerade besser, die giftige Chemikalien in Flüsse einleiten, deren

Wasser die Menschen für die Landwirtschaft und ihren Trinkwasserbedarf brauchen. Zwei Drittel des chinesischen Trinkwassers entspricht nicht den Mindestanforderungen der Weltgesundheitsorganisation.

Beim Wasserverbrauch finden sich einige der malthusschen Faktoren wieder, die wir schon bei den Nahrungsmitteln festgestellt haben: Seit 1940 hat sich die Bevölkerung annähernd verdreifacht, der Wasserverbrauch jedoch vervierfacht. Kernfusion oder andere preiswerte Technologien zur Energieerzeugung, die man bei der Entsalzung von Meerwasser einsetzen könnte, werden nicht zeitig genug zur Verfügung stehen, um einen ernsthaften Wassermangel zu verhindern. Die einzige neue Wasserquelle besteht darin, mit seiner Verschwendung aufzuhören, und das bedeutet, die Verwaltung des Wassers muss professionell erfolgen, vorzugsweise durch ein Privatunternehmen, und sein Preis den realen Beschaffungs- und Lieferkosten angeglichen werden.

Wenn transnationale Unternehmen in eine Stadt wie Buenos Aires oder Casablanca ziehen, verbessert sich die Versorgung, und die Verschwendung hört auf. Solche Dienstleistungen müssen bezahlt werden. Wenn Slumviertel sich den Anschluss ans Wasserleitungsnetz und die laufenden Wasserkosten nicht leisten können, sollte man sie umgehen. Da fünfzig Prozent der Weltbevölkerung heute bereits in Städten lebt, wissen wir, dass der Frischwasserbedarf nicht zu decken ist. Das Wasser muss daher auf die einzig machbare Weise rationiert werden: über den Preis. Manche werden sich mit nicht aufbereitetem Wasser begnügen müssen, wie es heute angeblich schon 1,4 Milliarden Menschen tun. Die Rückkehr der Cholera in Lateinamerika hängt zum Beispiel unmittelbar mit der Ausdehnung der Städte und der mangelnden Trinkwasserversorgung zusammen.

Eine strategische Analyse der vorhandenen Vorräte zeigt, dass die Zukunft viele Kriege um Wasser mit sich bringen wird. Von den zweihundert größten Flusssystemen der Welt haben hundertundfünfzig jeweils zwei Anrainerstaaten und die übrigen fünfzig jeweils drei bis zehn Anrainerstaaten, die sich das Wasser teilen müssen. So können acht Anrainerländer am Oberlauf des Nils Wasser entnehmen, bevor der Fluss Ägypten erreicht, das in seiner Wasserversorgung fast ausschließlich auf den Nil angewiesen ist. Es gibt noch viele ähnliche Beispiele, die das Konfliktpotential unmittelbar deutlich machen.

Obwohl es den Rahmen unserer Studie überschreitet, empfehlen wir, eine Karte der «Wasserbrennpunkte» mit physikalischen, politischen und strategischen Daten anzulegen, aus der sich die Gebiete ablesen lassen, in denen Krieg, Hungersnöte und Seuchen in vollem Umfang zum Tragen kommen dürften.

Das Drogenproblem

In der Arbeitsgruppe herrscht die einhellige Auffassung, dass man alle Drogen, «harte» wie «weiche», legalisieren sollte. In den meisten westlichen Ländern dürfte es natürlich schwierig sein, Kampagnen auf dieser Plattform durchzuführen, insofern eine Entkriminalisierung der Drogen Politikern, wie wir wissen, nicht gefällt. Möglicherweise verschwendete man für einen Kampf um die Legalisierung von Drogen kostbare Zeit und Energie in einer Phase, in der die westlichen Staaten ihre Kräfte besser auf selektive Populationsreduktionsstrategien im In- und Ausland konzentrieren sollten. Wir können also nicht verbindlich erklären, dass unsere Auftraggeber sich für diese Sache einsetzen sollten.

Dennoch treten wir aus mehreren zwingenden Gründen für die Legalisierung von Drogen ein. Nach überaus konservativen Schätzungen machen Drogengeschäfte mindestens zwei Prozent des weltweiten Bruttosozialprodukts aus, wobei einige Quellen den Wert des Drogenhandels gar zwei- bis dreimal höher veranschlagen. Selbst am unteren Ende der Schätzungen wären Narkotika immer noch die profitabelsten Wirtschaftsgüter der Welt. Der Drogenumsatz beträgt zehn bis dreizehn Prozent vom Gesamtwert des

Welthandels, mehr als alle Erdölprodukte zusammen ergeben. Wenn der Drogenhandel eine Volkswirtschaft darstellte, stünde sie etwa auf Platz zehn der Weltrangliste, also höher als zum Beispiel Kanada.

Wir sehen keinen Grund, warum sich mit solchen Einnahmen weiterhin internationale kriminelle Vereinigungen und die verabscheuungswürdigsten Elemente westlicher Gesellschaften bereichern sollen. Vielmehr sollte man diesen Handel ans Tageslicht holen und wie jeden anderen Wirtschaftszweig einer rechtlichen und steuerlichen Prüfung unterziehen. Pharmazeutische oder agrarwirtschaftliche Unternehmen und sogar Konzerne der Unterhaltungsbranche wären durchaus imstande, die Produktion und Vermarktung legalisierter Drogen zu übernehmen, und könnten für die Reinheit und Qualität ihrer Waren zur Verantwortung gezogen werden.

Das ist erheblich mehr, als man von den gegenwärtigen Lieferanten behaupten kann. Da Drogen verboten sind, ist nicht nur ihre Qualität fragwürdig, sondern auch ihr Preis überzogen. Die Gewinne fließen in andere kriminelle Unternehmen und dienen den Geldwäschern, die die legitime Finanzwelt in Verruf gebracht haben. Was den korrumpierenden Einfluss von Drogen auf allen Ebenen des Staatsapparats angeht, so zeigen jahrelange unappetitliche Enthüllungen über mindestens ein Dutzend Länder, dass es in dieser Hinsicht keiner weiteren Dokumentation bedarf.

Jeder, der für eine Entkriminalisierung von Drogen eintritt, muss unweigerlich den Vergleich mit der Prohibition in Amerika anstellen. Seit ihrer Aufhebung ist die Zahl der Alkoholiker in den Vereinigten Staaten nicht spürbar gestiegen. Und selbst wenn doch – unserer Ansicht nach sollte jedem Erwachsenen die Entscheidung frei stehen, ob er trinken oder Drogen nehmen, rauchen oder Selbstmord begehen will.

Vor allem in den Vereinigten Staaten hat der Drogenhandel zu einer verhängnisvollen Überlastung der Gerichte und Gefängnisse geführt. Drei Prozent der erwachsenen männlichen Schwarzen sitzen hinter Gittern, meist wegen Drogendelikten. Zu den 1,8 Millionen Strafgefangenen (aller Hautfarben) kommen noch 2,3 Millionen rechtskräftig verurteilte Straftäter, deren Strafe zur Bewährung ausgesetzt wurde. Nach konservativen Schätzungen des US Office of National Drug Control Policy erleidet die amerikanische Wirtschaft durch Drogen jährliche Verluste in Höhe von 146 Milliarden Dollar, einschließlich der sozialen Kosten der Beschaffungskriminalität, die auf 67 Milliarden Dollar veranschlagt werden.

Seit Beginn der Reagan-Regierung haben die Vereinigten Staaten den «Drogen den Krieg erklärt». Politisch mag dieses Programm der Masse zwar gefallen, doch wenn es sich um einen echten Krieg handeln würde, wäre er eine schlimmere Niederlage als Vietnam. Und das liegt nicht an mangelndem Einsatz.[4]

Die Ergebnisse der internationalen Beteiligung an diesem «Krieg» (der UN, der G–7, des Europarates, der EU und so weiter) sind ebenso enttäuschend. Interpol verwendet die Hälfte ihres Budgets auf die Bekämpfung des Drogenhandels. Trotz aller Bemühungen werden nur schätzungsweise zehn Prozent der weltweit produzierten Drogen von den Behörden beschlagnahmt. Da es um hohe Gewinne geht, sind viele Menschen zu erheblichen Risiken bei Transport und Vermarktung der Drogen bereit.

Auch Europa hat für die Legalisierung von Drogen keine Stellung bezogen und damit verschiedene Mafias und ausländische Militärs gestärkt. Die Herkunftsländer, für die Drogen eine wichtige indirekte Einnahmequelle darstellen, arbeiten mit den Staaten des Nordens nur zusammen, wenn sie absolut müssen oder unter Druck gesetzt werden, und es besteht kein Grund, weshalb sie sich in Zukunft anders verhalten sollten. Wenn Drogen legalisiert würden, könnten die Herkunftsländer Anbau, Verarbeitung und Export der Drogen erlauben und Steuereinnahmen aus diesen Wirtschaftsbereichen erzielen. Das Land von Kleinbauern würde nicht mehr von Flugzeugen aus mit Pestiziden besprüht und auch andere Zerstörungen von Ressourcen würden aufhören.

Von Jahr zu Jahr bestätigt sich erneut, dass Polizei und Armee den Drogennachschub nicht unterbinden können. Dennoch beabsichtigt die Regierung der Vereinigten Staaten, 1998 weitere sechzehn Milliarden Dollar für die Drogenbekämpfung aufzuwenden, großenteils für Grenzkontrollen und die Drogenvernichtung in den Herkunftsländern sowie einen kleinen Teil für die «Drogenerziehung» im Inland. Wieder werden große Geldsummen an korrupte Militärjuntas Lateinamerikas geschleust, die ihre entsprechende Ausrüstung nicht gegen die Drogenbarone, sondern gegen ihre eigenen politischen Feinde einsetzen. Sie haben wohl kaum die gleichen Prioritäten wie die US-amerikanischen Drogenbekämpfer. Effizienter wäre es, diese fürstlichen Summen in präventive und kurative Strategien zur Bevölkerungsreduktion zu investieren.

Auch die US-Streitkräfte sind den Drogenbaronen nicht gewachsen. Ein US-Militär schrieb: «Wie in Vietnam reichen auch hier die überwältigenden Vorteile, die die Vereinigten Staaten in Hinblick auf Technologie, Geheimdienste und militärische Stärke besitzen, nicht aus, um die politischen, wirtschaftlichen und sozialen Faktoren zu überwinden, die den Drogenkrieg beeinflussen ... Unter politischen Gesichtspunkten ist es jedoch einfacher, weiterzumachen, als eine ernsthafte Neubewertung vorzunehmen.»[5]

Wir raten, eine solche Neubewertung unverzüglich vorzunehmen und die Vorteile der Drogenlegalisierung für die Weltwirtschaft zu kalkulieren. Gegenwärtig sind Drogen wirtschaftlich, sozial, militärisch und politisch viel zu kostspielig und ziehen knappe Mittel aus Bereichen ab, in denen jene Besseres bewirken könnten.

Wenn legale Unternehmen Drogen verkaufen würden, dürfte man sie nicht für individuellen Missbrauch verantwortlich machen, sondern würde sie wie die Tabakindustrie zu Warnhinweisen verpflichten. Es wäre eine klare Kennzeichnung als «suchtgefährdend» (wo es zutrifft) oder als «gesundheitsgefährdend» erforderlich. Altersbeschränkungen für Jugendliche und die entsprechenden Strafen, etwa für Fahren unter Drogeneinfluss, könnte man den für Alkohol geltenden Bestimmungen angleichen. In diesem einen Bereich wäre eine staatliche Preiskontrolle eventuell angebracht oder

der Verkauf durch ausgewiesene Läden, falls die Preise wie in der illegalen Drogenwirtschaft die Entwicklung von Schwarzmärkten und Kriminalität fördern sollten.

Man sollte Drogen nicht verherrlichen, aber wenn Menschen sich mit Überdosen umbringen wollen, sollte man sie gewähren lassen. Wenn man bedenkt, welche Art von Menschen dies bislang getan haben, erweisen sie damit der Gesellschaft einen großen Dienst. Unter dem Aspekt der Populationsreduktionsstrategien sind die Sterberaten durch Drogen zu vernachlässigen; sie würden vermutlich stabil bleiben oder sogar leicht fallen. In den Vereinigten Staaten gibt es jährlich schätzungsweise 20 000 Drogentote (1986–1996). Für andere Länder liegen nur unzuverlässige oder gar keine Zahlen vor, wobei die 11 000 Drogentoten weltweit, die von der WHO gemeldet werden, eindeutig untertrieben sind. Drogen sind ein echter «Problembrocken»; er erfordert eingehendere Studien, hat jedoch eher wirtschaftliche als bevölkerungspolitische Auswirkungen.

Zum Abschluss …

Wir haben versucht, unseren Auftraggebern erstens eine klare, verantwortungsbewusste Einschätzung der Lage zu geben, der sich der globale Kapitalismus und die freie Marktwirtschaft im 21. Jahrhundert gegenübersehen (Teil I), und zweitens einen Überblick über die theoretischen und praktischen Mittel zur Abwehr einer potenziellen Katastrophe oder Lähmung zu verschaffen (Teil II).

Wir fänden es zwar erfreulich, wenn der vorliegende Bericht als zeitgemäß eingestuft würde, sehen uns aber nicht als Teil der Milleniumsflut und diesen Bericht nicht als Beitrag zu ihrer Dokumentationsfülle. Vor fünf oder zehn Jahren oder in fünf oder zehn Jahren hätten wir im Wesentlichen den gleichen Text geschrieben. Einige Zahlen und Verweise fielen anders aus, aber die Botschaft nicht.

Die Erfahrung der gemeinsamen Arbeit an diesem Bericht hat uns verändert; unsere individuellen Wahrnehmungen sind verschmolzen, unser Bewusstsein hat sich geschärft. Unsere vordringliche Sorge gilt mittlerweile der gebotenen Dringlichkeit, die ohne Rückgriff auf eine emotionale Sprache, wie wir sie in unserem Bericht zu vermeiden suchten, nur schwer zu vermitteln ist.

Vor allem hoffen wir, unsere Sachlichkeit und distanzierte Vorgehensweise haben die Notwendigkeit zu politischer Willensbildung und promptem Handeln nicht in den Hintergrund gerückt, welche vielleicht nur aus einem Appell an sowohl die Vernunft als auch die Gefühle, und in erster Linie an die Angst erwachsen kann.

Wir gehen davon aus, dass unsere Auftraggeber die Position, die es ihnen ermöglicht hat, uns den Auftrag zu diesem Bericht zu erteilen, vor allem erlangt haben, weil sie sich nicht scheuen, der Realität ins Auge zu sehen, und weil sie die römische Weisheit verstehen: *Necessitas non habet legem*, die Notwendigkeit kennt kein Gesetz.

Wir, die wir das Privileg hatten, an diesem Bericht mitzuwirken, müssen nun darauf vertrauen, dass unsere Auftraggeber über eben so viel Tatkraft wie Scharfblick verfügen.

Anhang

Susan George

Man kann zu diesem Bericht auf drei Arten Stellung beziehen. Die erste Möglichkeit ist völlige Ablehnung: «Die weltweite Endlösung der Lugano-Arbeitsgruppe ist zu schrecklich, sie in Betracht zu ziehen, deshalb denke ich nicht darüber nach.» Wer so reagiert, mag die feineren Details der Vogel-Strauß-Politik mit anderen Straußen diskutieren; für jene kann ich nichts weiter tun.

Die zweite Möglichkeit besteht nicht etwa darin, sich zu fragen, ob die Vorschläge der Arbeitsgruppe entsetzlich sein mögen – denn das scheint mir auf der Hand zu liegen –, sondern zu fragen, ob sie logisch zwingend sind. Hätte man auch zu anderen Schlussfolgerungen kommen können, nachdem ihre Prämissen einmal akzeptiert waren?

Die dritte Möglichkeit wäre, anzuerkennen, dass ihre Schlüsse tatsächlich aus den Prämissen folgen, dann aber diese Prämissen radikal infrage zu stellen. Die Prämissen sind von unterschiedlicher Art.

Prämissen

Die *wirtschaftlichen Prämissen* sind klar. Vorrang haben kapitalistisches Wachstum und Effizienz; ihnen sind alle anderen Werte zu opfern. Marktwirtschaftlicher Wettbewerb (unter anderem um Arbeitsplätze, Marktanteile, Profite) führt zu optimaler Effizienz, da der Markt die Verteilung aller Ressourcen am besten regelt, seien es natürliche, produzierte, finanzielle oder menschliche Ressourcen. Zudem sind Märkte zur Selbstregulierung fähig, in die man nicht eingreifen sollte.

Die Ziele wirtschaftlicher Aktivität sind Profit und Akkumulation, beide Zeichen und Maßstab der Effizienz. Über die Finanzmärkte werden Profite in Investitionen umgewandelt, wodurch der ganze Zyklus wieder von vorn beginnen kann. Arbeitsplätze und die Befriedigung menschlicher Bedürfnisse, soweit sie im Gegensatz zu den Erfordernissen des Marktes stehen, bleiben für das System nebensächlich, das der Logik von Angebot und Nachfrage, nicht von Bedarf und Bedarfsdeckung folgt.

Eine mehr oder weniger gerechte Verteilung der Wirtschaftsgüter zwischen Menschen in verschiedenen Teilen der Welt oder den Bürgern desselben Landes mag ein Anliegen des Staates oder der Wohlfahrtsorganisationen sein, gilt aber sicher nicht für den Markt. Dennoch sind selbstregulierende Märkte in gewisser Weise moralisch, denn letzten Endes belohnen sie die Fleißigen, Ernsthaften und «Verdienten», oder so behaupten es zumindest ihre Verteidiger. Den höchsten Lohn erzielt in diesem System ein radikaler, risikofreudiger Individualismus, und dem entspricht eine Welt, in der jeder auf sich gestellt ist.

Diese Wirtschaftsphilosophie wird vor allem von den sehr großen transnationalen Konzernen (TNCs) im Herstellungs-, im Dienstleistungs- und Finanzbereich verfochten, die selbst jedoch versuchen, den Wettbewerbsdruck zu reduzieren und einen «Allianzkapitalismus» zu praktizieren. Kleine und mittlere Unternehmen, Familienbetriebe, Freiberufler, Handwerker und Einzelhändler agieren gewöhnlich nicht nach den gleichen unpersönlichen, skrupellosen Regeln. Im eigentlichen Fokus dieses Berichts liegen die Freiheit und das Wohlergehen der TNCs – weil dies auch dem Fokus der globalisierten Marktwirtschaft entspricht.

Die sozialen Konsequenzen, die aus den Wirtschaftsprinzipien dieser Konzerne erwachsen, liegen auf der Hand. Wie der gefeierte «Rationalisierer» Albert («Chainsaw Al») Dunlap in seinem eigennützigen Buch *Mean Business: How I Saved Bad Companies and*

Made Good Companies Great[1], erbarmungslos klarmacht, gehören Unternehmen ausschließlich ihren Investoren, also den Aktionären.

Sie gehören nicht ihren Beschäftigten, Zulieferern oder den Gemeinden, in denen sie zufällig angesiedelt sind. Daraus folgt, dass der Vorstandsvorsitzende oder Geschäftsführer mit allen erforderlichen Mitteln für seine Aktionäre (und für sich) so viel Geld wie möglich erwirtschaften muss. Was aus den Menschen wird, die ihre Arbeit verlieren, oder aus ihren Familien und den Städten, in denen sie leben, interessiert ihn nicht und liegt nicht in seiner Verantwortung. Basta.

Verkleinerer wie Dunlap[2] werden von der Wall Street und der Londoner City umschmeichelt, für ihre Dienste großzügig entlohnt und auf Titelseiten abgebildet, auch wenn *Newsweek* einmal auf schockierende Weise mit der Tradition brach, als die Zeitschrift einige besonders skrupellose Rationalisierer unter der großen roten Schlagzeile «Corporate Killers» zeigte. Bei *Newsweek* war dieser Ausdruck im übertragenen Sinne gemeint, die Arbeitsgruppe meint ihn wörtlich.

Der durchschnittliche Chefmanager eines größeren US-Unternehmens «verdient» heutzutage etwa das Zweihundert- bis Dreihundertfache des Jahresgehalts seines niedrigsten Angestellten. Dabei sind die Realeinkommen britischer und amerikanischer Arbeiter heute niedriger als 1987. Seit anderthalb Jahrzehnten werden die Beschäftigten übergangen, wenn es darum geht, den Gewinn der Produktivitätssteigerung zu verteilen. Überall wächst die Produktivität der Arbeiter, aber meist werden sie für ihre Mühe nur bestraft, weil die Globalisierung sie in einem internationalen Konkurrenzkampf gegeneinander ausspielt, in dem «jeder eines jeden Wolf» ist, um es mit Hobbes zu sagen. Der Gewinn fließt an die Spitzenmanager und die Aktionäre, also an die Eigentümer von Wissen und Kapital.

Diese Unternehmen sind mobil und gehören mit zu den Ersten, die sich neue Standorte suchen, wo die Gewerkschaften schwach oder rechtlos sind und sie die größtmögliche Produktivität zu den kleinstmöglichen Löhnen bekommen können. Dieses Phänomen beschränkt sich nicht auf die reichen Länder. Das französische Unternehmen TNC Thompson verlegte seine Produktion kürzlich von Malaysia nach Vietnam und ließ 2600 malaysische Arbeiter zurück. Nike hat die Betriebe seiner Subunternehmen («outsourcing») von den USA nach Korea, von dort nach Indonesien und schließlich nach Vietnam verlegt, immer auf der Suche nach dem besten Geschäft.

Einige Experten haben sich große Mühe gegeben, nachzuweisen, dass Rationalisierung und «Delokalisierung» (die Verlegung z. B. von Flint, Michigan, nach Shenzhen) nicht oder nur zum geringen Teil der Grund sind für die riesige Zahl von amerikanischen Erwerbstätigen, die unterhalb der Armutsgrenze leben, oder auch für die wirtschaftliche Unsicherheit und Massenarbeitslosigkeit in Europa. Und überhaupt, erklären diese Fachleute mit plötzlich mustergültigem Engagement für die Unterdrückten dieser Erde, haben Asiaten, Mexikaner oder Polen das gleiche Recht auf diese Arbeitsplätze wie wir. Damit unterstellen sie oder sagen rundheraus, dass Amerikaner und Europäer, die anständige Arbeitsplätze zu anständiger Bezahlung haben wollen, sich selbstsüchtig gegen die Armen in der Dritten Welt verhalten.

Entscheidend ist jedoch, dass die transnationalen Konzerne die Beschäftigungsprobleme von *niemandem* je lösen werden. Gemessen an ihrer Größe und ihrem Umsatz, schaffen sie dürftig wenig Arbeitsplätze. Nach Angaben der Vereinten Nationen gibt es inzwischen zwar annähernd 40 000 TNCs, aber die hundert größten kontrollieren ein Fünftel des globalen TNC-Kapitals. Diese Top-Hundert setzten 1996 Güter und Dienstleistungen in einem Wert von über 4,1 Billionen Dollar um, hatten aber weltweit nicht einmal zwölf Millionen Beschäftigte, das heißt weniger als 1980! Zwischen 1993 und 1996 erzielten sie Umsatzsteigerungen von vierundzwanzig Prozent, schafften es dabei aber, Arbeitsplätze abzubauen. Jeder Beschäftigte bei einem von diesen Spitzenkonzernen, vom Firmenchef bis zum Pförtner, produziert derzeit einen Umsatz von durchschnittlich 350 000 Dollar. Das nennt man Produktivität.

Die *politischen Prämissen* des Lugano-Reports erwachsen aus den wirtschaftlichen. Soziale und politische Regelungen, die durch Marktmechanismen, massive Privatisierung, Reduzierung staatlicher Dienstleistungen und andere neoliberale Maßnahmen erreicht wurden, sind die besten, die man sich denken kann. Die Arbeitsgruppe behauptet, «dass in irdischen Belangen der Markt im weitesten und umfassendsten Sinne das Instrument ist, mit dem wir vermutlich noch am nächsten an die Weisheit des Allmächtigen heranreichen». Auch wenn er manchen Leid bringt und oberflächlich betrachtet grausam erscheinen mag, kann er anscheinend immer noch Schlechtes in Gutes verwandeln.

Ein altbekanntes Thema: Der Kapitalismus lässt sich nicht übertreffen und stellt die natürliche Daseinsform der Menschheit dar. Die freie Marktwirtschaft ist eine Vorbedingung der Demokratie, Demokratie eine Vorbedingung für Stabilität und Frieden, welche wiederum Vorbedingungen für fortlaufende Geschäfte sind. Dank der Revolution der Informationstechnologie und der Mobilität des Geldes sind Globalisierung und Marktintegration unvermeidlich und unwiderstehlich. Die Situation hat Ähnlichkeit mit dem uralten, überhaupt nicht komischen Witz über Vergewaltigungen: Es bleibt nur übrig, sich zu entspannen und es zu genießen.

Der globalisierte Markt sollte also wohl oder übel sämtliche Beziehungen zwischen Individuen und Gesellschaften bestimmen. Da Staaten keinen sonderlichen Einfluss auf die Gesellschaft haben und auch nicht haben sollten, ist Demokratie nicht mehr so wichtig wie früher. Sie mag eine dekorative Fassade liefern, muss aber unter Kontrolle gehalten (oder nach und nach abgeschafft) werden, weil Wahlen und eine Partizipation der Masse per definitionem eben die Massen favorisieren, die per definitionem Verlierer sind. Wenn viele Menschen sich lautstark zu Wort melden, verhalten sie sich vermutlich irrational und können nur stören.

Was die *Handelsprämissen* angeht, so befürwortet die Arbeitsgruppe ungehinderten Handel und Investitionen und einen starken internationalen Gesetzesrahmen auf der Basis von «Regeln», wie die Welthandelsorganisation sie aufgestellt hat, um diese Freiheit zu gewährleisten. Aus Sicht der TNCs ist dies verständlich, da die Welthandelsordnung für sie maßgeschneidert wurde. Ihre Propaganda war so effektiv, dass man sich mittlerweile ebenso wenig gegen «Freihandel» auszusprechen traut wie gegen Mutterschaft. Was steckt hinter dieser Semantik?

Gut ein Drittel des gesamten Welthandels besteht inzwischen aus Geschäftsaustauschen *innerhalb* desselben Konzerns; also Shell «handelt» mit Shell, IBM mit IBM und Unilever mit Unilever. Ein weiteres Drittel des Welthandels findet zwischen zwei TNCs statt – zum Beispiel General Electric handelt mit General Motors. Nur das restliche Drittel der Handelsgeschäfte auf dem Weltmarkt lässt sich als «nationaler» Handel im herkömmlichen Sinne bezeichnen, und dieser Anteil nimmt stetig ab.

Was für Katholiken die Erbsünde und die Heilige Dreifaltigkeit, das sind für Neoliberale die Vorzüge des Freihandels. Die Grundlehre baut auf dem Felsen des «Wettbewerbsvorteils» auf. Nach diesem altbekannten Prinzip, das David Ricardo im 19. Jahrhundert entwickelte, sollte ein Land das verkaufen, was es relativ billig produziert, und einkaufen, was es relativ teuer produziert. So weit, so gut.

Diese Theorie setzt jedoch voraus, dass – wie zu Ricardos Zeiten – Kapital im Land bleibt und Transport teuer ist, was für beides nicht mehr gilt. Zudem geht sie davon aus, der Handel finde *zwischen Nationen* statt – entgegen der heutigen Realität, in der TNCs überall investieren und produzieren können und der Austausch innerhalb und zwischen diesen Konzernen bereits zwei Drittel des Welthandels an Gütern und Dienstleistungen ausmacht.

In der Fachsprache ausgedrückt: Die zweihundert Jahre alte Theorie, die nach wie vor starke Anhänger hat, bezieht sich auf den «einfachen Rahmen eines allgemeinen Gleichgewichts zwischen zwei Ländern», der die Beurteilung von Vor- und Nachteilen eines entnationalisierten, multipolaren Handels zwischen TNCs nur verzerren kann.[3]

Aber nicht nur die Wirtschaftstheorie wird der heutigen empirischen Wirklichkeit nicht mehr gerecht. Bei den Wettbewerbsvorteilen ging es bislang immer um die *wirtschaftlichen* Kosten, zu denen man Wein und Tuch, um Ricardos Beispiel zu nehmen, in diesem oder jenem Land produzieren konnte. Heute leben wir in einer Welt, in der auch die Normen und Regeln der politischen und sozialen Systeme verschiedener Länder in unmittelbare Konkurrenz zueinander gestellt sind.

Würden Sie in Ihrem Land Kinderarbeit, Zwölf-Stunden-Tage, Hungerlöhne, gefährliche Arbeitsbedingungen und ein Verbot von Gewerkschaften hinnehmen? Vermutlich nicht. Aber wenn Sie keinen Grund sehen, weshalb Ihre Landsleute mit den unglücklichen und unterdrückten Bürgern in Ländern, wo all dies legal ist, in Konkurrenz treten sollten, werden Sie als «Freihandelsgegner» und «Protektionist» etikettiert.

Die Welthandelsorganisation schließt Waren, die in Gefangenenlagern produziert wurden, von ihren Regelungen aus, sagt aber nichts über das Recht auf gewerkschaftliche Organisierung, über Arbeitsbedingungen oder Kinderarbeit. Nach Schätzungen der International Textile, Garment and Leather Workers' Federation arbeiten weltweit 250 Millionen Kinder, die Hälfte davon unter vierzehn Jahren, unter haarsträubenden Bedingungen. Diese erschreckende Tatsache hat nichts mit Kultur, Tradition oder «asiatischen Werten» zu tun, sondern allein damit, dass man drei willige, wehrlose Kinder für den Preis von einem Erwachsenen bekommt.

Wie dieser Verband weiter erklärt, könnte man all diese Kinder für sechs Milliarden Dollar zur Schule schicken, also für zwei Prozent der weltweiten Rüstungsausgaben. Seit über einem Jahrhundert werden immer die gleichen Argumente für Kinderarbeit ins Feld geführt, zuerst in Großbritannien und Europa und jetzt in Pakistan oder Honduras, und zwar immer von der gleichen Art Menschen. Kinder einzusetzen sei die einzige Möglichkeit, die Industrie des Landes wettbewerbsfähig zu halten; wenn die Kinder nicht für uns arbeiten würden, ginge es ihnen noch schlechter, sie müssten verhungern oder sich prostituieren; ihre Familien sind auf sie angewiesen. Der neueste Dreh ist die Forderung nach «Kinderrechten», die das «Recht auf Arbeit», aber keineswegs eine Schulpflicht umfassen.

Tatsächlich drückt Kinderarbeit die Löhne und verdrängt Erwachsene. In Indien entspricht die Zahl der arbeitenden Kinder etwa der Anzahl der arbeitslosen Erwachsenen. Diese Praxis perpetuiert die Armut. Die arbeitenden Kinder von heute werden die arbeitslosen Erwachsenen von morgen sein, falls sie dann noch leben, und dann ihre eigenen Kinder unter den gleichen finsteren Bedingungen zur Arbeit schicken. Viele TNCs haben im Rahmen ihres «outsourcing» Firmen unter Vertrag, die Kinder beschäftigen.[4]

Auch in den Ländern des Nordens gibt es Kinderarbeit, wenngleich in geringerem Maße; in fortgeschrittenen Ländern erkennt die Gesetzgebung immerhin an, dass Vertragsparteien nicht unbedingt die gleiche Verhandlungsmacht besitzen und der schwächere Partner rechtlich geschützt werden muss. Ebenso wie Kinder haben auch Arbeiter nicht immer die «Freiheit», ihre «Rechte» geltend zu machen, und ohne einen solchen Schutz kann das «Recht auf Arbeit» auch bedeuten, dass man für sein Überleben unmenschliche Bedingungen akzeptieren muss.

So verwies der United States Supreme Court in einem berühmten Urteil, mit dem er ein Gesetz über Mindestlöhne für Frauen bestätigte, auf deren relativ schwache Verhandlungsposition, die sie zu «leichten Opfern jener machen kann, die ihre Notlage ausnutzen».[5] Den Supreme Court mag es überraschen, aber Globalisierung und freie Marktwirtschaft setzen sein Urteil außer Kraft. Deshalb sprechen Kritiker von einem «Rennen nach unten», wenn nationale Standards miteinander in Konkurrenz treten. Der kleinste gemeinsame Nenner wird tendenziell zur Norm, was den Einzelnen letztlich vor die Wahl zwischen Dritte-Welt-Bedingungen und Arbeitslosigkeit stellt.

Die gleichen Argumente gelten für Umweltstandards, nur dass die Natur keine andere Verhandlungsmacht besitzt außer der, zusammenzubrechen, wenn sie den Belastungen nicht mehr standhält. Im internationalen Handelssystem wird es weder zum Problem neoliberaler Ökonomen noch der Welthandelsorganisation, wenn ein Land Produkte billiger anbieten kann, weil es politische Unterdrückung praktiziert, die Augen gegen soziale Not verschließt und die Umwelt vergewaltigt.

Die WHO schlägt vor, Beschwerden an die Internationale Arbeitsorganisation zu richten; Wirtschaftswissenschaftler erklären: «Setzt den Handel nicht ein, um humanitäre Probleme zu lösen; lasst die Verlierer auswandern oder schickt ihnen massive technologische und finanzielle Hilfe.» Da besteht herzlich wenig Aussicht. Die Realität sieht derzeit so aus, dass ein Produkt, sobald es auf den Markt kommt, keine Spur mehr an den Missbrauch von Mensch oder Natur erinnert.[6]

Die *finanziellen Prämissen* des Lugano-Berichts sind einfach: Kapital ist mobil (Arbeit dagegen nicht). Theoretisch ermöglichen es die Finanzmärkte allen, die Ersparnisse haben, ihr Geld in Aktien, Bonds, Optionen und Ähnlichem anzulegen, um Investitionen wieder in die Produktion zurückzuleiten und Wohlstand für alle zu schaffen. In Wirklichkeit wird nur ein winziger Prozentsatz der gewaltigen Geldmengen, die in die Finanzmärkte fließen, tatsächlich in die «Realwirtschaft» investiert.[7]

Der immense Zustrom von Geldmitteln in die Finanzmärkte spiegelt zudem die Umschichtung des Reichtums von unten nach oben wider. Wenn nicht sonderlich vermögende Menschen ein bisschen Geld in der Hand haben, geben sie es für Güter und Dienstleistungen aus und halten die reale Wirtschaft in Gang. Wenn Geld an Menschen fließt, die das, was sie brauchen oder möchten, schon in Mengen haben, legen sie es großenteils in unproduktiven Wertpapieren an. Die Arbeitsgruppe zieht die Möglichkeit kaum in Betracht, dass Finanzkapital mit der tatsächlichen Produktion und Verteilung von Gütern und Dienstleistungen weitgehend nichts mehr zu tun haben könnte, obwohl sie zu Recht Angst vor der Unbeständigkeit der Finanzmärkte und einem Zusammenbruch hat.

Das in der Welt schwappende Geld liegt weitgehend in Händen von Pensionsfonds, Versicherungsgesellschaften und Geldinstituten (Maklerfirmen, Hedge-Funds und Ähnlichem). Ihr Vermögen beläuft sich zusammen auf einundzwanzig Billionen Dollar, wovon die Hälfte US-Firmen gehört. Diese Zahlen, die aus dem Jahresbericht 1998 der Bank für internationalen Zahlungsausgleich (BIS), also der Zentralbank der Zentralbanken, stammen, sind für Normalsterbliche völlig unvorstellbar. Anschaulicher werden sie, wenn man sich klarmacht, dass diese Summe das jährliche Bruttosozialprodukt aller Industrieländer zusammen übersteigt oder verteilt auf jeden heutigen Erdenmenschen 3500 Dollar pro Kopf ergäbe.

Die Manager dieser enormen Summen messen ständig die Temperatur des Marktes, und wenn sie handeln, tun sie es schnell und in Scharen. Bei der BIS spricht man denn auch von «Herdentrieb», insofern alle Fondsmanager den Erfolgreichsten unter ihnen, den historischen Outperformern am Börsenmarkt zu folgen versuchen. Eine Veränderung von nur einem Prozent ihrer Portefeuilles entspricht einem Viertel der Kapitalausstattung sämtlicher Aktienmärkte im «aufsteigenden» Asien und zwei Dritteln aller Aktienmärkte in Lateinamerika. Es nimmt also nicht Wunder, dass diese Märkte sehr schnell zusammenbrechen, sobald die Herde dem Ausgang zustürmt.

Viele dieser Fonds sind sehr anfällig und können verheerende Dominoeffekte auslösen, da sie einen hohen Verschuldungsgrad aufweisen, also zu Spekulationszwecken das Vielfache ihrer tatsächlichen Kapitalbasis an Krediten aufnehmen und dabei ein Darlehen als Sicherheit für das nächste einsetzen. Internationale Fonds unterliegen keinerlei Regulierung und können tun, was sie wollen – und wenn sie genau dies tun, sind die Menschen überrascht.

Die *ökologischen Prämissen* des Lugano-Reports treffen zu. Nur selten findet die ökologische Realität Eingang in den gedanklichen Rahmen neoliberaler Wirtschaftsdiagnosen. Völlig zu Recht stellt die Arbeitsgruppe fest, dass sofort etwas unternommen werden muss – wenn auch nicht in der Richtung, wie sie es vorschlagen.

Allerdings vernachlässigt der Bericht einen wesentlichen politisch-ökologischen Aspekt. Vor dreißig Jahren überschrieb der Biologe Garret Hardin einen berühmten Artikel, den die Arbeitsgruppe zitiert: «The Tragedy of the Commons» (Die Tragödie der kleinen Leute).[8] Hardin ging von einer Gruppe Hirten aus, in der jeder «rationale Schäfer» versuchen würde, sich über alle anderen einen Vorteil zu verschaffen, indem er seine Herde nach und nach um jeweils ein Tier vergrößerte, und das würden alle Hirten tun, bis die Ressourcenbasis – das Weideland – zusammenbräche.

Hardin ist sicher ein kompetenter Biologe, aber über Geschichte und Anthropologie oder beobachtetes menschliches Verhalten weiß er wenig. Dutzende historischer und zeitgenössischer Beispiele vom Weideland des Mittelalters bis zur Hummerfischerei in Maine zeigen, dass Gemeineigentum nicht erschöpfend ausgebeutet wird, *solange die Gruppenmitglieder die Macht haben zu bestimmen, wer der Gruppe angehört, und ihre Ressourcen nach ihren eigenen Regeln zu verwalten.*

Hardin setzt voraus, kapitalistische Werte und individualistisches, eigennütziges Verhalten herrschen immer und in allen Gesellschaften vor – eine völlig irrige Annahme, wie Karl Polanyi und zahlreiche Anthropologen gezeigt haben. Das eigentliche Problem ist, dass den Menschen ihre Ressourcen und die Macht, sie zu verwalten, genommen werden. Immerhin ist es den Menschen jahrhundertelang gelungen, zu überleben und ihre Ressourcenbasis zu erhalten, ohne dass die Weltbank oder TNCs sich eingemischt hätten – auf diesen Gedanken kommt die Arbeitsgruppe nicht so ohne weiteres.

Was die *demographischen Prämissen* angeht, so verwendet der Bericht den Begriff der «Bevölkerung» subjektiv und behandelt ihn als Absolutum und als absolut zu groß. Der Begriff der Bevölkerung ist jedoch immer relativ zu den Bedürfnissen eines bestimmten wirtschaftlichen und politischen Systems. Wenn von «Überbevölkerung» geredet wird, drängt sich die Frage auf, bezogen auf was und wen die Bevölkerung «übergroß» sei? In dem Bericht wird diese Frage als vorab beantwortete gar nicht gestellt. Die Bevölkerung wird lediglich in der Perspektive neoliberaler Bedürfnisse gesehen, die einschließt, den Bedarf an Arbeitskräften zu senken und alle anderen Merkmale des Systems beizubehalten, welche menschlichen Kosten dies alles auch mit sich bringen mag.

Die Kaste der Schnellen

Soziale Ungleichheiten innerhalb einer Gesellschaft wurden früher definiert durch die relative Verhandlungsmacht, wobei der Verhandlungstisch geographisch begründet war. Die Menschen hatten Kompromisse miteinander einzugehen, weil sie weiter im gleichen geographischen Raum zusammenleben mussten. Heute lauten die Schlüsselbegriffe Geschwindigkeit und Mobilität.

An der Spitze der globalen Pyramide stehen die «Schnellen», die Kapitaleigentümer und die hoch qualifizierten Akademiker, die Jacques Attali als «Elitenomaden» bezeichnet, weil sie grenzüberschreitend gefragt sind, bleiben können, wo es ihnen beliebt, und sich immer in Bewegung halten. Nach ihnen kommt die große Menge der stationären «Langsamen», deren Hauptmerkmal ihre Ersetzbarkeit ist, wobei ihr Austausch in Nord-Nord-, Nord-Süd- oder Süd-Süd-Richtung erfolgen kann.

Zumindest gibt die Arbeitsgruppe eine offene Antwort auf die große Frage, der andere immer auszuweichen versuchen und die sie nie öffentlich ansprechen: «Was machen wir mit den Verlierern?» Den Auftraggebern des Lugano-Berichts ist die Welt der mächtigen Konzerne gewiss nicht fremd, und die haben tatsächlich ein Problem mit «Verlierern», zumal sie selbst so viel dazu beigetragen haben, sie hervorzubringen.

Verfechter der neoliberalen Ordnung behaupten, diese werde letzten Endes weit mehr Gewinner als Verlierer produzieren, da das Wirtschaftswachstum eines Tages genug für alle ergeben und jeden mit seinen großzügigen Gaben bedenken werde. Wir alle würden davon profitieren. Diese Behauptung taucht ständig in der Literatur auf, vom Internationalen Währungsfonds bis hin zur Internationalen Handelskammer, und dient als Rechtfertigung für harte politische Maßnahmen, Entlassungen und allgemeines menschliches Leid, das in einer strahlenden Zukunft dann belohnt werde.[9]

Diese Behauptung ist eine Lüge. In der Politik des 21. Jahrhunderts geht es nicht wie im Wohlfahrtsstaat der Nachkriegszeit darum, den Kuchen zu verteilen, oder um die Frage, wer wann welche Ressourcen bekommt, und nicht einmal darum, wer wem Befehle erteilen kann. Vielmehr wird Dreh- und Angelpunkt der Politik die todernste Frage des Überlebens sein. Das ist das Ergebnis dieses Berichts.

Wenn es noch so etwas wie Klassenkampf gibt – und meiner Ansicht nach muss es ihn geben, da es eben ums Überleben geht –, wird er diesmal zwischen den Schnellen und den Langsamen, den Mobilen und den Stationären, den Verwurzelten und den Wandernden ausgetragen. Elitenomaden sind per definitionem in einer besseren Position, diesen Kampf zu gewinnen; für sie stellt sich nur die Frage, wie.

Der Bericht erkennt in seinen Grundzügen das Problem und den Preis, um den es geht; er sucht nach einem narrensicheren Weg, den Nomaden zu gewährleisten, auch weiterhin reibungslos von einer Oase zur Nächsten zu ziehen, ihre Herden von Konzernkamelen vergrößern, ihre Teppiche und Daten ungehindert austauschen und dabei die Wüstenökologie erhalten und Unruhen unter den verbleibenden Eingeborenen unterbinden zu können.

So abscheulich ihre Lösung auch sein mag, die Autoren des Lugano-Reports besitzen im Gegensatz zum IWF und ähnlichen Stellen zumindest den Anstand, zuzugeben, dass man den Kuchen nicht essen und gleichzeitig aufheben kann; man kann keine globale Wirtschaft haben, die einige wenige bereichert, wie es in der Geschichte ohne Beispiel ist, die den Reichtum unaufhaltsam nach oben drückt und -zig Millionen Verlierer schafft – und gleichzeitig eine unbeschadete Umwelt und ein reines Gewissen behalten.

Wie die Arbeitsgruppe zudem deutlich macht, breitet sich die Entbehrlichkeit auf der sozialen Stufenleiter nach oben aus. Sie betrifft nicht mehr nur die brasilianischen Indios, die amerikanischen Armen und andere entlegene Stämme. Sie, Ihre Familie, Ihr Beruf, Ihr kleiner oder mittlerer Betrieb, Ihre Gemeinde, Ihr natürlicher Lebensraum geraten in den Bereich des Entbehrlichen. Wenn transnationale Unternehmen keinerlei Verantwortung haben außer der gegenüber ihren Aktionären, wenn Staaten abwanderndes, mobiles Geld nicht besteuern und Millionen stationärer Menschen keine Überlebenshilfe bieten können, dann müssen die Überzähligen irgendwie eliminiert werden oder …

Alternativen

Dieser Abschnitt muss mit einer persönlichen Anmerkung beginnen, weil ich mir angesichts der bestehenden Machtverhältnisse, offen gestanden, gleichermaßen moralistisch und albern vorkomme, wenn ich Alternativen vorschlage. Öfter als mir lieb ist, habe ich an Veranstaltungen teilgenommen, die mit aufrüttelnden Erklärungen endeten, was passieren «sollte» oder «müsste». So viele gut gemeinte Bemühungen vernachlässigen völlig die entscheidende Dimension der Macht, dass ich sie mittlerweile meide, wenn ich nicht den Eindruck habe, ein realistisches Element einbringen zu können, das andernfalls vielleicht fehlen würde.

Allerdings bewegt man sich auf einem schmalen Grat zwischen Realismus und Zynismus. Was mich dabeibleiben lässt, sind gelegentliche Teilsiege, die zeigen, wie sehr sich die Mentalität, Prämissen und Zielsetzungen der Arbeitsgruppe, ihrer Sponsoren und Gleichgesinnten infrage stellen und letztlich überwinden lassen, weil es da draußen im Feld zahllose Menschen gibt, die tatsächlich gute und notwendige Arbeit der unterschiedlichsten Art leisten.

Da man mich immer wieder fragt: «Was ist zu tun?», fange ich mit einigen Negativvorschlägen an. Als Erstes darf man dem «Sollte», «Müsste» und «Sich-an-die-Stirn-Schlagen» nicht in die Falle gehen. Anzunehmen, man brauche eine Veränderung nur zu erklären, damit sie angenommen werde, weil sie schließlich zu Gerechtigkeit, Gleichheit und Frieden beitrüge, ist die traurigste und ärgerlichste Form von Naivität. Viele gute und ansonsten intelligente Menschen scheinen zu glauben, wenn mächtige Leute und Institutionen den Ernst der Krise (irgendeiner) und die Notwendigkeit der Abhilfe erst einmal richtig verstanden hätten, würden sie sich an die Stirn schlagen, zugeben, sich die ganze Zeit geirrt zu haben, und wie durch eine plötzliche Offenbarung sofort eine Kehrtwende in ihrem Verhalten einleiten.

Einiges ist zwar Ignoranz und Dummheit zuzuschreiben, aber das meiste geschieht, weil die Mächtigen es genau so wollen. Ich bitte um Nachsicht, wenn ich hier eine weitere persönliche Geschichte erzähle. Mitte 1994 wurde ich als angebliche Expertin für Nord-Süd-Fragen eingeladen, bei einem UNESCO-Kolloquium zum Thema «Was ist aus der Entwicklungshilfe geworden?» einen Vortrag zu halten. Der Generaldirektor nahm ebenso teil wie verschiedene Kapazitäten und offizielle Würdenträger unterschiedlicher Nationen, die wie ich seit Jahrzehnten an Debatten über Entwicklungsfragen beteiligt waren.

Es gab viele händeringende Beiträge zum angesetzten Thema: Niemand konnte leugnen, dass es mehr Verlierer gab denn je, dass die obersten zwanzig Prozent der Menschheit mittlerweile vierundachtzig Prozent der Wirtschaftsgüter kontrollierten (gegenüber siebzig Prozent vor drei Jahrzehnten), während die untersten zwanzig Prozent sich mit knapp über einem Prozent des weltweiten Reichtums begnügen mussten; dass es mehr Unterernährte, Kranke, Arbeitslose und Hoffnungslose gab denn je; dass «Entwicklungspolitik» ein jämmerlicher Fehlschlag war.

Nun kam ich an die Reihe und erklärte, es sei mir peinlich, offenbar die einzige Optimistin im Saal zu sein. Meiner Ansicht nach sei die Entwicklungspolitik ein Riesenerfolg. Wer dem nicht zustimme, verwende möglicherweise die falschen Indikatoren und Kriterien, um Erfolg und Fehlschlag zu messen. Ich beschrieb mit genauen Angaben, dass Verschuldung und Schuldendienst sich in einem Jahrzehnt verdoppelt hatten, Dutzende Länder inzwischen den strengen Auflagen von Weltbank und IWF unterworfen und zwangsweise in die globale Wirtschaft integriert worden waren, TNCs neue Investitions- und Handelsfreiheit erhalten hatten, das Finanzkapital mehr Gewinne denn je erzielte, staatliche Macht drastisch beschnitten und Privatisierung die Norm geworden war und die massive Einkommensumschichtung von Arm nach Reich sowohl innerhalb als auch zwischen den Ländern sich fest eingebürgert hatte.

Wie kämen wir dazu, uns zu beklagen, fragte ich, wenn doch Handelsbanken, staatliche Kreditgeber, Weltbank, IWF, TNCs, Finanzmanager und die globalen Eliten zufrieden seien? Wie könne jemand behaupten, die Entwicklungspolitik sei *kein* Erfolg, wo doch alles genau nach Plan verliefe? Wäre es denn nicht übermäßig gierig, darüber hinaus auch noch eine gerechtere Einkommensverteilung, ein Ende des Hungers, Umweltschutz und universelle Bildung und Gesundheitsversorgung zu erwarten?

Es dürfte kaum überraschen, dass man mich nie wieder eingeladen hat, doch zumindest hatte ich keine albernen Spielchen mitgemacht. Jeder weiß genau, was getan werden «sollte» und «müsste», wenn die Zielsetzung wirklich eine gerechtere Einkommensverteilung, ein Ende des Hungers und so weiter wäre. Das Problem ist nicht, jene, die diesen Zielen im Wege stehen, von ihren politischen Fehlern zu überzeugen, sondern die Macht zu erlangen. Es geht nicht darum, geistlos zu wiederholen, was passieren «sollte» und «müsste», sondern zunächst einmal zwei simple Fragen zu stellen:

- Wer ist für die gegenwärtige Krise verantwortlich?
- Wie können wir jene zum Aufhören bewegen?

Die Macht erlangen, um was zu tun? Diese Frage ist schwieriger, als es scheint. Ich bin nicht glücklich über die Zweideutigkeit des Wörtchens «wir», benutze es hier jedoch für all jene, die sich gegen die Philosophie des Lugano-Reports wenden und bereit sind, mit allen zu Gebote stehenden Mitteln für eine andere Politik und eine andere Welt zu kämpfen, die zwar nicht vollkommen, aber doch anders ist.

Meiner Ansicht nach ist die Situation klar: «Wir» müssen Wege finden, die Menschen aufzuhalten, die vor nichts zurückschrecken. Der transnationale Kapitalismus kann nicht aufhören. Mit den TNCs und dem ungehinderten Kapitalfluss hat er eine Art bösartigen Stadiums erreicht und wird weiter menschliche und natürliche Ressourcen verschlingen und eliminieren, auch wenn dies die Substanz auffrisst, auf die er angewiesen ist – die Erde.[10]

Verhaltenskodizes und freiwillige Zurückhaltung sind lächerlich (oder zum Weinen) unangemessene Mittel, Natur und Menschen vor der Konfiszierung und Zerstörung zu bewahren, weil der Krebs sich noch eine Weile länger ausbreiten kann, wenn er sich ihrer bemächtigt hat. Deshalb erhöht sich der Einsatz und deshalb halte ich es für sinnlos, die TNCs zu bitten, doch etwas weniger Schaden anzurichten: Wir müssen gegen das angehen, was sie *sind*.

Angesichts der ungeheuer mächtigen, undurchsichtigen und völlig unverantwortlichen TNCs und der globalen Verwaltungsstrukturen, die sie im Dienste ihrer Interessen einrichten, sehen «wir» uns im neuen Jahrhundert vor keine geringere Aufgabe gestellt, als eine internationale Demokratie zu entwickeln. Die Alternative ist ein totalitäres Regime und die Lösung des Lugano-Reports; wir haben die Wahl zwischen ihren oder unseren Regeln.

Wir befinden uns in einer ähnlichen Situation wie die Amerikaner oder Franzosen Mitte des 18. Jahrhunderts. Auch sie suchten tastend und ohne zu wissen, wie, nach einem Weg aus der absolutistischen Monarchie in eine nationale Demokratie, die sie von Untertanen zu Bürgern machen sollte. Sie hatten keine perfekte Blaupause (die hat niemand) und mussten letztlich kämpfen.

Ich weiß nicht, ob unser Jahrhundert reifer ist, ob es uns gelingt, gewaltfreie Lösungen zu finden und ohne Blutvergießen den Erfolg zu erringen – ich hoffe es; aber ich weiß, wir sind hier nicht am Ende der Geschichte und müssen versuchen, die transnationale Tyrannei zu besiegen, bevor sie uns besiegt. Ebenso wie unsere Vorfahren müssen auch wir von Untertanen zu Staatsbürgern werden, von Opfern zu aktiven Gestaltern unseres Schicksals.

Machtwechsel erfordern eine Einschätzung der eigenen *zahlenmäßigen Stärke*, der *Schlagkraft* und der *Bündnisfähigkeit*. Die zahlenmäßige Stärke ist gegeben, zwar geographisch und politisch gespalten, doch gegeben. Die Arbeitsgruppe stellt aus ihrer Sicht völlig zu Recht fest, dass Teilung und Spaltung zu fördern seien. Doch auch wenn «wir» uns im Allgemeinen nur zu gern spalten lassen, können wir das vielleicht überwinden. Auch die Schlagkraft dürfte ausreichen, da so viele Gesellschaftsbereiche durch willkürliche Konzernmacht und transnationale Tyrannei etwas zu verlieren haben. Schwieriger gestalten sich die Bündnisse, da sie die Grenzen zwischen verschiedenen Generationen, Gesellschaftsbereichen, Ländern und manchmal auch politischen Lagern überschreiten müssen, um stärkstmögliche Partnerschaften zu bilden.

In den Vereinigten Staaten mussten Rechte und Linke sich zusammenschließen, um die «Schnellweg»-Befugnis des Präsidenten (Freihandelsabkommen ohne Bewilligung des Kongresses gesetzlich verankern zu können) zu Fall zu bringen. Wie schon ein Freund von mir sagte, der zwei französische Bauernverbände über eine relativ nebensächliche Frage streiten sah: «Rechte Bauern, linke Bauern, wen kümmert das? Bald wird es gar keine Bauern mehr geben!»

Besser würden sie sich in den wesentlichen Fragen zusammenschließen, aber das fällt ihnen und anderen Gruppen nicht leicht, die es gewöhnt sind, sich entlang der altehrwürdigen und eingefahrenen Linien zu spalten.

Manchmal können sogar transnationale Unternehmen in einer bizarren Verkehrung der Verhältnisse zu Bündnispartnern werden. Die Versicherungsindustrie beispielsweise macht sich zunehmend Sorgen über die Erderwärmung, weil diese die Häufigkeit von Tropenstürmen vergrößert. Man muss nicht in allem übereinstimmen, um in gewissen Punkten zusammenzuarbeiten, obwohl ich bei den größten Ausbeutern und Umweltverschmutzern eine Grenze ziehen würde. Sollen sie sich anderswo aus eigenem Bemühen ihre Verdienste erwerben, statt breite Bewegungen als Feigenblatt zu benutzen.

Trotz aller Hindernisse erweist sich als die positive Seite, dass alle einbezogen werden können und sollten, weil die entscheidende Aufgabe darin besteht, das soziale Netz, das der Neoliberalismus zerreißt, wiederherzustellen. Es hat keinen Sinn zu sagen: «Aber was kann *ich* schon tun? Ich bin doch nur ...» Setzen Sie hier ein, was Sie wollen. Wir sind alle «nur» ... Jeder kann ein Fädchen in diesem Netz werden. Jede Brücke, die geschlagen wird, jeder Kanal, der gegraben, jeder Weg, der begangen wird, führt irgendwohin und trägt dazu bei, die menschliche Landschaft neu zu gestalten.

Unzählige Aktivitäten finden auf lokaler Ebene statt, wo Menschen hier gegen eine Giftmülldeponie, da gegen eine unnötige Autobahn und wieder anderswo gegen die Schließung eines Betriebes kämpfen. Manche dieser Initiativen lassen sich verknüpfen (zum Beispiel durch das viel versprechende Sustainable and Self-Reliant Communities Movement). Je mehr wirtschaftliche Aktivität zurückerobert und dem transnationalen Machtbereich entzogen wird, desto besser.

Dutzende Städte unterschiedlicher Größe experimentieren bereits mit gemeinsamen Aktiengesellschaften in lokalem Besitz, die Güter und Dienstleistungen für den örtlichen Bedarf liefern; es entstehen Stadt-Land-Genossenschaften, die eine direkte Verbindung zwischen Bauern und Konsumenten schaffen; Kommunalbanken sind lebensfähig, lokale Tauschbörsen florieren, Dutzende Alternativwährungen sind bereits in Umlauf.[11]

Menschen, die sich für das Wohl ihrer Familien und Gemeinden einsetzen, sehen sich nicht unbedingt als «Aktivisten» oder «Umweltschützer». Das galt auch für ihre Vorläufer im 19. Jahrhundert, die gegen Kinderarbeit in Bergwerken, gepanschte Nahrungsmittel und Milch oder den Zwölf-Stunden-Tag und für das Recht auf den Sonntag als Ruhetag kämpften. Solche Kämpfe betreffen im Grunde die körperliche Unversehrtheit des Menschen, ob sie sich nun gegen eine Müllverbrennungsanlage in Los Angeles, den Smog im London der Nachkriegszeit oder die Ratten in den Slums Brasiliens richten. Und manchmal sollten jene, die sich als Umweltschützer bezeichnen, mehr über den menschlichen Körper nachdenken, seine Verteidigung zu ihrem Anliegen machen und ihre Argumente so formulieren, dass jeder sie versteht.

Manche behaupten, es genüge, den Maßstab zu ändern und «regional» zu denken und zu arbeiten. Dem kann ich nicht zustimmen, sosehr ich solche Initiativen auch unterstütze. Wenn wir nicht dafür sorgen können, dass der Staat seine Vorrechte behält, sehe ich niemanden, der sich zwischen den einzelnen Menschen und die transnationale Tyrannei stellen wird. Ohne den Staat – wenn auch nicht unbedingt den Staat, wie wir ihn jetzt haben – wird es bald nur noch McSchools, McHealths und McTransports geben.

Die lokale und nationale Demokratie zu stärken und abweichende Parallelwirtschaften zu schaffen sind vordringliche Aufgaben, an denen sich jeder beteiligen kann. Das Schwierigste wird nach wie vor sein, eine alternative Globalisierung zu schaffen, die manche Organisationen bereits als «kooperative Globalisierung» bezeichnen. Für jene bedeutet dieses Konzept keineswegs eine Rückkehr oder Flucht in das Lokale, sondern das Bestreben, die globale Wirtschaft von Grund auf umzugestalten, und zwar auf der Basis gesünderer, gerechterer Gesellschaften.

Es gibt buchstäblich Tausende und Millionen Arbeitsplätze in der «Sozialökonomie» oder dem «dritten Sektor» zwischen öffentlichem und privatem Bereich, doch bislang nehmen die meisten Staaten sie nicht wahr, weil sie vorwiegend in Gestalt ungedeckter

Bedürfnisse existieren. Brasilianische Arbeiter entwickeln zum Beispiel die «Sozio-Ökonomie» oder den «öffentlich-nichtstaatlichen Bereich» auf der Grundlage von Genossenschaften mit sehr unterschiedlichen Eigentums- und Verwaltungsformen, die kooperieren und *miteinander* Handel treiben können, um der Jeder-gegen-jeden-Konkurrenz des Marktes zu entgehen. Schon jetzt haben sie sich mit Arbeitergenossenschaften in Uruguay und Spanien zusammengeschlossen, die ganz ähnlich organisiert sind.

Auch die Fair-Trade-Bewegung gewinnt an Boden und Mitgliedern. Am bekanntesten ist sie durch den «alternativen» Tee und Kaffee, den Arbeiterkooperativen aus dem Süden in den Norden liefern, mittlerweile geht sie jedoch weit über dieses Anfangsstadium hinaus und beliefert auch Supermärkte und Institutionen (wie Stadtverwaltungen und Universitäten). In Großbritannien bewegt Christian Aid die Supermärkte mit Kundendruck dazu, die Verantwortung für die Bedingungen zu übernehmen, unter denen die Waren in ihren Regalen im Süden produziert wurden. Universitätsstudenten und Professoren verlangen von ihren Mensen, biologisch angebaute Nahrungsmittel örtlicher Produzenten und Fair-Trade-Getränke zu servieren. Wenn man sich mit anderen zusammenschließt, kann man über den eigenen Konsum Gerechtigkeit befördern.

Auch Gewerkschaften fangen an, sich transnational zu organisieren. Wenn Arbeiter sich an dem Rennen nach unten beteiligen, können alle nur verlieren; wenn sie jedoch eine weltweite gewerkschaftliche Organisierung schaffen würden, die ihren gesamten Konzern betrifft, könnten sie dessen Macht erfolgreich infrage stellen. Es geht darum, Löhne und Arbeitsbedingungen weltweit auf ein anständiges Niveau anzuheben, nicht gegeneinander um die Krumen zu kämpfen; es gilt Untergrenzen zu schaffen, nicht Obergrenzen.

Ein französischer Humorist schrieb einmal: Bist du hinter Geld her, suche es da, wo es am reichlichsten vorhanden ist, bei den Armen. Staaten tun dies mehr denn je, weil die Armen verwurzelt, stationär und «langsam» sind, während das große Geld nomadisch ist und dabei mit der Geschwindigkeit von Bytes umherzieht. Stationäres Geld (der lokalen Geschäfte, Freiberufler, Lohn- und Gehaltsempfänger) wird bis an die Grenzen besteuert, einfach nur weil es zu kriegen ist.

Die einzige Möglichkeit, all das zu finanzieren, was getan werden muss – Beseitigung des Hungers, Umweltschutz, Gesundheitsversorgung und Bildung für alle –, besteht darin, das Geld zu suchen, wo es wirklich ist, bei den TNCs und auf den Finanzmärkten. Es gab viele Vorschläge für die so genannte «Tobinsteuer» auf internationale Finanztransaktionen (FOREX). Gepaart mit einer geringfügigen Steuer auf Käufe und Verkäufe von Aktien, Bonds, Optionen und ihre fantasievollen Ableger würde diese Steuer schneller Geld in die Kassen der Vereinten Nationen und ihrer Institutionen bringen, als sie es ausgeben könnten.

Um aber das Vorrecht zu erhalten, dieses Geld tatsächlich auszugeben, müssten auch diese Institutionen anderen als den transnationalen Konzernen und ihren eigenen Gremien aus handverlesenen Regierungsführern verantwortlich und rechenschaftspflichtig sein. Die Vereinten Nationen und die TNCs treffen sich gegenwärtig in gemütlichem Rahmen zum Beispiel beim Geneva Business Dialogue (einer Gemeinschaftsveranstaltung der Internationalen Handelskammer und der UN) oder dem Transatlantic Business Dialogue (zwischen der Führungsspitze der TNCs und nationalen und internationalen Spitzenvertretern) zu vielfältigen «konsensbildenden» Übungen. Wenn internationale Bürokratien dem Vorwurf der Begünstigung entgehen wollen, sollten sie darauf bestehen, dass auch andere Gruppen hinreichend vertreten sind, um sicherzustellen, dass alternative Stimmen gehört werden.

Wenn eine internationale Besteuerung tatsächlich eingeführt wird, sollten Bürgerorganisationen über die Verwendung des Geldes ein Wort mitzureden haben, zum Beispiel könnte man bestimmte Anteile für Kooperativen und andere dezentralisierte Unternehmen sowie für demokratisch gewählte Regierungen armer Länder bereitstellen, die Gesundheitsversorgung und Bildung für ihre Bevölkerung voranbringen wollen. Eine solche Steuer kommt nicht durch ein Wunder, könnte aber eingeführt werden, wenn genügend Bürger ihrer Regierung laut und deutlich kundtun, dass sie eine gerechte Verteilung der Steuerlast wollen.

Anfangen könnte man damit, ein weit reichendes internationales Programm nach keynesschem Vorbild zur Säuberung und Umwandlung der Umwelt zu finanzieren. Eine Öko-Steuer ist langfristig die einzige Lösung gegen die Zerstörung der Umwelt. Dabei ist international das alte Prinzip anzuwenden: Besteuere, wovon du weniger haben willst, und entlaste steuerlich, wovon du mehr haben willst. Entlaste Arbeit und Einkommen steuerlich und besteuere Umweltverschmutzung und Verschwendung, um die Wirtschaft umweltmäßig in die richtigen Bahnen zu lenken.

Soll das bedeuten, auf die Frage der Weltbevölkerung komme es nicht an? Keineswegs, das Bevölkerungsproblem ist ein echtes und zutiefst Besorgnis erregendes. Aber wenn man die im Lugano-Report vorgeschlagene Lösung nicht will, muss man dessen Kapitel über Präventivmaßnahmen ernst nehmen, in dem mehrere Wege aufgezeigt werden. Der effektivste Weg wäre, Frauen mehr Bildung und Entscheidungsmöglichkeiten angedeihen zu lassen, was bei den gegenwärtigen Sparprogrammen zur Strukturanpassung unmöglich ist.

Unabhängig vom infrage kommenden Weg sind einige Grundregeln zu beachten: Zuallererst sind das Ziel und die Hindernisse bis dorthin zu bestimmen. Man sollte zu seiner Erreichung so viele Sachwalter wie nur möglich organisieren. Dann sollte man den weisen Spruch des alten chinesischen Strategen Sun Tzu beherzigen: Tue nicht, was du am liebsten tun würdest, tue, was deinem Gegner am wenigsten gefällt. Handele transnational, wann immer es geht: Da die Bedrohung transnational ist, muss die Erwiderung es ebenfalls sein. Internetverbindungen sind heutzutage so einfach, dass auch wir «schnell» sein können.

Transnational organisierte Menschen können sehr viel zur Gestaltung der Zukunft beitragen, aber ich glaube, dass Strategien, wie der Lugano-Report sie vorschlägt, auch an sich gegen sie verschwörenden Ereignissen scheitern werden. Diesen offenkundigen Optimismus möchte ich gleich mit dem Hinweis abschwächen, dass die Verhältnisse wahrscheinlich recht hart werden, auch wenn ich wünschte, das ließe sich vermeiden. Aber an dieser Stelle geht es um Alternativen, ich werde also meine Ängste im Detail außen vor lassen; allerdings möchte ich zum Thema eines wirtschaftlichen und finanziellen Zusammenbruchs – den die Arbeitsgruppe einen «globalen Unfall» nennt – und zu sozialen Unruhen großen Stils festhalten, dass Kartenhäuser die Tendenz haben, in sich zusammenzufallen. Der «selbstregulierte» Markt wird die Gesellschaft zerreißen, wie Karl Polanyi es schon vor Jahrzehnten vorausgesehen hat.[12]

Wer weitere moralische Gründe für nötig hält, um sich gegen die transnationale Tyrannei zu wenden, mag John Rawls' Buch *Eine Theorie der Gerechtigkeit* zu Rate ziehen.[13] Bevor man sich entscheidet, an welchen Grundprinzipien eine Gesellschaft sich ausrichten sollte, betrachte man sie aus der Sicht eines Menschen, der seine eigene Stellung in dieser Gesellschaft nicht kennt, also ungeachtet der Talente und Möglichkeiten, mit denen er oder sie im Leben ausgestattet ist. Unter diesen Voraussetzungen würde man sich für eine Welt entscheiden, in der soziale und wirtschaftliche Ungleichheiten zum größten Nutzen der am wenigsten Privilegierten geregelt sind. Sicher würde man sich nicht für eine Welt entscheiden, die der Logik des Lugano-Reports unterworfen ist. Und wir haben die Wahl.

Nachwort zum *Lugano-Report*

Es ist kein Geheimnis: Den *Lugano-Report* habe ich von Anfang bis Ende selbst geschrieben. Zu erklären, warum ich das getan habe, bedarf eines kurzen Überblicks über meine bisherige Arbeit. Seit Beginn der Recherchen zu meinem ersten Buch, *Wie die anderen sterben*[1], Mitte der siebziger Jahre habe ich immer zu verstehen und zu beschreiben versucht, wie Macht ausgeübt wird. Unter diesem Blickwinkel habe ich mich mit Themen befasst wie dem Hunger auf der Erde, der Armut in der Dritten Welt, den Auswirkungen der Verschuldung der südlichen Hemisphäre, den Nord-Süd-Beziehungen oder transnationalen Konzernen und Institutionen wie der Weltbank. Viele haben daher angenommen, ich sei Expertin für Entwicklungspolitik, Wirtschaftswissenschaftlerin oder beides.

In Wirklichkeit bin ich keins von beidem. Ich habe nie in einem Entwicklungsland gelebt oder gearbeitet und, abgesehen von einem Grundkurs vor langer Zeit, nie Wirtschaftswissenschaften studiert. Meine drei Universitätsabschlüsse erwarb ich in Abständen von jeweils zehn Jahren. Der erste war ein Abschluss am Smith College, USA, in den beiden Hauptfächern Französisch und Politik, der zweite die «Licence ès Philosophie» an der Sorbonne. Meine Doktorarbeit behandelte die zwangsweise Übertragung des US-Nahrungssystems auf den Rest der Welt und verbrauchte dabei selbst eine bunte Palette von Seminaren innerhalb und außerhalb der Ecole des Hautes Etudes en Science Sociales. Meine Arbeit fiel so fächerübergreifend aus, dass die zuständigen Stellen an der Sorbonne sie schließlich in die Kategorie «Nordamerikastudien: Option Politikwissenschaft» einordneten.[2]

Das Einzige, was sich vielleicht als roter Faden durch diese Mélange zieht, ist mein Hang, unter allen Umständen zu fragen, wer die Macht hat und wie sie eingesetzt wird, welche Gruppen profitieren und welche die Kosten tragen. Sobald ich diese Fragen für mich selbst mehr oder weniger hinreichend beantwortet sehe, tendiere ich dazu, weiter zu gehen, statt Jahr für Jahr dasselbe Feld zu beackern – ob das nun richtig ist oder nicht.

So kam es, dass ich mich Mitte der neunziger Jahre, nachdem Fabrizio Sabelli und ich das Buch *Kredit und Dogma. Ideologie und Macht der Weltbank* abgeschlossen hatten[3], nach einem neuen, frischen Arbeitsfeld umsah. Zunehmend beschäftigten mich Umweltfragen, auch weil ich seit sechs Jahren im Internationalen Vorstand von Greenpeace saß und täglich über den «Greenlink» eine Flut von Informationen über ökologischen Raubbau und Umweltzerstörung auf meinem Computer landete.

Anfang 1995, etwa einen Monat nach dem finanziellen Zusammenbruch in Mexiko, schrieb ich ein Exposé und eine Einleitung für ein Buch mit dem geplanten Titel *Perfect Crimes*. Es sollte zeigen, dass dieser Krise zwangsläufig weitere an anderen «aufstrebenden Märkten» folgen mussten und dass sie viel Leid über Menschen bringen würden, die diese finanziellen Landminen zwar nicht gelegt hatten, aber unweigerlich von den Schrapnells getroffen würden, wenn jene explodierten. Die Hypothese war richtig, wie Russland und Asien seither gezeigt haben, aber ein solches Buch hätte ein erhebliches Reisebudget erfordert, das ich nicht auftreiben konnte. Also schrieb ich kürzere Aufsätze und verfolgte weiter die anhaltende Offensive gegen die Erde und die Ablösung des Gesellschaftsvertrages durch das «Gesetz» des Marktes. Dies schienen mir die herausragendsten Merkmale der Globalisierung zu sein.

Was die Verwüstungen des so genannten Thatcherismus in Großbritannien, des Reaganismus in den Vereinigten Staaten und des Neoliberalismus fast überall sonst angeht, konnte ich mich nur wundern, wie man damit durchkam. Wie war es möglich, Robin Hood sozusagen auf den Kopf zu stellen und systematisch den Armen etwas wegzunehmen, um es an die Reichen zu verteilen, oder theoretischer ausgedrückt, das Kapital auf Kosten der Arbeit zu belohnen? Zahlreiche Studien machten kristallklar, dass diese Transfers global und in enormem Umfang stattfanden, und zwar sowohl innerhalb als auch zwischen den Ländern.[4]

So konnte in den Vereinigten Staaten der Reagan-Ära das oberste Prozent der Familien ihr Einkommen verdoppeln, während achtzig Prozent der Durchschnittsfamilien Einkommensverluste hinnehmen mussten. Je weiter unten sie sich auf der sozialen Stufenleiter befanden, umso mehr verloren sie proportional. In Großbritannien sah es ganz ähnlich aus. International betrachtet haben sich in drei Jahrzehnten die Einkommensunterschiede zwischen dem obersten und dem untersten Fünftel der menschlichen Stufenleiter verdoppelt. Die Verschuldung der Dritten Welt entpuppte sich als ein geschickter Mechanismus, um Reichtum von den Armen des Südens auf dessen Eliten und von dort in den Norden umzuschichten und dabei die politische und wirtschaftliche Kontrolle durch Weltbank und IWF festzuschreiben. Beispiele dafür gibt es in Hülle und Fülle.

Bei den Mitarbeitertreffen des Transnational Institute sprachen wir regelmäßig über den «globalen Norden» – der aus den internationalen Eliten und einer zunehmend besorgten Mittelschicht besteht – und über den «globalen Süden» – mit den Menschen, die der Weltmarkt nicht braucht und nicht will, ganz gleich wo sie leben – und schließlich von der Weltbevölkerung mit «einem Drittel Insidern, zwei Dritteln Outsidern».[5]

Die Welt schien finanziell, sozial und ökologisch auf einem so destruktiven Kurs zu sein, dass ich mich wie viele andere ernstlich alarmiert fühlte und nach wie vor fühle. Ich hatte jedoch den Eindruck, die verflochtenen Aspekte der wirtschaftlichen Globalisierung und ihrer harten Folgen für Mensch und Erde erforderten in der Behandlung etwas Stärkeres als ein weiteres Buch mit Erklärungen und Kritik.

Wie dieses «Etwas» aussehen konnte, war noch alles andere als klar. Ich versuchte, die Phänomene aus der Sicht derjenigen Verantwortlichen zu betrachten, die von den bestehenden Regelungen am meisten profitieren. Sie mögen skrupellos sein und keinerlei Mitleid mit den «Verlierern» ihres System aufbringen, aber dumm sind sie nicht. Auch sie mussten alle Alarmglocken läuten hören und die Warnleuchten blinken sehen. Auch sie *mussten* sich Sorgen machen.

Und das taten sie auch. Alan Greenspan machte sich Sorgen über den irrationalen Überschwang des Marktes, George Soros war beunruhigt über die Exzesse des Kapitalismus, den Chefökonom der Weltbank trieben die Auswirkungen und die Härte der Strukturanpassungsprogramme in armen Ländern um, der Direktor für globale Wirtschaft bei Morgan Stanley sorgte sich über den bevorstehenden «rauen Machtkampf zwischen Kapital und Arbeit», und viele zeigten sich beunruhigt über die soziale Polarisierung und den Zusammenbruch der Umwelt. Allerdings schien niemand all dies miteinander zu verknüpfen, zumindest nicht öffentlich.

Wenn *ich* zu den Zuständigen gehörte, würde ich mit Sicherheit dafür sorgen, dies alles miteinander in Zusammenhang zu bringen, so dachte ich mir, und ich wäre bereit, ein ordentliches Sümmchen für eine uneingeschränkte Einschätzung der Gesundheit und Stabilität des Systems zu zahlen, und sei es auch nur, weil davon meine Macht und meine Profite der Zukunft abhängen. Sollte eine solche Diagnose schwer wiegende Gefahren für mich und meinesgleichen aufdecken, hätte ich doch außerdem gern Empfehlungen, die mir helfen würden, den Tendenzen entgegenzuwirken und der Zukunft eine andere Richtung zu geben.

Allmählich nahm die Idee für den *Lugano-Report* Gestalt an. Man würde sich durchgängig in die Perspektive der Herren der Welt hineindenken müssen. Ich überlegte mir, wie ein oder zwei prominente, wenn auch informelle Gruppen (die ich hier nicht nennen werde, um keine gerichtlichen Schritte zu provozieren) wohl vorgehen würden.

Sie würden eine hochkarätige Arbeitsgruppe ausschließlich aus nordamerikanischen und europäischen Spitzenexperten unterschiedlicher Fachgebiete beauftragen. Die Mitglieder dieser Gruppe wären das, was man in Amerika als *policy intellectuals* bezeichnet, also Leiter renommierter Universitäten und hochrangige Regierungsberater, die mühelos zwischen akademischer und politischer Welt wechseln können. In ihrem jeweiligen Fachgebiet wären sie zwar Koryphäen, aber in der breiten Öffentlichkeit nicht sonderlich bekannt. Sie würden unter strikter Geheimhaltung arbeiten, sich auf neutralem Boden treffen, ihre Identität nicht preisgeben, vielleicht nicht einmal untereinander, und zwischen ihren Arbeitssitzungen würden sie unter Pseudonymen per E-Mail miteinander in Verbindung treten. Natürlich würden sie für ihre Arbeit mehr als großzügig entlohnt. Sie hätten den Auftrag, den Zustand des Weltsystems zu untersuchen und ihren Auftraggebern Empfehlungen zu geben, wie man dieses System am besten in Gang halten kann, sodass es auch weiterhin ihren Zwecken dient.

Geraume Weile hatte ich vor, den «Bericht» der Arbeitsgruppe als echt auszugeben (obwohl ich mich am Ende als die Autorin bekannt hätte). Aus Gründen, die zu erklären hier zu weit führen würde, gab ich den Gedanken eines glaubwürdigen Schwindels schließlich auf, allerdings erst, nachdem ich ein fiktives Vorwort verfasst hatte, in dem ich beschrieb, wie ich in den Besitz des *Lugano-Reports* gekommen sei. In dieser Fiktion gab ich meinen Protagonisten als Erinnerungshilfe für ihre verschiedenen Fachgebiete das Pseudonym von Blumennamen. Es waren der Anthropologe Asphodel (Narzisse), der Biologe Burdock (Klee), der Demograph Dill, der Wirtschaftswissenschaftler Edelweiß, der Philosoph Foxglove (Fingerhut), der Historiker Hawkweed (Habichtskraut), der Politikwissenschaftler Pennycress (Ackertäschelkraut), der Soziologe Cinquefoil (Fingerkraut) und der Naturwissenschaftler und Ökologe Snowbell (Schneeglöckchen). Diese Pseudonyme behielten sie auch in ihrem Begleitschreiben zum *Lugano-Report* bei. Das zehnte Mitglied der Gruppe, Enzian (Gentian) genannt, war Zeremonienmeister, Organisator und allgemeines Faktotum. In meiner Fiktion hatte er persönlich mit jedem Mitglied der Arbeitsgruppe im Auftrag der Sponsoren Kontakt aufgenommen, die ihre Identität weder einzeln noch kollektiv preisgeben wollten, aber, wie er durchblicken ließ, hochrangige und wichtige Persönlichkeiten waren.

Die Arbeitsgruppe wusste demnach nie genau, für wen sie arbeitete, aber ihre Entlohnung dämpfte die verbleibende Neugier oder etwaige Bedenken. Sie trafen sich in einem großen, behaglichen Haus in einer Stadt auf «neutralem» Boden, also in der Schweiz, die gleichermaßen reizvoll, diskret und reich war. Dazu fiel mir sofort Lugano ein.

So viel zu Entstehungsgeschichte und Anlage des *Lugano-Reports*. Ich konnte mir keinen Rahmen vorstellen, der es mir besser erlaubt hätte, das zu sagen, was ich für notwendig hielt, und scheinbar unzusammenhängende Stränge zu einem kohärenten Muster zu verknüpfen. Die Prämissen der Arbeitsgruppe und ihr Auftrag mussten bis zu ihren logischen Schlussfolgerungen verfolgt werden.

Soweit ich weiß, sind diese Schlüsse in der empirischen und theoretischen Literatur nie gezogen worden, obwohl sie meiner Ansicht nach ins Auge springen. Unser gegenwärtiges System ist eine universelle Maschinerie zur Umweltzerstörung und Produktion von Verlierern, mit denen niemand etwas anzufangen weiß.

Ich hoffe, den Lesern des *Lugano-Reports* wird es kalt über den Rücken laufen, dabei möchte ich betonen, dass er nicht auf Sensationsmache beruht. Er ist auch keine «Satire» oder irgendein «bescheidener Millenniumsvorschlag». Der Inhalt basiert wie meine übrigen Bücher vollständig auf umfangreichem Faktenmaterial. Er ist mit weniger Fußnoten versehen, weil ich fand, die Mitglieder der Arbeitsgruppe würden ihre eigene Autorität für ausreichend halten; doch für alles, was sie sagen, haben sie solide Belege. Sollten Leser daran zweifeln, bin ich gern bereit, die erforderlichen

Belegstellen aus meinem mehrere Kisten umfassenden Dokumentationsmaterial herauszusuchen.

Der *Lugano-Report* ist also eine so akkurate, nüchterne und sachliche Einschätzung, wie ernsthafte Forschungsarbeit sie nur zu liefern vermag. Er ist weder Science-Fiction noch eine sonstige Art von Erfindung. Abgesehen von der fiktiven Rahmengeschichte wurde nichts erfunden, und es würde mich nicht im mindesten überraschen, wenn ich erführe, dass eine echte Arbeitsgruppe tatsächlich ein ähnliches Papier erstellt hätte.

Ein oder zwei Freunde hatten vorgeschlagen, ich solle unbedingt deutlich machen, welche Teile des «Berichts» meine eigenen Vorstellungen widerspiegeln und welche nicht; das sagten sie in freundlicher Absicht, sie wollten damit andeuten, dass ich mir nicht genügend Rückendeckung verschafft hätte.

Auch auf die Gefahr hin, Dinge zu wiederholen, die ich meiner Ansicht nach hier und im Anhang bereits hinreichend behandelt habe, betone ich noch einmal, dass ich nach besten Kräften versucht habe, die Schlussfolgerungen des *Lugano-Reports* aus den Prämissen der Arbeitsgruppe und den von ihnen gewünschten Ergebnissen für die Weltwirtschaft abzuleiten. Daraus folgt nicht, dass ich diese Prämissen (bis auf die ökologischen) akzeptiere, und noch weniger ihre Ergebnisse, von den Methoden ganz zu schweigen. Ich bin überzeugt, die Welt wird sich in ihre Richtung entwickeln, wenn nicht unverzüglich eine radikale Umorientierung in und zwischen den Staaten stattfindet. Dieses Buch soll die Bequemen betroffen machen, ohne den Betroffenen viel Trost zu bieten. Aber die Zeiten sind nicht schön, und es steht viel auf dem Spiel.

Einige Beispiele:

- Ich werde vielleicht interessante Streitgespräche mit Menschen führen, die die «Identitätspolitik» (siehe Teil II, Kapitel 2, «Stützpfeiler») verteidigen, für die ich wenig Nachsicht aufbringe, weil sie unzählige Vorteile nach dem Teile-und-herrsche-Prinzip bietet.

- Nach links tendierende Stiftungen haben meiner Ansicht nach eine ans Kriminelle grenzende Dummheit an den Tag gelegt, indem sie progressive Ideen nicht verteidigt – also mit Geld unterstützt – haben. Die Arbeitsgruppe begreift, wie wichtig es ist, eine Ideologie zu schaffen und zu nutzen.[6]
- Unzählige genetisch modifizierte Organismen an die Umwelt freizusetzen ist meiner Ansicht nach selbstmörderisch – und kommt damit den Lugano-Zielsetzungen im Süden entgegen.

Und so weiter. Manchmal hebe ich die Skrupellosigkeit der Rechten hervor, manchmal kritisiere ich, was ich für Blindheit oder Schibboleths der Linken halte. Damit dürfte ich es mir mit fast allen verderben, und wenn nicht, müsste es mir eigentlich mit diesen abschließenden Bemerkungen gelingen, die, wie man mir sagt, bevormundend seien und die Intelligenz des Lesers beleidigen.

Ganz zum Schluss ein Wort des Dankes: Roger van Zwanenberg und Robert Webb von Pluto Press haben dieses Buch mit beträchtlicher Energie und Professionalität unterstützt, wofür ich tief in ihrer Schuld stehe. Was die inhaltliche Hilfe anging, so war ich mit weiten Bereichen, die der «Bericht» abdeckt, bereits vertraut, bevor ich mit dieser Arbeit anfing, und auf Gebieten, auf denen ich mich weniger gut auskenne, wusste ich im Großen und Ganzen, wo ich entsprechende Informationen erhalten konnte. Viele haben mir dabei geholfen; sie namentlich zu nennen mag ihnen nicht immer zum Vorteil gereichen. Drei von ihnen möchte ich jedoch nicht unerwähnt lassen: Besonderen Dank schulde ich Alex Brenner für seine mehrsprachige, sorgfältige und heitere Unterstützung bei den Recherchen; Fabrizio Sabelli für seine intellektuelle Strenge, anhaltende Freundschaft und kritischen Kommentare, die er immer durch Freundlichkeit mildert; und Charles-Henry George, der jede Zeile gelesen und mir die ganze Zeit über mit materieller und moralischer Unterstützung Mut gemacht hat. Niemand sollte mit einem Autor oder einer Autorin leben: Er schafft das irgendwie mit Geduld und Fassung.

Anmerkungen

1.1 Gefahren

1 Die wissenschaftliche Bezeichnung für das betreffende System lautet «Kapitalismus». Seit den Schriften von Karl Marx hat dieser Begriff jedoch in einigen Kreisen einen unnötig negativen Beiklang. Nach dieser Klarstellung werden wir von nun an durchweg statt «Kapitalismus» die Begriffe «freier Markt» oder «Marktwirtschaft» verwenden. Unsere Sicht entspricht dem «Liberalismus» im klassischen Sinne; in Nordamerika stehen «Liberale» links von der Mitte und treten für den Wohlfahrtsstaat ein, was einigermaßen verwirrend ist. Für unsere Analyse wären auch die Bezeichnungen «neoliberal» oder «neokonservativ» zutreffend.

2 Nicholas Georgescu-Roegen, *The Entropy Law and the Economic Process*, Harvard University Press, Cambridge/Mass. 1971 (dt.: Berlin 1987).

3 «Die Entropie eines geschlossenen Systems nimmt mit der Zeit zu oder bleibt allenfalls gleich» und «Wärme kann nicht durch einen anhaltenden, sich selbst erhaltenden Prozess von einem kälteren auf einen wärmeren Körper übergehen.»

4 Dieser Teil unseres Berichts wurde vor dem koreanischen und indonesischen Debakel von November-Dezember 1997 fertig gestellt.

1.2 Kontrolle

1 Siehe Per Bak und Kan Chen, «Self Organized Criticality», *Scientific American*, Januar 1991, S. 46-53; siehe auch Per Bak, *How Nature Works*, Copernicus/Springer Verlag, 1996.
2 Die Präsidenten der Zentralbanken der G-10-Länder planen die Einrichtung eines Meldewesens, das im Juni 1998 in Kraft treten und derivative Instrumente des Devisenhandels, der Zinsraten, der Wertpapier- und Warentermingeschäfte umfassen soll, also Märkte, die für mehrere Billionen Dollar stehen. *International Banking and Financial Market Developmentss,* Basel, Mai 1997.
3 Anfang der achtziger Jahre brauchte eine amerikanische Durchschnittsfamilie achtzehn Wochenlöhne, um einen Mittelklassewagen zu kaufen; Mitte der neunziger Jahre waren es bereits achtundzwanzig Wochenlöhne. Diese Zahlen stammen aus William Greiders Buch *One World Ready or Not*, New York 1997 (dt.: *Endstation Globalisierung: Der Kapitalismus frißt seine Kinder*, München 1998). Unserer Ansicht nach vertritt Greider in vielen Aspekten äußerst irrige Ansichten, aber seine Darlegungen zu Überkapazität und möglicher Deflation sind gelungen.

1.3 Belastung

1 Aufgestellt wurde sie ursprünglich von Professor Paul Ehrlich, der statt K für Konsum W für Wohlstand bevorzugt (seine Formel lautet demnach B=PWT): P. Ehrlich und J. Holdren, «Impact of Population Growth», *Science*, Nr. 171 (1971), S. 1212–17; seither wurde diese Formel von vielen Wissenschaftlern in unterschiedlicher Gestalt verwendet.
2 Die Vergleiche basieren auf der Methode der Kaufkraftparität (PPP, Purchasing Power Parity), die zuverlässiger oder zumindest weniger unzuverlässig erscheint als der Vergleich der Konsumausgaben in Landeswährung, umgerechnet nach Wechselkursen.
3 Nicht zu vergessen sind auch die gegenwärtigen und potenziellen Kosten der Atomenergie, die mit den Faktoren langfristiger Lagerung, Sicherung, militärischer Sicherheit und Terrorismus verbunden sind.

4 Diese Zahlen wurden nach Schätzungen der United Nations Population Division berechnet und entsprechen offiziell dem «neuesten Stand der Wissenschaft». Andere, weniger offizielle Quellen geben für die letzten Jahre des 20. Jahrhunderts einen Netto-Bevölkerungszuwachs von neunzig bis hundert Millionen Menschen jährlich an.
5 Die Methode des «ökologischen Fußabdrucks» wurde von Professor William Rees an der University of British Columbia, Vancouver, entwickelt; siehe William Rees und Mathias Wackernagel, *Our Ecological Footprint*, New Society Publishers, Philadelphia and Gabriola Island, BC, Kanada, 1996 (dt.: *Unser ökologischer Fußabdruck*, Basel/Berlin 1997).
6 Garret Hardin, «The Tragedy of the Common», *Science*, Nr. 162, 13. Dezember 1968, S. 1243ff.
7 Thomas Robert Malthus, *An Essay on the Principle of Population*, London 1798; zitiert nach: ders., *Das Bevölkerungsgesetz*, München 1977, S. 157.
8 Karl Marx und Friedrich Engels, *Die deutsche Ideologie*, in: *Werke*, Bd. 3, Berlin 1969, S. 46.

1.4 Schlussfolgerungen

1 Platon, *Der Staat*, 459bff.
2 Aristoteles, *Politik*, 7. Buch, Kap. 4, 2b, Stuttgart 1989.
3 Samuel P. Huntington, *The Clash of Civilizations and the Remaking of World Order,* Simon and Schuster, New York 1996, insbes. Kap. 8 (dt.: *Der Kampf der Kulturen*, München 1998)

2.1 Ziele

1 Augustinus zitiert nach Thomas von Aquin, *Summa Theologica*, 2. Frage, 3. Artikel, Zusatz 1.
2 Arne Naess und George Sessions, *The Deep Ecology Platform*, 1985.
3 Niccolo Machiavelli, *Der Fürst* (1513), Kap. V.
4 Für mathematisch Interessierte: Bei der Kurve handelt es sich um eine Parabel der Form $y = ax^2 + bx + c$, also $y = -0{,}009x^2 + 0{,}08x + 6$.

2.2 Stützpfeiler

1 Tertullian (150–220 n. Chr.), *Über die Seele*, Kap. 30 (4.), Zürich/München 1980, S. 119 (Hervorhebung von uns).

2 Die fünf größten globalen Medienkonglomerate sind Time Warner (Umsatz fünfundzwanzig Milliarden US-Dollar), Disney (vierundzwanzig Milliarden Dollar), Bertelsmann (fünfzehn Milliarden Dollar), Viacom (dreizehn Milliarden Dollar) und News Corporation (Murdoch, zehn Milliarden Dollar). Zu ihren Bausteinen gehören Tageszeitungen, Zeitschriften, Filme, Fernsehsender, Videos, CD-ROMs, Bücher und so weiter.

3 Siehe Matt Ridley, *The Origins of Virtue*. Penguin, Harmondsworth 1996, besonders Kap. 3 und 4 (dt.: *Die Biologie der Tugend*, Berlin 1999).

2.3 Geißeln der Menschheit

1 Colin McEvedy und Richard Jones, *Atlas of World Population History*, Penguin, Harmondsworth 1980, S. 21.

2 Michel Foucault, «Cours du 17 mars 1976» (Transkription einer Vorlesung von Foucault am Collège du France), in: *Il Faut Défendre la Société*, Gallimard-Seuil, Paris 1997, insbes. S. 218ff.

3 Emily Martin, *Flexible Bodies: Tracking Immunity in American Culture from the Days of Polio to the Age of AIDS*, Beacon Press, Boston 1994. Frau Professor Martin lehrt Anthropologie an der Princeton University und hat selbst an diesem Trainingskurs teilgenommen, der für 22 000 Beschäftigte eines Unternehmens stattfand, das zu den «Fortune 500» gehört.

4 Peace Research Institute of Oslo (PRIO), *Causes and Dynamics of Conflict Escalation*, Bericht über ein Forschungsprojekt, Juni 1997; siehe auch Dan Smith (mit PRIO), *The State of War and Peace Atlas*, Penguin New York und Harmondsworth 1997 (dt.: *Fischer-Atlas Kriege und Konflikte*, Frankfurt 1997).

5 Für weitere Informationen siehe Michael T. Klare, «The arms trade in the 1990s: Changing patterns, rising dangers», *Third World Quarterly*, Jahrg. 17, Nr. 5, S. 857–874, 1996; R. T. Naylor, «Loose cannons: Covert commerce and underground finance in the modern

arms black market», *Crime, Law and Social Change*, 22, S. 1–57, 1995, Kluwer Academic Publishers; William W. Keller, *Arm in Arm: the Political Economy of the Global Arms Trade*, Basic Books, New York 1995.

6 Martin van Creveld, *The Transformation of War*, The Free Press, New York 1991, S. 197 (dt.: *Die Zukunft des Krieges*, München 1998).

7 Die angeführten Zitate stammen aus verschiedenen Artikeln von Major Ralph Peters, dem zum heutigen Zeitpunkt Verantwortlichen für zukünftige Kriegführung im Office of the Deputy Chief of Staff for Intelligence of the United States Army. Sie erschienen zwischen 1995 und 1997 in *Parameters*, der vierteljährlichen Zeitschrift des US Army War College.

8 Major Ralph Peters, «Constant Conflict», *Parameters*, Sommer 1997, S. 4–14.

9 «Nahrungssicherheit» ist definiert als «ständiger Zugang aller Menschen zu ausreichend Nahrung, um ein aktives, gesundes Leben zu führen» (Weltbank); «Nahrungssicherheit bedeutet, dass Nahrung jederzeit verfügbar ist, alle Menschen die Zugangsmittel dazu haben, ihre Quantität, Qualität und Vielfalt eine angemessene Ernährung erlaubt und dass sie innerhalb der gegebenen Kultur akzeptabel ist» (FAO).

10 Der Oberbegriff der «Grünen Revolution» bezieht sich auf ertragreiche Kurzhalmsorten bei Weizen und Mais und sämtliche industriellen Mittel (Kunstdünger, Pestizide und Bewässerungssysteme), die für ihren Anbau benötigt werden. Ursprünglich wurde sie finanziert von der Rockefeller und der Ford Foundation und in den sechziger und siebziger Jahren des 20. Jahrhunderts von Amerika nahe stehenden Forschern betrieben, vor allem in politisch sensiblen Gebieten mit Nahrungsknappheit, insbesondere in Indien, Mexiko und auf den Philippinen.

11 Ein Erwachsener, der weniger als 2700 Kalorien pro Tag bekommt, ist zwar nicht völlig unterernährt, muss aber nach den meisten Ernährungsschätzungen dennoch mit schweren Erkrankungen und/oder Mangelerscheinungen rechnen. Mit über 2700 Kalorien kann man ein «normales» Leben führen; bei schwerer körperlicher Arbeit braucht man bis zu 4500 Kalorien am Tag.

12 Lester Brown, *Who will feed China? Wake-up for a small planet*,

Earthscan Publications, London 1996 (dt.: *Wer ernährt China? Alarm für einen kleinen Planeten*, Holm 1997).

13 Justin Yifu Lin, Jikun Huang und Scott Rozelle, «China's Food Economy: Past Performance and Future Trends», in: *China in the 21st Century*, OECD, Paris 1996, Kap. 8.

14 So zitiert J. L. Fox Professor Fred Gould in «Bt cotton infestations renew resistance concerns», *Nature Biotechnology*, 14. September 1996, S. 1070.

15 J. E. Meade, «Population Explosion, the Standard of Living and Social Conflict», Ansprache des Präsidenten der Royal Economic Society vom 30. Juni 1966, in: *The Economic Journal*, Cambridge, Jahrg. 77, Nr. 306, Juni 1967, S. 233 ff.

16 Gemessen wird die Krankheitsbürde in DALYs oder *Disability Adjusted Life Years*; es handelt sich um eine komplexe Methode, bei der durch vorzeitigen Tod verlorene Lebensjahre und durch eine Behinderung von spezifizierter Schwere und Dauer beeinträchtigte Lebensjahre gemessen werden.

17 Weltbank, *World Development Report 1993: Investing in Health,* S. 9; Hervorhebung von uns.

18 Colonel C. William Fox, Jr. MD (Kommandeur der MEDFLAG-Operationen), «Phantom Warriors: Disease as a Threat to US National Security», *Parameters*, Winter 1997/98, S. 121–136.

19 Dieses Zitat sowie einige der folgenden Informationen sind entnommen aus: Laurie Garrett, «The Post-Antibiotic Era», *Foreign Affairs*, Jan./Febr. 1996, S. 66–79.

20 Howard S. Gold, MD, und Robert C. Moellering, Jr., MD, «Antimicrobial-Drug Resistance», *The New England Journal of Medicine*, Bd. 335, Nr. 19, 7. Nov. 1996, S. 1445–53.

21 Zitiert nach PANOS, *WorldAIDS*, London und Washington DC, Nr. 38, März 1995

2.4 Prävention

1 Diese beiden Länder erfand Professor J. E. Meade in «Population Explosion, the Standard of Living and Social Conflict», Ansprache des Präsidenten der Royal Economic Society, 30. Juni 1966, *The Economic Journal*, 77 (1967), S. 233–255. Wir haben den von ihm an-

geführten wirtschaftlichen Variablen politische hinzugefügt, um die unterschiedlichen demographischen Ergebnisse besser zu verdeutlichen.

2 WHO, UN Population Fund und andere Organisationen führen «Empfängnisverhütung», «Sterilisation» und «Abtreibung» separat auf, wir ziehen den Begriff «Geburtenkontrolle» vor, weil er das hier angestrebte Ziel genauer und prägnanter fasst.

3 United Nations Population Fund, *The State of World Population 1997*, New York, S. 22 f.

4 Die geschilderten Schicksale stammen aus «Creating Common Ground in Asia: women's perspectives on the selection and introduction of fertility regulation technologies», WHO Human Reproduction Programme, 1994.

5 Siehe Judith Richter, *Vaccination Against Pregnancy: Miracle or Menace?*, Zed Books, London 1992 (dt.: *Impfung gegen Schwangerschaft*, Bielefeld 1993).

6 Snehalata Vishwanath, «May I Have Some More Milk Pills, Please?», *Reproductive Health Matters*, London, Nr. 3, Mai 1994.

2.5 Problemfälle

1 Kent E. Calder (Berater im US-Außenministerium der Clinton-Regierung für Ostasien und den Pazifik), *Asia's Deadly Triangle: how arms, energy and growth threaten to destabilize Asia-Pacific*, Nicholas Brealey Publishing, London 1997.

2 Mark Hertsgaard, «Our Real China Problem», *The Atlantic Monthly*, November 1997; und *Earth Odyssey: Around the World in Search of Our Environmental Future*, Broadway Books, Little Brown, New York und London 1998 (dt.: *Expeditionen ans Ende der Welt*, Frankfurt a. M. 1999). Zudem ist mit noch mehr Überschwemmungen zu rechnen, die durch die Entwaldung oft verschlimmert werden.

3 *Chinese Statistical Yearbook 1996* und Forschungsergebnisse des Hong Kong Christian Industrial Committee, Kowloon, veröffentlicht in ihrem Bulletin *Change*, vgl. verschiedene Ausgaben von 1997.

4 Für Einzelheiten zur militärischen Unterstützung siehe ein Artikel von zwei Colonels im Ruhestand der US Army, die fundierte Kenntnisse über diesen «Krieg» besitzen: William W. Mendel und Murtl D. Mun-

ger, «The Drug Threat: Getting Priorities Straight», *Parameters* (Vierteljahreszeitschrift des US Army War College), Sommer 1997.

5 Lieutenant-Commander Wayne G. Shear, «The Drug War, Applying the Lessons of Vietnam», *Naval War College Review*, Sommer 1994, S. 120; zitiert in Peter Zirnite, *Relectant Recruits: the US Military and the War on Drugs*, Washington Office on Latin America, August 1997, S. 36.

Anhang

1 Albert J. Dunlap und Bob Andelman, Times Books, New York, 1996.

2 Wer eine Vorliebe für poetische Gerechtigkeit hat, wird mit Vergnügen erfahren, dass Dunlap selbst 1998 wegrationalisiert wurde.

3 Eine ausführlichere Erklärung findet sich in United Nations, *World Investment Report 1996*, S. 123 ff.

4 Für weitere Informationen: ITGLW Federation, Rue Joseph Stevens 8, 1000 Brüssel, Belgien, Fax (32–2) 5110904.

5 *Coast Hotel Co. v. Parrish*, 1937.

6 Eine nützliche Erörterung dieser Themen findet sich in dem Buch eines aufrichtigen «neoklassischen Ökonomen», wie er sich selbst bezeichnet: Dani Rodrik, *Grenzen der Globalisierung*, Frankfurt a. M. 2000. Nach Rodriks Ansicht geht die Globalisierung noch nicht zu weit, «nicht wenn Politiker umsichtig und phantasievoll handeln». Ein großes «Wenn» von einem Wirtschaftswissenschaftler, dessen Politik bestenfalls naiv ist, doch es besteht noch Hoffnung.

7 Siehe Doug Henwood, *Wall Street*, Verso, New York und London 1998; und Professor Paul H. Dembinski (Universität Fribourg) in verschiedenen Publikationen des Financial Monitoring Centre, Genf.

8 Garret Hardin, «The Tragedy of the Commons», *Science* 162, 1968, S. 1243–48.

9 Ich bin bereit, einen Geldpreis, den sogenannten Skrupelpreis, für jeden auszusetzen, der beim IWF etwas entdeckt, was auch nur entfernt an Skrupel erinnert (darunter fallen alle Zweifel, moralischen Bedenken oder Gewissensbisse).

10 Siehe John McMurtry, *The Cancer Stage of Capitalism,* Pluto Press, London 1999.

11 Siehe http://www.ips.org./ifps; sowie Michael Shuman, *Going Local:*

Creating Self-Reliant Communities in a Global Age, The Free Press, New York.

12 Karl Polanyi, *The Great Transformation*, 1962; (dt.: Frankfurt a. M. 1973).

13 John Rawls, *A Theory of Justice*, Erstausgabe 1971.

Nachwort

1 Susan George, *How the Other Half Dies,* Penguin, Harmondsworth 1976 (dt.: Berlin 1978)

2 Veröffentlicht unter dem Titel *Stratèges de la Faim*, Editions Grounauer, Genf 1981.

3 Susan George und Fabrizio Sabelli, *Faith and Credit: The World Bank's Secular Empire*, Penguin, Harmondsworth 1994 (dt.: Hamburg 1995)

4 Eine gute Zusammenfassung findet sich in UNCTAD, *Trade and Development Report 1997*, Kap. 3.

5 Diese Konzepte wurden vor allem von John Cavanagh und Walden Bello mit Unterstützung durch andere TNI-Kollegen entwickelt.

6 Siehe Susan George, «How to Win the War of Ideas: Lessons from the Gramscian Right», *Dissent*, Sommer 1997.

Andreas Nölting

Die neue Supermacht Börse

Wie die Fondsmanager unsere Welt verändern

288 Seiten. Gebunden

Sie wollen wissen, wie die Börse heute funktioniert? Wie Aktienkurs und Shareholder Value über Gewinn, Macht und Arbeitsplätze entscheiden? Warum der rheinische Kapitalismus – also der betuliche deutsche Sozialstaat – dem Druck der internationalen Finanzmärkte nicht gewachsen ist? Wieso ein Newcomer wie die Internetfirma AOL innerhalb von nur acht Jahren einen höheren Börsenwert anhäufen konnte als der US-Mediengigant Time Warner in Jahrzehnten? Weshalb der Traditionskonzern Mannesmann in der Übernahmeschlacht gegen den Emporkömmling Vodafone keine Chance hatte? Und vor allem: Sie wollen wissen, was das alles mit Ihnen zu tun hat? Hier erfahren Sie es.

«Andreas Nölting schildert in seinem Buch die dramatische Entwicklung an der Börsen auf brillante Weise – mit vielen Porträts, Fakten und Beispielen.»
Fuchsbriefe

Susan Faludi

Männer – das betrogene Geschlecht

Deutsch von Sabine Hübner und Ursula Locke-Groß.
630 Seiten. Gebunden

Susan Faludi hat mit «Backlash» die legendäre Formel geprägt für den großen Gegenschlag der Männer, für den Abbau der feministischen Errungenschaften. Nun legt Faludi ihr zweites großes Buch vor und vertritt die provokante These: Männer – das betrogene Geschlecht. Die massiven Veränderungen der westlichen Industriegesellschaften haben immense Auswirkungen auf die Männer und ihr Selbstbild. In der «ornamentalen Kultur» der Gegenwart, in der man, fixiert auf Image und Äußerlichkeiten, sich nur durch Geld, Statussymbole und den Körper beweisen kann, kommen die Männer nicht mehr zurecht.

«Aufgrund der Klarheit ihrer Thesen und wegen der beeindruckenden Materialfülle (...) ein gewichtiges Buch über Männlichkeit, das zugleich eine spannende Geschichte über die amerikanische Nachkriegsgesellschaft erzählt.»
Frankfurter Rundschau

«Ein Muss für jeden Möchtegern-Macho, der im 21. Jahrhundert, der Zeit des aufbrausenden Matriarchats, nicht untergehen will.»
Welt am Sonntag